La Ley de la Inteligencia Artificial

Parte I

La Ley de la Inteligencia Artificial

Parte I

Álvaro Pablo López-Amo Sainz

La ley prohíbe
fotocopiar este libro

La Ley de la Inteligencia Artificial. Parte I
Thema: UBJ Tecnologías digitales y de la información: aspectos éticos y sociales
Bisac: TEC075000
© Álvaro Pablo López-Amo Sainz
© De la edición: Ra-Ma 2024

Editado por:
RA-MA Editorial
Calle Jarama, 3A, Polígono Industrial Igarsa
28860 PARACUELLOS DE JARAMA, Madrid
Teléfono: 91 658 42 80
Fax: 91 662 81 39
Correo electrónico: *info@grupoeditorialrama.com*
Internet: *www.ra-ma.es* y *www.ra-ma.com*
ISBN impreso: 978-84-10360-27-3
ISBN ePub: 978-84-10360-24-2
Depósito legal: M-13778-2024
Maquetación: Antonio García Tomé
Diseño de portada: Antonio García Tomé
Filmación e impresión: Safekat
Impreso en España en julio de 2024

Y a vos,
que en pos
de un nos,
dais voz.

ÍNDICE

ACERCA DEL AUTOR

ÁLVARO PABLO LÓPEZ-AMO SAINZ

Licenciado en Derecho (UAM), es abogado en ejercicio especializado en Derecho de Protección de Datos y Cumplimiento Normativo, trabajando en este ámbito desde hace dos décadas para múltiples empresas privadas y en el sector público. Igualmente acredita una amplia experiencia en el ámbito de la Economía Digital, habiendo impulsado proyectos de Inteligencia Artificial o trabajado para organismos como Red.es o el Ministerio de Industria en importantes proyectos de ámbito nacional.

Como autor de obras de divulgación y gestión, éste es su octavo título, habiendo publicado en años anteriores diversas obras vinculadas con el emprendimiento, la negociación con entidades financieras, el teletrabajo o la protección de datos.

En la actualidad es CEO de la consultora HUMANITHICS, Startup de servicios de Compliance tecnológico y ética algorítmica de los sistemas de Inteligencia Artificial, consultora que ayuda a las empresas y organizaciones a cumplir con la normativa reguladora del uso de la Inteligencia Artificial. Proyecto ganador de la tercera edición del Lab de emprendimiento jurídico de la Mutualidad de la Abogacía.

AGRADECIMIENTOS

Esta primera parte de la obra la he escrito aprovechando el parón de mis actividades profesionales, provocado por una buena lesión de mi pierna derecha, que me ha puesto en dique seco durante más de seis meses y me ha obligado a preocuparme de mí mismo más que de mis proyectos, oportunidades comerciales o clientes, por una vez, en al menos, en el último cuarto de siglo.

Ante la imposibilidad de moverme más allá de mi domicilio y de mis visitas diarias a las clínicas de rehabilitación y las citas hospitalarias, decidí centrarme en abordar una obra de divulgación que fuera útil. Y de esa manera preparé un índice provisional y lancé a más de cincuenta editoriales la propuesta que se materializa en este libro.

A la primera persona que quiero expresar mi agradecimiento es a Julio Santoro, como editor, que confió en mi propuesta editorial y la visión que del libro aún por escribir yo tenía, de forma que podríamos calificar como instantánea.

Al siguiente grupo de personas a las que quiero agradecer su apoyo y atención es a mis socios y socia, tanto de la empresa Humanithics, como de Alianza Formación y Arthylen: Belén Ferrer, Raimundo Payo, Sergio Orozco, Marcos Núñez y José Luis Casero. Soportaron mis permanentes requerimientos para que revisasen borradores, respondieron a preguntas y sobre todo, respetaron este tiempo que he necesitado de recuperación.

Para elaborar este libro he tenido de consultar a muchas personas y numerosas fuentes. Requerir información de cargos públicos y responsables de organizaciones, tanto españoles como del extranjero. En este apartado quiero agradecer expresamente la atención, ayuda e información facilitada a D. Juan Carlos Tejeda, director del Departamento de Educación y Formación de CEOE (Confederación Española de

Organizaciones Empresariales); al Extmo. Embajador de México en España D. Quirino Ordaz Coppel, así como D. Everardo Corona, ministro de asuntos jurídicos de la embajada de México en Madrid y a D. Alexandre de Paula Oliveira, responsable de Ciencia, Tecnología e Innovación, Energía y Medio ambiente de la embajada de Brasil en Madrid. Igualmente quiero agradecer la colaboración del personal de la embajada de Chile en Madrid que me facilitó los datos del proyecto legislativo chileno sobre IA.

Igualmente quiero agradecer la atención, información y opiniones facilitadas por compañeros y compañeras de proyectos, más bien amigos, a los que he dado la lata en estos meses, en especial a Jaime López Cossío, Sonia González, Miguel Ángel Jiménez, Joaquín Muñoz, Javier Sirvent, Guadalupe de la Fuente y Manuel Remacha.

También debo agradecer el trabajo de rehabilitación y acompañamiento del equipo médico del Hospital HM de Torrelodones: Doctor Javier Otero y Doctora Silvia Reche. El equipo del policlínico con Marta, Sandra y Alex al igual que al equipo de fisioterapeutas de la clínica Paidós, de Galapagar: Jaime y Diego. A lo largo de los días y semanas, durante las sesiones de rehabilitación, iba dando cuerpo a cada capítulo. Esos minutos pasados entre corrientes eléctricas, máquinas de magnetoterapia y bicicleta estática me sirvieron para centrar ideas. Igualmente un recuerdo con cariño a mi médico de cabecera, Ángela López Llerena, con la que he discutido algunos aspectos del contenido asociados al mundo médico.

Y finalmente, y sobre todo, agradecer a mi familia por el apoyo, ánimo y energías positivas que me han regalado en todo este tiempo. Comenzando por mi mujer, Rosa, a la que le comentaba mis ideas todos los días, con esas conversaciones mañaneras, en el desayuno. Mi hermana Victoria, que me ha servido de "sparring" para contrastar mis avances en el manuscrito con sus opiniones en esas larguísimas conversaciones de teléfono los sábados y domingos, apostando quién despertaría a quién cada vez más temprano. A mis hijos Álvaro y Beatriz, como críticos de las ilustraciones y esquemas que he generado para iluminar el contenido de cada capítulo. A todos ellos mi mayor dedicatoria, amor y agradecimiento.

¿QUIÉN ESTÁ A LOS MANDOS?

Algoritmos que regulan la oferta de contenidos que se ofrecen en las redes sociales a cada usuario, que recomienda vídeos de cómo maquillarse y rejuvenecer la piel a preadolescentes menores de 12 años.

Otros algoritmos que, sin tener en cuenta la edad de esos usuarios, proponen retos virales, muy peligrosos, a menores de edad; retos que en algunas desgraciadas ocasiones les provocan graves lesiones o los ponen en riesgo de morir.

Programas de Inteligencia Artificial (IA) que pueden clonar con altísima calidad la imagen y la voz de cualquiera de nosotros, y que están desatando una oleada de estafas de todo tipo al suplantar la identidad de personas que dan falsas órdenes de disposición de fondos. O, en otra variante, que nos engañan para darles dinero, pensando que es efectivamente un familiar, o un conocido.

Programas de IA que son capaces de crear ilustraciones, dibujos, fotografías o vídeos y que amenazan las profesiones de creadores, dibujantes o fotógrafos. Y que incluso ganan premios.

Tecnologías de IA que desnudan nuestra imagen.

Tecnologías de IA que filtran la información sobre noticias a la que accedemos a través de nuestros navegadores de Internet y solamente nos ofrecen aquellas que refuerzan las ideas y puntos de vista ideológicos propios, sin ayudarnos a conocer y entender los de los demás, radicalizando nuestras opiniones cada vez más. La peligrosísima erosión epistémica.

Algoritmos que deciden el triaje de las personas que están en espera en una sala de urgencias de un hospital en función del nivel de renta, o el tipo de póliza sanitaria contratada, y no debido a la gravedad de cada caso.

Algoritmos que por su cuenta deciden despedir a un empleado de una gran empresa, cancelándole la tarjeta de acceso a las oficinas y bloqueando su perfil de usuario en su puesto de trabajo, de forma autónoma, sin informar previamente a nadie, comenzando por el propio trabajador perjudicado, pero tampoco a sus jefes inmediatos.

Todos estos ejemplos de mal funcionamiento o uso de sistemas de Inteligencia Artificial son casos reales, que han sido titulares en periódicos e informativos en los últimos años. Y que se reproducen con mayor frecuencia con el paso de los meses.

Y solamente es una selección de un número aún más numeroso de noticias que aparecen semanalmente y que, en muy poco tiempo, han provocado entre muchos ciudadanos una sensación de inseguridad y de alarma social frente a la extensión en el uso del conjunto de tecnologías y aplicaciones a las que denominamos genéricamente Inteligencia Artificial.

En muy pocas ocasiones el ser humano ha visto un adelanto técnico o tecnológico como una amenaza, con miedo. La primera vez que, en los últimos 200 años de desarrollo cada vez más acelerado de nuestra civilización, se produjo una reacción contraria a la introducción de una invención fue con la máquina de vapor, en la primera revolución industrial. Muchos trabajadores del campo franceses vieron, en las primeras décadas del siglo XIX, que las máquinas podían amenazar su modo de vida. Para impedir su uso provocaban la rotura de estas introduciendo sus zuecos (zapatos) de madera (*sabots* en francés) entre los engranajes de las máquinas. De esta palabra, -sabot-, y su uso destructivo, proviene el término sabotaje.

Era una reacción lógica. Curiosamente en nuestros días, ese mismo temor a perder el trabajo y ser sustituido por un robot o un algoritmo se está extendiendo entre las más diversas profesiones: desde funcionarios, pasando por maquinistas de trenes hasta ilustradores o artistas de doblaje y locución. Es un tema que trataremos en profundidad en el Capítulo 5.

La segunda ocasión en la que podemos destacar una reacción generalizada de temor y oposición al uso de una nueva tecnología revolucionaria acaeció a partir del lunes 16 de julio de 1945 con la primera prueba de una explosión nuclear. Los mismos padres de la bomba atómica fueron los primeros que expresaron todo tipo de temores por el uso militar de esta tecnología. Pero el uso civil, con la construcción generalizada de centrales nucleares en toda la segunda mitad del siglo XX vino acompañado de una fuerte oposición de buena parte de la población. Desastres como el de Chernóbil en 1986, o Fukushima en 2011 no han ayudado precisamente a ofrecer tranquilidad a la ciudadanía sobre la seguridad en el uso de la energía nuclear con fines pacíficos.

Esta es, a mi entender, la tercera ocasión en la que se está produciendo una inquietud y alarma social por el uso no deseado de una nueva innovación tecnológica, con la extensión generalizada de la Inteligencia Artificial en los más diversos aspectos de nuestras vidas.

El desarrollo de la Inteligencia Artificial no es una cosa de ayer. Sus primeros logros técnicos se sitúan a mitad del siglo XX, de la mano de la robótica y de la informática.

Pero sí es cierto que, salvo algunas aplicaciones muy limitadas, como por ejemplo los primeros sistemas de identificación y escaneo óptico, los primeros robots fabriles o los primeros algoritmos de traducción de idiomas, la aplicación de algoritmos que desempeñasen tareas automatizadas en el sistema productivo era muy limitada.

Ha sido a partir del siglo XXI, con el *"Big Bang"* económico, tecnológico, social y cultural de la *economía y sociedad digital,* cuando la extensión del uso de tecnologías asociadas a lo que denominados Inteligencia Artificial se ha convertido en un fenómeno imparable.

Y es que gran parte de las novedades y desarrollos de servicios digitales se sustentan en el uso de estas tecnologías y en la automatización de muchos de sus procesos de trabajo. Automatización sin la cual sería imposible el tratamiento masivo y eficaz de los datos personales y el resto de información de nuestra sociedad (el auténtico combustible que hace funcionar a la economía digital), así como la inmediatez en el acceso y uso de estas aplicaciones por todos los clientes.

Pero como hemos visto al comienzo de esta introducción, la numerosa y diversa casuística de un mal uso de la Inteligencia Artificial, o un funcionamiento defectuoso de la misma ha provocado un estado de alerta, incluso de alarma social, ante la posibilidad de que dichas tecnologías puedan atentar contra nuestros derechos, e incluso nuestra integridad y seguridad físicas.

Hay un factor clave que aumenta esa sensación de incertidumbre para el común de los ciudadanos: no somos capaces de entender cómo funciona la Inteligencia Artificial. En qué fundamentos técnicos se basa, qué tecnologías utiliza. Cómo se diseña un algoritmo o un modelo de IA. Cómo se entrena antes de ponerlo en servicio. Cómo se supervisa (si es que se hace) su funcionamiento. Qué medidas de seguridad existen en caso de mal funcionamiento.

A diferencia de otras tecnologías que el ciudadano puede comprender, aunque sea básicamente, en sus fundamentos, la Inteligencia Artificial es totalmente opaca a la comprensión de la casi totalidad de la sociedad. A ello no ayuda que determinados modelos de aprendizaje automático se planteen como "cajas negras" en donde ni siquiera los diseñadores conocen qué pasa "ahí dentro" en los procesos de toma de decisiones de los algoritmos.

Y es una tecnología inasible: la informática doméstica, la telefonía inteligente y sus programas están asociados al uso de dispositivos electrónicos. Nos ofrecen una cierta sensación de control de esa tecnología, aunque muchos puedan decir, con razón, que es una falsa sensación de seguridad. ¿Pero un sistema de IA? En la mayor parte de los casos ni sospechamos que está actuando sobre nosotros, capturando datos y generando perfiles de todo lo que hacemos a lo largo del día. Pero, aunque así fuera: ¿desde donde actúa? ¿Cómo actúa? ¿Quién lo controla?

Hay igualmente razones culturales. Desde hace ya un siglo, la literatura y el cine en Occidente han producido un buen puñado de obras, muchas de ellas de gran éxito y difusión, que planteaban de forma abierta la amenaza que para el género humano suponía el uso de las máquinas, y el concreto, de la Inteligencia Artificial. *Skynet* (*Terminator*) o *HAL 9000 (2001, una odisea en el espacio)*, por poner solamente dos ejemplos, han sido aventajados heraldos de la cultura popular más exitosa, desde hace ya casi 60 años, avisando sobre la amenaza de la Inteligencia Artificial.

En definitiva, este ambiente social ha provocado la pregunta que da título a esta introducción:

¿Quién está a los mandos?

¿Está descontrolado el uso de la Inteligencia Artificial?

Efectivamente, este panorama puede inducirnos a pensar que el desarrollo de la IA y su uso está descontrolado. Que las autoridades, como en otros casos, van siempre por detrás. Y que intentan legislar cuando ya es tarde. ¿Es eso cierto?

A mi entender, gracias a Dios, considero que esta es una de las ocasiones en la que las autoridades se dieron cuenta con cierto tiempo del problema que podría venirnos encima, y empezaron a preparar una batería de normas legales que pretenden ofrecer un mínimo de protección a los ciudadanos, así como regular el uso y explotación de estas tecnologías. Al menos desde 2019 se han organizado grupos de expertos de alto nivel impulsados por organismos supranacionales que han abordado la forma de regular el uso de la IA.

Y no es una iniciativa que haya partido solamente de las naciones con mayor desarrollo económico, o tecnológico. Como veremos en los siguientes capítulos, han ido convergiendo en el tiempo iniciativas de la Unión Europea, de países del ámbito Iberoamericano, de los Estados Unidos de Norteamérica o de Asia, sin olvidar también el papel que en este proceso de estudio y preparación de las diferentes iniciativas regulatorias han tenido organismos multilaterales como la OCDE o la UNESCO.

Hay aspectos comunes a todas las iniciativas regulatorias:

- Sitúan a la persona humana, al ciudadano, como el centro de dicha legislación, con el objetivo de proteger sus derechos.

- Buscan que todo desarrollo tecnológico se base en principios éticos.

- El enfoque legislativo se centra en obligar a los responsables en el diseño, desarrollo, distribución o explotación de los sistemas de IA a implantar una serie de procedimientos de gestión cuyo objetivo es prevenir riesgos, tanto en el diseño, como en el entrenamiento y posterior puesta en servicio y explotación de estas tecnologías. En definitiva, el fin último de estos procedimientos es que los Sistemas de Inteligencia Artificial que estén en funcionamiento sean confiables. Lo que redunda en beneficio del ciudadano, pero también del desarrollo económico y tecnológico de los mercados y las naciones.

- En muchos de los casos es una regulación transversal, horizontal. Que ofrece unas reglas de mínimos que se deben cumplir por parte de cualquier Sistema de IA. Da igual la tecnología con la que se haya desarrollado. Por lo tanto, es una normativa marco.

- Lo anterior no supone que, en determinadas ocasiones, los legisladores hayan promulgado normativas específicas para determinados sectores de actividad sensibles, como pudieran ser el sanitario, el financiero, el de las relaciones laborales o el de la seguridad de maquinaria que tenga integrada en su funcionamiento estas tecnologías.

Como toda legislación que regula un fenómeno totalmente novedoso en nuestra sociedad, y a la vez muy complejo, es seguro que será imperfecta. Estamos siendo testigos de un derecho de nueva creación, y como tal deberá ponerse a prueba, corregirse, depurarse y construir conceptos e instrumentos legales hasta ahora no previstos. Pero lo que sí es seguro es que, desde ya mismo, las reglas que regulen el uso de la Inteligencia Artificial serán tan importantes, si no más, que otros ámbitos tradicionales de cualquier repertorio legislativo nacional.

Veámoslo.

Colmenarejo, Madrid.
Marzo de 2024.

1

¿PERO DE VERDAD HAY LEYES QUE NOS PROTEGEN DE LA INTELIGENCIA ARTIFICIAL?

1.1 EL "GOLPE DE CORBATA"

En el año 1993, hace ya 31 años, puse en marcha en Madrid, junto con otros socios, la primera empresa privada en España (y en Europa) que ofrecía al mercado servicios de traducción a cinco idiomas, basados en una plataforma de Inteligencia Artificial. La tecnología a su vez la adquirimos a una empresa norteamericana: Globalink Inc.

La empresa y su servicio de traducciones, comercializado en esos momentos por Telefónica Servicios Avanzados de Información, se llamaba HILO TRADUCTOR y se anticipó al uso de sistemas de IA en los procesos de traducción, ofreciendo servicios de traducción del español al inglés, francés, alemán, ruso y chino. Y pudiendo transferir los documentos traducidos a través de comunicaciones electrónicas. En esos momentos X 25. Salimos al mercado tres años antes de que empezase a comercializarse Internet en España. Todo un alarde.

Aunque el programa informático tenía una gran potencia, -traducía alrededor de 180.000 palabras a la hora-, le quedaba aún un buen trecho para mejorar en la calidad de las traducciones que producía, de tal forma que, una vez conseguida la traducción "en bruto" que había generado el programa, revisábamos cada documento con un equipo de traductores profesionales en esos idiomas, en los tres niveles fundamentales de revisión: el gramatical o semántico, el pragmático (es decir, atendiendo al contexto o significado real que quiere expresar el autor y no solo al significado literal de las palabras) y si el texto lo requería por su carácter, el estilístico.

A la vez, ese proceso de revisión ponía en evidencia las deficiencias de la traducción generada por el programa, lo que llamábamos traducción en "bruto". Y esas deficiencias se identificaban y posteriormente se procuraban corregir ampliando las bases de datos de unidades semánticas a las que recurrían los algoritmos de traducción de programa.

Uno de nuestros clientes fue el Comité Olímpico, que nos solicitó la traducción del reglamento de las Paralimpíadas . Una tarde estaba junto con el equipo de revisores y escucho a uno de ellos que empieza a exclamar: ¡El golpe de corbata! ¡Qué ***** es el golpe de corbata! Efectivamente, nuestro querido algoritmo había traducido literalmente *"tie break"* como *"golpe de corbata"*, y no como desempate.

Más allá de las risas que nos provocó el suceso en su momento, la anécdota me sirve para transmitir las siguientes ideas:

> ◤ Toda tecnología puede fallar. Y la Inteligencia Artificial falla.

> ◤ La Inteligencia Artificial es un conjunto de tecnologías que están en un constante proceso de evolución. Y por lo tanto de ensayo, error y mejora.

▰ Es importante que las empresas, personas u organizaciones que diseñan modelos de Inteligencia Artificial, los entrenan y finalmente los ponen en explotación sean conscientes de esta circunstancia. Y que por lo tanto adviertan a sus usuarios de los riesgos que puede suponer su uso. Y en paralelo, establezcan controles para evitar un mal funcionamiento o corregir fallos que se detecten.

▰ Igualmente es importante que las personas, empresas o entidades que pretendan sacar al mercado servicios o productos en donde intervengan sistemas de Inteligencia Artificial sean lo suficientemente responsables para que ese sistema esté lo suficientemente probado a fin de evitar un pobre funcionamiento o potenciales perjuicios a sus usuarios.

Los ejemplos de legislaciones que vamos a ver a continuación en los siguientes apartados, tienen en gran medida como fin asegurar que esas tecnologías llegan al mercado con las mayores garantías, Lo iremos viendo a lo largo del capítulo.

1.2 EVITANDO UNA VISIÓN NEGATIVA Y ALARMISTA

Una idea clave que deseo destacar a partir de este momento es la de evitar abonarnos a una visión alarmista o negativa de la Inteligencia Artificial. Como todas las tecnologías tiene dos caras, y puede ser positiva o negativa en función del uso que hagamos de ella.

Nadie debe poner en duda que la lleva ofreciendo muchísimas ventajas y beneficios a la sociedad desde hace ya años, permitiendo abordar proyectos de todo tipo: de ingeniería, de medicina, de educación, de investigación biotecnológica, de comunicación, de ocio, de control y seguridad de infraestructuras críticas, de defensa, etcétera.

Y que, en una balanza, todas esas ventajas pesan enormemente más que los malos usos o los riesgos que pueda suponer.

Aun así, es deber de toda sociedad y sus legisladores regular el uso de esta tecnología, de la misma forma que se regula el uso de la telefonía o se ordena el tráfico aéreo. Y precisamente regularlo para que, con unas reglas claras y justas, podamos beneficiarnos de la misma y potenciar su desarrollo al máximo de sus posibilidades, con el fin de revertir esos logros técnicos en bienestar y riqueza para los ciudadanos.

1.3 UNA INQUIETUD LEGAL QUE VIENE DESDE HACE DÉCADAS

Una de las ideas que desde el principio debemos abandonar es la de pensar que los desarrollos tecnológicos que se introducen en las sociedades modernas se hacen de forma absolutamente descontrolada.

Sí es cierto que la velocidad a la que se están produciendo esos avances es cada vez mayor.

Hace cincuenta años los ciclos económicos asociados a las innovaciones tecnológicas abarcaban 10 a 20 años como mínimo, período en el que la tecnología se introducía, se expandía en su uso, se desarrollaba y llegaba a su período de madurez; para a su vez sustituirse o renovada al final de ese ciclo. La frecuencia de las oleadas de innovación tecnológica ha sido, paulatinamente, cada vez mayor, y al contrario, la duración de esos ciclos de crecimiento y sustitución de unas tecnologías por otras son cada vez más breves. Pasamos de los 20 o 10 años de explotación de una tecnología a los 5, a los 3, y actualmente las novedades se suceden unas tras otras cada seis meses.

Aunque sí es cierto que muchas de esas innovaciones no son más que pequeñas variaciones de una tecnología o técnica de base; por ejemplo, el teléfono inteligente tal y como lo conocemos apareció con el primer IPhone en 2007, y a partir de ahí lo que se ha ido produciendo hasta nuestros días es una actualización de un concepto que ya tiene 14 años.

Otras tecnologías con las que vivimos diariamente, como por ejemplo el motor diésel, son ya centenarias. Lógicamente los actuales motores diésel son más eficientes que su prototipo de 1893, pero la esencia es la misma. La telefonía móvil que disfrutamos de forma extensiva desde hace 25 a 30 años tuvo su origen en 1973, hace ya 51 años. Las capacidades de conectividad y aplicaciones asociadas son innumerables; las mejoras en el rendimiento también, pero la esencia técnica es la misma.

Con estos ejemplos lo que quiero expresar es que vivimos dentro de un torbellino de información diaria sobre novedades tecnológicas que nos provocan la sensación de que la sociedad digital avanza a un ritmo desbocado, imposible de controlar, cuando, en la práctica, la base tecnológica y las funcionalidades principales de esas tecnologías tienen un tiempo de desarrollo mucho más amplio del que aparentemente pueda parecernos en función del bombardeo de información y publicidad diaria al que nos vemos sometidos.

Ahora bien, es indudable que la iniciativa innovadora y creativa de los seres humanos es impredecible. Por ejemplo: los ingenieros de Motorola que en 1973 hicieron la primera llamada desde un teléfono móvil no creo que se imaginasen a dónde ha llegado y evolucionado su invento.

Pero las líneas maestras de la finalidad o finalidades de cada tecnología, y los usos inicialmente previsibles que puede abarcar en sus primeros años de desarrollo, incluidos los que supongan converger con otras tecnologías complementarias, sí son predecibles.

Y por lo tanto, son predecibles los retos que esas tecnologías, sus potenciales aplicaciones y los previsibles desarrollos que puedan plantear a nuestra sociedad: los derechos ciudadanos, la seguridad jurídica de las personas, su impacto económico y social y las oportunidades que puede ofrecer a la prosperidad de las sociedades donde se introduzca.

En el caso concreto de la Inteligencia Artificial, la inquietud sobre el uso de esta tecnología por parte de los legisladores viene ya de lejos, desde el siglo XX, de la mano del procesamiento masivo de datos que supuso la extensión de la informática en los últimos 30 años de la pasada centuria, su tratamiento automatizado y los efectos que para los ciudadanos y sus derechos pudiera suponer un uso no consentido de sus datos personales o un tratamiento automatizado de dichos datos, que no hubiera sido claramente informado a los interesados. Y sobre todo, las consecuencias que para dichos ciudadanos pudieran suponer el resultado de dicho tratamiento automatizado.

Una de las primeras normas constitucionales que introdujo como derecho fundamental la protección de la privacidad de los ciudadanos frente al uso de la informática fue la constitución española de 1978 **en su artículo 18.4.**

"La Ley limitará el uso de la informática para garantizar el honor y la intimidad personal y familiar de los ciudadanos y el pleno ejercicio de sus derechos"

Si avanzamos en el tiempo, de nuevo en España, la Ley Orgánica de Protección de Datos del año 1999, en su artículo 13, es de las primeras que ya define un derecho de los ciudadanos a ser informado e impugnar los resultados del uso de sus datos personales, con el denominado derecho de **Impugnación de Valoraciones:**

"Artículo 13. Impugnación de valoraciones

1.   Los ciudadanos tienen derecho a no verse sometidos a una decisión con efectos jurídicos, sobre ellos o que les afecte de manera significativa, que se base únicamente en un tratamiento de datos destinados a evaluar determinados aspectos de su personalidad.

2.   El afectado podrá impugnar los actos administrativos o decisiones privadas que impliquen una valoración de su comportamiento, cuyo único fundamento sea un tratamiento de datos de carácter personal que ofrezca una definición de sus características o personalidad.

3.   En este caso, el afectado tendrá derecho a obtener información del responsable del fichero sobre los criterios de valoración y el programa utilizados en el tratamiento que sirvió para adoptar la decisión en que consistió el acto.

4.   La valoración sobre el comportamiento de los ciudadanos, basada en un tratamiento de datos, únicamente podrá tener valor probatorio a petición del afectado."

La Ley Orgánica de Protección de Datos 1999 era producto de una transposición al derecho español de una Directiva de la Unión Europea del año 1995, la Directiva 95/46/CE, ya derogada, en donde se preveía precisamente este problema del uso de sistemas automatizados de tratamiento de datos y toma de decisiones y su impacto sobre los derechos ciudadanos, en concreto su artículo 15:

"Artículo 15. Decisiones individuales automatizadas

1.   Los Estados miembros reconocerán a las personas el derecho a no verse sometidas a una decisión con efectos jurídicos sobre ellas o que les afecte de manera significativa, que se base únicamente en un tratamiento automatizado de datos destinado a evaluar determinados aspectos de su personalidad, como su rendimiento laboral, crédito, fiabilidad, conducta, etc.

2.   Los Estados miembros permitirán, sin perjuicio de lo dispuesto en los demás artículos de la presente Directiva, que una persona pueda verse sometida a una de las decisiones contempladas en el apartado 1 cuando dicha decisión:

a)   se haya adoptado en el marco de la celebración o ejecución de un contrato, siempre que la petición de celebración o ejecución del contrato presentada por el interesado se haya satisfecho o que existan medidas apropiadas, como la posibilidad de defender su punto de vista, para la salvaguardia de su interés legítimo; o

b)   esté autorizada por una Ley que establezca medidas que garanticen el interés legítimo del interesado."

Como podemos ver, hace casi treinta años se previó el impacto que el uso de sistemas automatizados de toma de decisiones (algoritmos), que recurriendo a bases de datos masivas, -lo que ahora llamamos Big Data-, generasen a su vez perfiles de cada uno de nosotros en donde, de forma automatizada, valorasen aspectos que pudieran afectarnos en derechos ciudadanos como el acceso al empleo, la educación, la clasificación y categorización psicosocial o el acceso al crédito financiero.

La importancia que en el ámbito de la Unión Europea se dio a la regulación del uso de los datos personales y el aprendizaje institucional que la aplicación de las primeras normas de protección de los datos personales supuso, favoreció para que, a lo largo de este cuarto de siglo que ha pasado desde 1999, de la mano de la actualización y robustecimiento de las normas de protección de datos, el concepto de dato personal como base de la economía digital y su tratamiento masivo y automatizado a través del Big Data, fuera el fundamento para percibir la amenaza que la "economía del dato" pudiera suponer para los ciudadanos.

Con la aplicación del Reglamento General de Protección de Datos 679/2016 de la Unión Europea y otras legislaciones conexas se abrió la puerta para regular los más diversos aspectos de una sociedad digital en eclosión: desde la videovigilancia, pasando por las telecomunicaciones, la información sanitaria vinculada con los historiales de los pacientes, los servicios comerciales de la sociedad de la información o la ampliación del concepto de dato personal a un ámbito que abarca nuestra "huella", "rastro" o *nube de datos"* que generamos a través de los dispositivos electrónicos que utilizamos, máquinas y electrodomésticos que usamos, geografía por la que nos desplazamos o páginas webs que visitamos, pasando por la imagen personal que es captada en los más diversos e insospechados lugares.

La creación a lo largo de estas dos últimas décadas de nuevos "derechos digitales", vinculados en muchos casos a salvaguardar a los ciudadanos y su privacidad del uso masivo de sistemas automatizados de búsqueda, como el **derecho al olvido**, sensibilizaron aún más a las autoridades de la necesidad de regular unas tecnologías que se estaban introduciendo de forma masiva en nuestra sociedad.

En el momento que estoy escribiendo estas líneas se ha aprobado definitivamente por el Parlamento Europeo el Reglamento Europeo (Ley) de la Inteligencia Artificial. Un hito legislativo a nivel mundial a la hora de definir los derechos ciudadanos frente al uso de esta tecnología y cómo se debe regular la misma para conseguir que sea ética, transparente y confiable.

Pero para llegar a esta meta hubo una scric dc ctapas.

La protección de datos fue la base, el hilo conductor, que ayudaba a definir las regulaciones de otras tecnologías conexas. La razón es sencilla. Un sistema de Inteligencia Artificial sin el uso de los datos es una cáscara vacía. No sirve para nada. La mitad de una tecnología de Inteligencia Artificial son los datos con los que se ha entrenado, y posteriormente los que usa para tomar las decisiones y aprender autónomamente en algunos de sus modelos.

Y cuando hablamos de datos hablamos de todo tipo de información. No ya los datos personales, sino también contenidos técnicos, artísticos, literarios, enciclopédicos, imágenes, registros electrónicos, direcciones IP, datos geográficos, datos registrales, estadísticas de todo tipo.

Los datos que consideremos más anodinos o extraños, como pudiera ser por ejemplo, la paleta de colores de un plátano/banana en función de su nivel de madurez: desde el verde hasta el marrón oscuro, pasando por el amarillo intenso, entre medias, puede suponer una información clave para un programa que identifique y categorice en tiempo real el nivel de madurez de la fruta y permita reducir el desperdicio alimentario.

Caso Práctico nº. 1: ¿Es la sonrisa un dato personal?

Hace seis años asistí a un congreso sobre "Amor e Inteligencia Artificial" que se celebró en Zaragoza, en mayo de 2018. Fue un congreso muy interesante y muy original. Una de las intervenciones que más me impresionaron consistió en un ponente que presentó un programa, en esos momentos experimental, que mediante óptica inteligente, reconocía los gestos del público asistente en el patio de butacas de la sala de conferencias, y categorizaba, uno a uno, en tiempo real, los gestos del público. De tal forma que, del resultado de los datos obtenidos, podía contabilizar cuántas veces habíamos aplaudido a cada uno de los ponentes, o cuántas veces habíamos sonreído por los comentarios de los conferenciantes, o si simplemente habíamos prestado atención, o por el contrario, nos habíamos dedicado a mirar la pantalla de nuestro móvil mientras la charla de turno se convertía en mero ruido de fondo.

Lo interesante y útil de esta aplicación, para los ponentes, es que la explotación de los datos obtenidos les ofrecía curvas de mayor atención e interés, minuto a minuto y las reacciones del público a cada uno de sus comentarios, gracias a esa óptica inteligente, aplicada en este caso a reconocer y categorizar emociones y actitudes humanas.

Lo peligroso es que ese análisis se podía llevar hasta la individualización absoluta. De tal forma que, pongamos un supuesto ficticio, un jefe ha dado una conferencia y se ha llevado a su equipo de colaboradores como asistentes. Podría obtener información de cada uno de ellos para saber si realmente habían atendido a las palabras de su jefe, si habían reído o sonreído ante sus comentarios pretendidamente ingeniosos o graciosos, o si, desgraciadamente para el colaborador, se evidenciase que se había aburrido como una ostra.

Este es un muy buen ejemplo de la combinación del dato y la Inteligencia Artificial. Y de cómo nuestros gestos, nuestras sonrisas, nuestros aplausos o nuestros bostezos producto del aburrimiento son información personal, pero que si nunca nos hemos parado a pensarlo, nos pasaría totalmente desapercibido. Y sin embargo, en determinadas circunstancias, podría influir por ejemplo en una relación más o menos cordial con un compañero de trabajo.

En la actualidad hay disponible una buena panoplia de herramientas digitales que utilizan algoritmos que interpretan los gestos y las emociones implícitas en ellos:

- *Affectiva: desarrolla tecnología de emoción AI y análisis de afecto, utilizada en estudios de mercado, análisis de experiencia del consumidor, y desarrollo de vehículos autónomos para mejorar la seguridad al entender el estado emocional del conductor.*

- *Kairos: ofrece soluciones de reconocimiento facial y de emociones destinadas a diversos sectores, incluyendo la seguridad, el marketing y la investigación de mercados.*

- *Emotient (adquirida por Apple): una tecnología de análisis de expresiones faciales que era capaz de detectar emociones en rostros humanos antes de ser adquirida por Apple, sugiriendo su integración en productos y servicios de la marca.*

- *Microsoft Azure Cognitive Services: proporciona una suite de servicios de Inteligencia Artificial, incluyendo visión por computadora y análisis de emociones, que permiten a los desarrolladores incorporar capacidades de reconocimiento emocional en sus aplicaciones.*

- *IBM Watson Tone Analyzer: aunque más centrado en el análisis de texto, Watson Tone Analyzer también puede ayudar a interpretar emociones y tonos en la comunicación, lo que podría complementarse con análisis visuales para una comprensión más rica de las emociones humanas.*

- **Realeyes:** *utiliza cámaras web para medir cómo las personas se sienten mientras visualizan contenido publicitario y de medios, proporcionando insights valiosos sobre la respuesta emocional de los espectadores.*

- **Sightcorp DeepSight Toolkit:** *es un software de análisis de emociones y demografía facial que proporciona datos en tiempo real sobre la edad, género, emociones, y otras métricas faciales a partir de flujos de vídeo.*

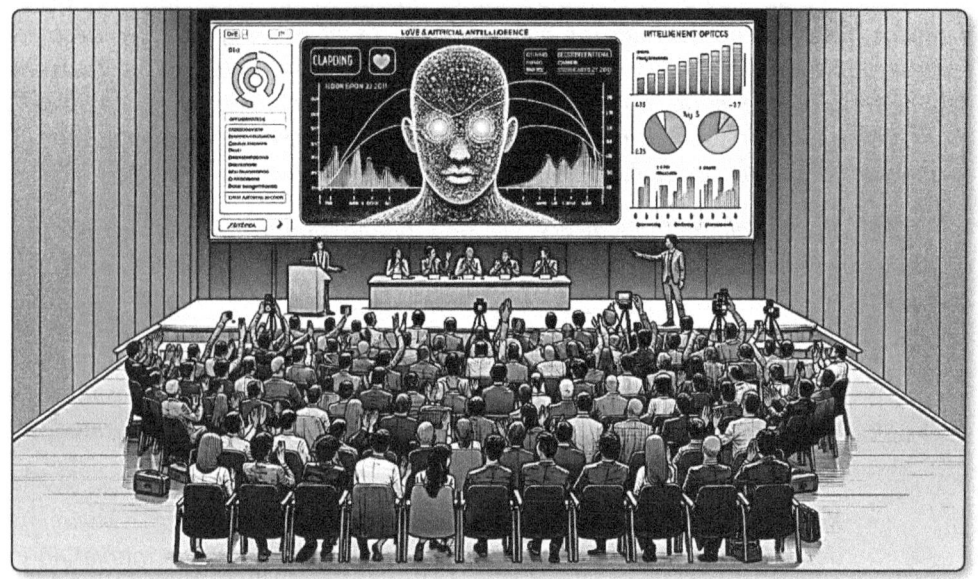

Cada vez hay más programas que se utilizan para interpretar nuestros gestos, y a través de ellos, deducir nuestras emociones. ¿Es lícito usarlos? ¿Son fiables?

Este es un ejemplo de cómo hace ya seis años, los profesionales del sector del derecho tecnológico se enfrentaban a retos sobre los riesgos a la privacidad que las novedades tecnológicas planteaban. Con el fin de ir actualizando la cobertura y seguridad legal de los ciudadanos frente a los sucesivos avances que la digitalización y el desarrollo de las redes de telecomunicación iban introduciendo en nuestras vidas, la normativa marco de Protección de Datos se fue completando con otro haz de leyes y reglamentos que a la vez que regulaban el funcionamiento de actividades o sectores concretos, y de cómo se debían usar en los mismos los datos personales. En cada una de estas legislaciones específicas se fueron incorporando como uno de los elementos más a regular el uso de algoritmos o programas que de forma automatizada recogían y procesaban datos personales. Veamos algunos ejemplos:

⚐ Regulación de las cookies. En España a través de la Ley de Servicios de Sociedad de la Información de 2002, y sus posteriores actualizaciones.

- Reglamento europeo de 2017 sobre productos sanitarios.

- Reglamento Europeo de Ciberseguridad de 2019.

- Ley Española sobre los derechos de información a los representantes de los trabajadores sobre el uso de algoritmos en los procesos laborales. La denominada Ley de "runners", del año 2021.

- Ley Española de igualdad de trato y no discriminación en las Administraciones Públicas, de 2022.

- Reglamento Europeo de Servicios Digitales del año 2022.

- Reglamento Europeo de Gobernanza de Datos de 2022.

- Directiva Europea de Responsabilidad Civil Extracontractual de la Inteligencia Artificial, de 2022.

- Proyecto de directiva de seguridad de las máquinas, también de 2022.

En todas estas normas se aborda, -en algunos casos puntualmente, en otros casos, es el objeto completo de la norma-, la utilización de algoritmos, o como se denomina en el varias legislaciones, sistemas automatizados de toma de decisiones. Y se regula cómo debe ser su uso.

¿Es eficaz la hiper regulación legislativa?

Como vemos, la concienciación por parte de los legisladores sobre el uso correcto de la IA viene ya de lejos. Y como pueden comprobar, antes de la promulgación del Reglamento de Inteligencia Artificial, ya estaban en vigor otras numerosas normas sectoriales que regulaban el uso, cada una en su campo, de estas tecnologías.

Pero el compromiso por hacer de la Inteligencia Artificial una tecnología segura y confiable no se circunscribe a la iniciativa legislativa pública. Desde la sociedad civil, y en concreto, desde los organismos regulatorios de la calidad (ISO / IEC), llevan desde 2020 publicando una serie de normas de calidad, algunas de ellas ya certificables, que buscan procedimentar el control de riesgos y las reglas de gobernanza de estas tecnologías. Una lista ejemplificativa de estas normas sería la siguiente:

▸ ISO/IEC TR 24028 Tecnología de la información – Inteligencia Artificial – Visión general de la confiabilidad en Inteligencia Artificial. Mayo de 2020.

▸ ISO/IEC TR 24372 Tecnología de la información — Inteligencia Artificial – Visión general de los enfoques computacionales para sistemas de Inteligencia Artificial. Diciembre de 2021.

▸ ISO/IEC 38507 Tecnología de la información – Gobernanza de TI – Implicaciones de gobernanza del uso de la Inteligencia Artificial por las organizaciones. Abril de 2022.

▸ ISO/IEC 23053 Tecnología de la información – Inteligencia Artificial – Evaluación del rendimiento de clasificación de los modelos machine Learning. Junio de 2022.

▸ ISO/IEC 22989:2022 Tecnología de la información – Inteligencia Artificial – Conceptos y terminología de la Inteligencia Artificial. Julio de 2022.

▸ ISO/IEC 24668:2022 Tecnología de la información – Inteligencia Artificial – Marco de gestión de procesos para big data análisis. Noviembre de 2022.

▸ ISO/IEC 23894:2023 Tecnología de la información–Inteligencia Artificial – "Orientaciones sobre la gestión de riesgos". Febrero de 2023.

Como podemos ver, desde la pandemia existe un proceso acelerado de redacción de estas normas de calidad, que están íntimamente vinculadas a su vez con las legislaciones públicas están regulando la IA. Y están íntimamente vinculadas, como veremos más adelante, porque los legisladores van a exigir en un buen número de casos, que los sistemas de IA acrediten poseer certificaciones de calidad en vigor para poder operar.

1.4 INICIATIVAS EN EUROPA. RESUMEN DE LEYES VIGENTES. PRÓXIMAS LEGISLACIONES

1.4.1 Reglamento Europeo de Inteligencia Artificial

Como indicaba en el apartado anterior, éste es el mes (marzo 2024) en el que se ha aprobado definitivamente el Reglamento Europeo de Inteligencia Artificial. Como tal es un texto legal de aplicación directa en todos los países de la Unión Europea, sin tener que esperar a una transposición de sus principios legales a normas nacionales.

Sin embargo, es de esperar que, dado que un buen número de los aspectos regulados en esta norma afectan a derechos fundamentales de los ciudadanos, los países miembros hagan desarrollos legislativos complementarios, que completen los criterios de aplicación de esta norma común a cada uno de los territorios de la Unión.

Es una norma que se lleva preparando al menos desde 2019. En abril de 2021 vio la luz la propuesta de reglamento, que fue aprobada y que, tras su revisión por la cámara legislativa europea, se ha refrendado como texto legal.

¿Qué regula el Reglamento Europeo de Inteligencia Artificial (RIA)?

La comercialización, puesta en servicio y explotación (uso) de sistemas de IA.

Para lo cual establece las siguientes reglas:

- Define qué es un sistema de IA y a qué tipos de modelos o categorías de IA les afecta esta norma.

- Categoriza los sistemas IA en función a su finalidad de uso. Y en función de dicha finalidad el impacto y riesgo que su uso pudieran tener sobre los derechos y libertades de los ciudadanos y residentes en la Unión Europea. Esta clasificación es la siguiente:
  - Sistemas de IA prohibidos (Riesgo inadmisible).
  - Sistemas de IA de alto riesgo.
  - Sistemas de IA de riesgo mínimo.
  - Sistemas de IA con riesgo específico para la transparencia.
  - Sistemas de IA vinculados a los modelos de Inteligencia Artificial de uso general (GPAIS).

- ▼ Determina, en función de dicha categorización, qué sistemas de IA pueden utilizarse y cuales están inicialmente prohibidos (salvo algunas excepciones).

- ▼ Establece una serie de requisitos que deben cumplir el resto de los sistemas de IA autorizados en función del nivel de riesgo establecido en esa definición de categorías.

- ▼ Enfoca el diseño, el entrenamiento, la puesta en servicio y el uso de los sistemas de IA en función de un modelo de gestión del riesgo, que identifique los riesgos potenciales que pudiera tener el uso de cada sistema de IA, y los procedimientos preventivos destinados a minimizar al máximo cada uno de los riesgos detectados, o alternativamente procedimientos correctivos, a fin de restaurar la situación anterior a un mal uso o funcionamiento de esas IA.

- ▼ Establece qué requisitos de gestión de calidad, incluso certificación, deben cumplir los responsables del uso y/o comercialización de un sistema de IA antes de ponerlo en servicio, en función de ese nivel de riesgo y categoría legal asociada.

- ▼ Crea una autoridad de supervisión y control europea, y a su vez la posibilidad de poner en marcha en cada estado miembro de la Unión a su vez oficinas responsables de supervisión, que tienen la responsabilidad de controlar el cumplimiento y aplicación de esta norma. En este sentido es un modelo casi idéntico al establecido para la aplicación de la normativa de Protección de Datos. En España, en 2023 se promulgó la puesta en marcha de la AESIA, la Agencia Española de Supervisión de Inteligencia Artificial, que tiene su sede en A Coruña. Es precisamente a esta Agencia a la que en el futuro se podrán hacer la denuncias y reclamaciones pertinentes.

- ▼ Define una red de futuros laboratorios que colaborarán con las agencias públicas de supervisión y control en los procesos de auditar los sistemas de IA y comprobar que cumplen con la normativa. Son los denominados Organismos Comunicados.

- ▼ Establece la necesidad de registrar los sistemas de IA de alto riesgo utilizados por autoridades públicas u organizaciones que operen en su nombre.

- ▼ Crea una batería de sanciones administrativas en caso de incumplimiento de estas normas que, en los casos más graves, pueden alcanzar los 35 millones de € o el 7% de la facturación del año anterior de la empresa o entidad sancionada.

¿Cuándo entra en vigor?

La norma aprobada entra en vigor a los veinte días de su publicación en el Diario Oficial de la Unión Europea. Es decir, que ya estará en vigor en el verano o el otoño de 2024. Otra cosa es cuando es de aplicación. La norma establece una serie de tramos para la aplicación de su articulado.

- ▼ **A los seis meses** de su entrada en vigor los estados deben ir eliminando progresivamente los sistemas de IA prohibidos.

- ▼ **A los doce meses** serán aplicables a los sistemas de IA de uso general (GPAIS).

- ▼ **A los veinticuatro meses** se aplicarán a todos los sistemas de IA incluidos en la norma.

- ▼ **Solamente quedará una excepción** para algunos sistemas de alto riesgos, que se retrasa la aplicación de la normativa hasta los 36 meses de su entrada en vigor.

Como podemos ver, en un año programas tan conocidos como ChatGPT tendrán que haberse adecuado a esta norma. ¿Es así? ¿Pero ChatGPT no es un programa de una compañía norteamericana? ¿Por qué debe cumplir con esta regulación? Muy sencillo, por los **efectos de extraterritorialidad de la norma europea**. La norma no tiene en cuenta desde qué país se presta el servicio o se usa el sistema de IA. Lo que tiene en cuenta es si se usa o afecta a un ciudadano que resida en la UE o se ofrece dentro del territorio de la UE.

Más adelante, en el apartado "ANEXO AL CAPÍTULO I", analizaremos con detalle esta norma.

1.4.2 Reglamento Europeo de Protección de Datos

Como vimos anteriormente, el legislador europeo, ya había tomado conciencia de la importancia de informar al interesado[1] del uso de sus datos personales para realizar tratamientos automatizados de dichos datos que pudieran afectar a sus derechos. Y esa regulación se plasmó en la ya derogada Directiva de 1995.

---

1   Se denomina con el término "interesado" a cualquiera de nosotros que, como particulares, aceptamos ceder nuestros datos personales.

Cuando se abordó la redacción del Reglamento Europeo de Protección de Datos, actualmente en vigor; lógicamente, el legislador no se olvidó de este derecho de los ciudadanos; ahora con mayor justificación dado la extensión y el uso del Big Data y la elaboración de perfiles que se ha hecho extensiva a toda la economía digital.

Por ello, el artículo 13, apartado 2 párrafo f) dice lo siguiente:

"Información que deberá facilitarse cuando los datos personales se obtengan del interesado.

2.   Además de la información mencionada en el apartado 1 (los datos básicos de los fines de uso de los datos y quienes son los responsables en el tratamiento de esos datos), el responsable del tratamiento facilitará al interesado, en el momento en que se obtengan los datos personales, la siguiente información necesaria para garantizar un tratamiento de datos leal y transparente:

f) La existencia de decisiones automatizas, incluida la elaboración de perfiles, a que se refiere el artículo 22, apartados 1 y 4, y, al menos en tales casos, información significativa sobre la lógica aplicada, así como la importancia y las consecuencias previstas de dicho tratamiento para el interesado."

Es decir, que si la empresa, persona o entidad que solicita nuestros datos personales piensa hacer tratamientos automatizados de los mismos, usando algoritmos que procesan dichos datos y tomen u ofrezcan decisiones sobre dicho tratamiento, **deberá informarnos previamente** de ese hecho. Y sobre todo **deberá informarnos del impacto que dicho tratamiento puede tener sobre nosotros.**

Es una de las consecuencias del deber de transparencia al que está obligado el responsable de tratamiento y que, como veremos en el apartado para lectores avanzados, también se traslada al Reglamento de Inteligencia Artificial.

Este mismo deber se traslada a los responsables del tratamiento que hayan obtenido los datos personales no directamente del interesado, sino a través de terceros que se los hayan cedido. Aparece regulado en el artículo 14.2.g) del Reglamento General de Protección de Datos.

Ambos artículos se refieren a su vez al artículo **22 del Reglamento General de Protección de Datos,** que dice así:

*"**Decisiones individuales automatizadas, incluida la elaboración de perfiles***

1.   Todo interesado tendrá derecho a no ser objeto de una decisión basada únicamente en el tratamiento automatizado, incluida la elaboración de perfiles, que produzca efectos jurídicos en él o le afecte significativamente de modo similar."

Una vez planteado el principio general, el artículo en su apartado 2 establece las excepciones a la aplicación de este principio:

> 2. El apartado 1 no se aplicará si la decisión:
>
> a) es necesaria para la celebración o la ejecución de un contrato entre el interesado y un responsable del tratamiento;
>
> b) está autorizada por el Derecho de la Unión o de los Estados miembros que se aplique al responsable del tratamiento y que establezca asimismo medidas adecuadas para salvaguardar los derechos y libertades y los intereses legítimos del interesado, o
>
> c) se basa en el consentimiento explícito del interesado.

Como podemos ver, al final, en muchas ocasiones de nuestras vidas, vamos a tener que aceptar ese tratamiento automatizado si queremos acceder a muchos servicios, y por lo tanto, tendremos que aceptar explícitamente dicho tratamiento automatizado.

En el apartado tercero de este artículo 22 deja abierta la puerta a solicitar la intervención humana en ese proceso de valoración automática o a impugnarlo, **manteniendo el derecho de impugnación de valoraciones** que, como vimos al principio de este capítulo, estaba consagrado en nuestra Ley Orgánica de protección de datos de 1999.

> 3. En los casos a que se refiere el apartado 2, letras a) y c), el responsable del tratamiento adoptará las medidas adecuadas para salvaguardar los derechos y libertades y los intereses legítimos del interesado, como mínimo el derecho a obtener intervención humana por parte del responsable, a expresar su punto de vista y a impugnar la decisión.

El apartado 4 de este artículo 22 pasa habitualmente desapercibido en los análisis legales, pero a día de hoy, a la luz de la evolución de las tecnologías inteligentes de reconocimiento por imagen y biométrico, cobra especial importancia:

> 1. Las decisiones a que se refiere el apartado 2 no se basarán en las categorías especiales de datos personales contempladas en el artículo 9, apartado 1, salvo que se aplique el artículo 9, apartado 2, letra a) o g), y se hayan tomado medidas adecuadas para salvaguardar los derechos y libertades y los intereses legítimos del interesado.

¿Y cuáles son esos datos especialmente protegidos que enumera el **artículo 9 del Reglamento general de Protección de Datos?**

⚑ Origen étnico o racial.

⚑ Las opiniones políticas.

⚑ Las convicciones religiosas o filosóficas.

⚑ La afiliación sindical.

⚑ El tratamiento de datos genéticos.

⚑ Los datos biométricos dirigidos a identificar de manera unívoca a una persona física.

⚑ Datos relativos a la salud.

⚑ Datos relativos a la vida o a la orientación sexual de una persona física.

> Pues bien, la Ley prohíbe expresamente que se puedan realizar tratamientos automatizados de datos usando estas categorías; y por lo tanto elaborando perfiles digitales de los ciudadanos en base a estos datos especialmente protegidos.

Salvo….

Que el propio interesado haya dado su consentimiento.

Que el tratamiento sea necesario por el interés público esencial, término suficientemente amplio que podría dar pie a futuros abusos.

1.4.3 Reglamento Europeo de Servicios Digitales

El Reglamento de Servicios Digitales (también conocido como «Ley de Servicios Digitales») es una norma que obliga a las empresas de servicios digitales de toda la UE a rendir cuentas por los contenidos publicados en sus plataformas.

Promulgado el pasado 19 de octubre de 2022. Está plenamente en vigor desde el 17 de febrero de 2024.

El Reglamento de Servicios Digitales busca ofrecer entornos de relación y comercio online más seguros y respetuosos con los derechos de las empresas y los ciudadanos.

Afecta principalmente a las grandes plataformas digitales que comercializan, distribuyen contenidos productos y servicios, aunque también a los grandes buscadores online. Grandes tiendas en línea, plataformas de viajes y alojamientos en línea, plataformas de contenidos, plataformas de servicios profesionales, buscadores online. En definitiva, y en palabras de la propia UE busca:

- *"garantizar que los usuarios de servicios digitales tengan acceso a productos seguros y proteger los derechos fundamentales de los usuarios;*
- *permitir una competencia libre y leal en los sectores digitales para impulsar la innovación y el crecimiento."*

Y evitar problemas de discriminación profesional o comercial o la extensión de noticias falsas a través de Internet, entre otros objetivos.

En su artículo 14 apartado 1, esta norma exige a las plataformas de contenidos digitales, venta online, redes sociales o buscadores un deber de transparencia asociado al uso de algoritmos en sus procesos de relación con los clientes o usuarios:

1. Los prestadores de servicios intermediarios incluirán en sus condiciones generales información sobre cualquier restricción que impongan en relación con el uso de su servicio respecto de la información proporcionada por los destinatarios del servicio. Esta información deberá incluir datos sobre cualesquiera políticas, procedimientos, medidas y herramientas empleadas para moderar los contenidos, incluidas la toma de decisiones mediante algoritmos y la revisión humana, así como sobre las normas de procedimiento de su sistema interno de gestión de reclamaciones. Se expondrá en lenguaje claro, sencillo, inteligible, accesible al usuario e inequívoco, y se hará pública en un formato fácilmente accesible y legible por máquina.

Es decir, que en el momento de informarnos cuando vamos a acceder a uno de estos servicios, deberán indicar si usan determinados tipos de algoritmos que puedan limitar la información que se nos ofrece, y en qué medida afecta a dicha información u oferta presentada al usuario.

Hay que tener presente que a día de hoy, las grandes corporaciones propietarias de los buscadores ya han sido sancionadas por alterar los algoritmos de búsqueda a fin de favorecer a determinadas empresas (o informaciones) o perjudicar o limitar el acceso de otros operadores económicos. O el acceso a otras fuentes de información o de noticias.

Igualmente, como veremos más adelante en el capítulo 5, las grandes plataformas de búsqueda de empleo y redes sociales destinadas a contactos profesionales, utilizan algoritmos que pueden condicionar nuestras posibilidades de encontrar las ofertas de empleo que deseamos, en función a la creación de un perfilado usando datos personales nuestros, sin nuestro conocimiento y consentimiento previo, que pueden presentar ante nuestros ojos determinadas ofertas u oportunidades de empleo, y descartar otras en función de la decisión del algoritmo, sin que seamos consciente de ello.

ANEXO PARA LECTORES AVANZADOS: los filtros burbuja

Esos peligrosos algoritmos que limitan el acceso a la información y pueden condicionar nuestra opinión

Uno de los grandes riesgos al que nos enfrentamos es por el uso de algoritmos que, creando un perfil de nuestros gustos, aficiones, conocimientos, renta, entorno social o incluso ideología, nos presenta noticias, ofertas o contenidos que pueden limitar el acceso a información, o a ofertas comerciales, y que en el peor de los casos, pueden ir radicalizando la opinión pública, al trasladar a través de los motores de búsqueda o grandes plataformas de información en la que solamente se da una visión de la realidad, imposibilitando que el lector compare la interpretación de una noticia con varias versiones editoriales, por ejemplo.

A este hecho se le denomina Erosión Epistémica[2], y es uno de los grandes problemas a los que se enfrenta nuestras sociedades digitales en estos momentos.

Los filtros burbuja, que empezaron a utilizarse a partir de 2009 para lograr una experiencia más personalizada del usuario en los motores de búsqueda, han derivado en un arma de doble filo en donde se generan entornos cerrados, endogámicos, donde solo hay una visión, solo hay una opinión o solamente se ofrecen alternativas muy limitadas al consumo o a la búsqueda de contenidos, información o soluciones.

---

2   Sorprende cómo cien años más tarde, tesis como las de **Walter Benjamín y Theodor W. Adorno, sobre la reformulación de la verdad están plenamente vigentes**. La catástrofe que supone en nuestros días de la construcción del pensamiento y la opinión pública, contaminada de noticias falsas y una avalancha de juicios de valor sin sentido, anida en la **subversión del concepto de verdad**, al contraponer el concepto de **verdad-racionalidad**, con los conceptos de **verdad-negativa** y **verdad y dolor**, frente a los que el ciudadano moderno huye, y algoritmos como los filtros burbuja ayudan al individuo moderno en esa huida de la realidad dolorosa.

Los filtros burbuja.

1.4.4 Reglamento Europeo relativo a las máquinas

Este reglamento está aún en fase de propuesta y no ha entrado en vigor. Busca garantizar la calidad de las máquinas que se distribuyen en el mercado único y su seguridad. En la búsqueda de este fin aborda en profundidad los aspectos de seguridad en el funcionamiento de la maquinaría, la robótica, el diseño y puesta en servicio de productos y el Internet de las cosas y los productos conectados, y su relación directa con el uso de sistemas de IA asociados a estos productos.

El legislador es consciente de la existencia de un Reglamento Europeo de Inteligencia Artificial, y como consecuencia, la regulación que esta norma hace de la utilización de la IA en las máquinas es siempre subsidiaria a las normas generales que establece el Reglamento de IA, y busca cubrir determinados aspectos específicos que el Reglamento de IA no puede prever por su carácter general.

Artículo 9

*Cuando las máquinas y sus partes y accesorios contengan un sistema de Inteligencia Artificial al que se apliquen los requisitos esenciales de salud y seguridad del Reglamento (UE) (de Inteligencia Artificial), el presente Reglamento solo se aplicará, en relación con dicho sistema de Inteligencia Artificial, **en lo que respecta a su integración segura en la máquina completa**, a fin de no comprometer la seguridad del producto en su conjunto.*

En definitiva, que los fabricantes de maquinaria que integren en la misma, para su funcionamiento, sistemas de IA, deberán hacer pasar a dichos sistemas por un control de calidad que garantice la seguridad de la máquina. Y en muchos casos ese control de calidad quedará definido por el Reglamento Europeo de IA.

El porcentaje de inversiones en desarrollo de sistemas de IA que se aplican a la robótica, maquinaria e instalaciones industriales, la denominada Inteligencia Artificial Situada, es superior al destinado a programas comerciales, plataformas digitales, software de contenidos o sistemas de propósito general (Inteligencia Artificial No Situada), pero la visibilidad social de estos sistemas de IA situada es casi nula.

1.4.5 Directiva Europea de Responsabilidad Civil Extracontractual de la Inteligencia Artificial

Con esta norma terminamos de ofrecer una primera visión de las iniciativas asociadas a dar cobertura legal y protección de los derechos de los ciudadanos por los efectos del uso de la Inteligencia Artificial.

A diferencia de las normas anteriores, esta normativa no es de aplicación directa. Como directiva lo que establece es un marco regulatorio general que deberá trasponerse a la legislación de cada uno de los países de la Unión Europea.

Esta directiva, que igualmente ha tenido muy poca visibilidad a nivel general, trata sin embargo un tema crucial en la defensa de los derechos e intereses de los ciudadanos frente a los efectos de un mal funcionamiento de un sistema de IA, y como consecuencia, las responsabilidades a las que la organización o empresa que use ese sistema de IA defectuoso, o eventualmente su diseñador o fabricante, deba hacer frente.

El problema de muchos sistemas de IA es que es muy difícil demostrar por parte de una persona afectada que el mismo ha funcionado de forma defectuosa. Es a causa del denominado efecto de la "caja negra". Igualmente es difícil seguir el rastro de los auténticos responsables en el uso de un sistema de IA.

....

ANEXO PARA LECTORES AVANZADOS: ¿Qué es una "caja negra" en la Inteligencia Artificial?

Es un modelo de IA, es decir, el conjunto de algoritmos agrupados que constituyen un sistema determinado de IA que está en funcionamiento, que ofrecen un resultado o toman una decisión sin explicar cómo han llegado hasta esa conclusión. O al menos mostrar cual ha sido el proceso de toma de decisión. Los procesos internos de análisis de datos y toma de decisiones usados por esos algoritmos y los factores que han manejado para ponderar dichos datos quedan totalmente ocultos.

En otras palabras: hay una total falta de transparencia a la hora de analizar el funcionamiento de esta tecnología. Ni siquiera los programadores que diseñaron el modelo de IA, ni sus administradores son capaces de conocer cómo y por qué ha tomado una decisión y no otra.

Caso de ejemplo: un modelo de caja negra que puntúe el riesgo financiero de los clientes funciona en base a unos datos que se ingresan sobre ese cliente, que pueden abarcar desde datos personales como la edad, su situación laboral, si tiene familia dependiente, si está casada esa persona o no; pasando por lo datos más objetivos como el nivel de ingresos, si tiene propiedades, si tiene otros préstamos o deudas vivas, o por el contrario no tiene endeudamiento alguno; pasando incluso por poder manejar datos como su salud o el riesgo que, para la salud personal del solicitante del préstamo pudiera tener el trabajo que desempeña.

Así que nosotros, como usuarios de ese sistema de IA que valora le riesgo financiero de un cliente, introducimos estos datos que el algoritmo puntúa y pondera. Pero nosotros no sabemos cómo lo hace. Por lo tanto, nosotros no tenemos control sobre el proceso ni podemos ajustar esos parámetros de valoración y ponderación de cada uno de los datos que sobre el cliente, maneja el sistema de caja negra.

En estos modelos, el algoritmo es entrenado en una fase inicial con una gran cantidad de datos a fin de lograr el objetivo para el que se ha diseñado: analizar el riesgo financiero de un solicitante de un préstamo, en nuestro caso, y eventualmente, poder detectar un posible fraude en esa solicitud.

Una vez entrenado el modelo de IA se le pone en explotación, manejando desde ese instante datos reales. Cuantos más datos maneje más experiencia adquiere en el uso e interpretación de esos datos y más va escalando en su potencia de análisis. Y lo que es más importante, ya aprende solo, sin asistencia de sus programadores. Y lo que es igual de importante: los programadores no saben cómo usa esos datos y la razón o razones por las que toma una decisión u otra.

¿Por qué es importante un modelo de caja negra?

Debido a su eficacia. Desde comienzos de esta década, este tipo de diseño de sistemas de IA es el que está imperando de manera abrumadora. La caja negra impera el modelo de IA que se aplican para el Big Data, la gestión de redes neuronales, el Deep Learning o control de similitud de cadenas de texto, entre otras aplicaciones.

Los diseñadores conocen el problema de transparencia, pero dada su eficacia, optan por desarrollar modelos de IA basados en esta arquitectura. ¿Por qué?

Permite tomar decisiones en base a un número complejo de datos y variables que condicionan el resultado.

Permite tomar decisiones manejando un alto número de datos.

Normalmente se basan en modelos probabilísticos.

Permiten procesar muchísima información en un muy corto espacio de tiempo.

Trabaja sin necesidad de supervisión.

Puede identificar nuevos patrones, en base al uso masivo de datos y su aprendizaje contínuo, no previsto en el diseño, programación y entrenamiento inicial del modelo de IA.

En definitiva, como podemos ver, los modelos de caja negra son eficaces para quienes los usan, aunque no sean transparentes. Pero como todo modelo, **puede ir aprendiendo de forma sesgada,** y por lo tanto, **corre el riesgo de tomar decisiones no deseadas.** De hecho es uno de los efectos más comunes cuando esos modelos terminan **usando unos datos en donde la muestra no está equilibrada.**

En estos casos, si el ciudadano se ve afectado por una decisión tomada por un modelo de IA que no es transparente, se hace muy difícil para el demandante probar el mal funcionamiento de este. Nadie sabe cómo funciona.

Esta directiva lo que plantea es que la carga de la prueba sea más equilibrada, a través del mecanismo de "presunción de causalidad". ¿En qué consiste?

- ▶ La directiva pretende proporcionar a las personas que soliciten una indemnización por los daños causados por sistemas de IA de alto riesgo **medios eficaces para determinar las personas potencialmente responsables y las pruebas pertinentes de cara a una demanda.** Al mismo tiempo, estos medios sirven para excluir a posibles demandados determinados erróneamente, ahorrando tiempo y costes a las partes implicadas y reduciendo la carga de trabajo de los tribunales.

- ▶ **Los tribunales podrán ordenar la revelación de pruebas relacionadas por el sistema de IA de alto riesgo.** Es decir, los que tienen entre sus finalidades el control de fronteras, la categorización biométrica, la selección de personal, etc. Lo veremos más adelante cuando analicemos en profundidad el Reglamento de IA. Esta obligación queda supeditada a que el demandante demuestre haber hecho esfuerzos proporcionados para obtener la prueba. Además, la información que se facilite al tribunal para explicar en funcionamiento de la IA será la estrictamente necesaria para demostrar el daño, pudiendo los tribunales tomar las medidas oportunas para proteger el secreto empresarial.

- ▶ **Presunción de causalidad.** En lo que respecta a los daños causados por sistemas de IA, la Directiva pretende proporcionar un fundamento eficaz para reclamar una indemnización en relación con la culpa consistente en el incumplimiento de un deber de diligencia en virtud del Derecho de la Unión o nacional. Puede resultar difícil para los demandantes probar que existe un nexo causal, (es decir, que de unos actos vinculados con el funcionamiento de la IA se haya producido unos resultados que han afectado al ciudadano demandante) entre dicho incumplimiento y la información de salida producida por el sistema de IA o la no producción de una información de salida por parte del sistema de IA que haya dado lugar a los daños en cuestión.

▼ Por lo tanto, en el artículo 4, apartado 1, se ha establecido una presunción refutable de causalidad (iuris tantum) específica en relación con este nexo causal. Esta presunción es la forma menos dificultosa para el demandante para dar respuesta a la necesidad de una indemnización justa para la potencial víctima del mal funcionamiento del sistema de IA.

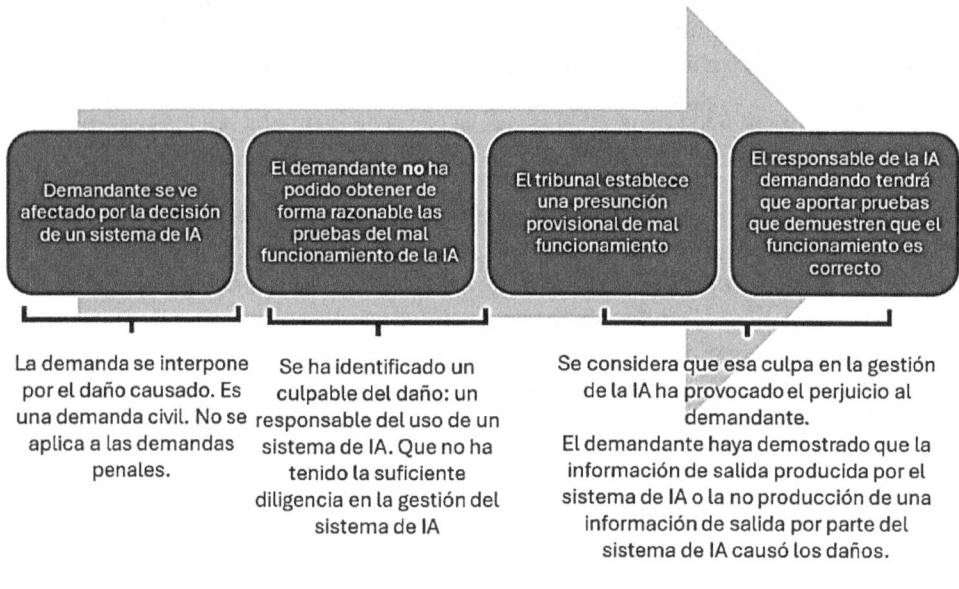

▼ Esta presunción solo se aplica:

- A sistemas de alto riesgo cuando el tribunal considere que es muy difícil para el demandante precisar el nexo causal.

- A sistemas que no son de alto riesgo, cuando no hay pruebas suficientes para determinar ese nexo causal.

- En caso de que el demandado utilice el sistema IA para actividades no profesionales, cuando este haya interferido en su funcionamiento o cuando se niegue a explicar el funcionamiento del sistema.

En la actualidad cualquiera puede acceder al código fuente de
múltiples modelos de IA. Con el riesgo que ello supone.

1.5 INICIATIVAS EN ESPAÑA

Debemos tener presente que toda la legislación que hemos analizado en el apartado anterior se aplica en la actualidad, o se deberá aplicar en el futuro próximo en nuestro país, al ser miembro de la UE.

Pero debemos destacar el papel que España está jugando, intentando ser uno de los protagonistas en el desarrollo del mercado de la IA, y por lo tanto, en la regulación de su uso. En este sentido España sigue la senda ya trazada en su momento por la regulación del tratamiento y protección de datos de carácter personal, al ser una de las naciones que desarrollaron con mayor seguridad legal y mejor técnica jurídica la regulación de la gestión y protección de los datos personales.

Esta experiencia, unido al hecho de ser uno de los principales mercados digitales de la Unión Europea, y con un gran peso a nivel internacional, nos ha situado desde al principio a la cabeza de las iniciativas reguladoras de la Inteligencia Artificial. Veamos algunos ejemplos:

1.5.1 Ley Orgánica de Protección de Datos de diciembre de 2018

Tras la promulgación del Reglamento Europeo de Protección de datos en 2016, y su posterior entrada en vigor en mayo de 2018, se hacía imprescindible adaptar la legislación española a dicha Ley europea. ¿Por qué razón? ¿No es una Ley de aplicación directa un Reglamento Europeo?

Pues sí lo es. Pero la gestión y protección de los datos personales forma parte de un conjunto de derechos fundamentales que están reconocidos en nuestra constitución. En concreto en el artículo 18.4, tal y como hemos visto al comienzo de este capítulo. Este factor obliga a los legisladores españoles a desarrollar una norma que regule un derecho constitucional. Y tal norma debe tener el rango de Ley Orgánica. Por ello, inevitablemente, cada vez que se cambia el marco normativo europeo que afecta a los datos personales, a su vez debemos desarrollar una Ley Orgánica nueva. Y con esta última ya van tres: la LORTAD[3] de 1992. La LOPD[4] de 1999 y finalmente la LOPDPyGDD[5] de 2018.

En este sentido, la norma lo que hace en una gran parte de su articulado es referirse al Reglamento general de Protección de Datos.

En su artículo 11, cuando trata las obligaciones en este ámbito del responsable del tratamiento de los datos personales, es decir, la persona que obtiene y gestiona esos datos, establece entre otras la siguiente:

*Si los datos obtenidos del afectado fueran a tratarse para la elaboración de perfiles, la información básica comprenderá asimismo esta circunstancia. En este caso, **el afectado deberá informarse de su derecho a oponerse a la adopción de decisiones individuales automatizadas que produzcan efectos jurídicos sobre él** o le afecten significativamente de modo similar, cuando concurra este derecho de acuerdo con lo previsto en el artículo 22 del Reglamento (UE) 2016/679.*

En definitiva, transcribe y consagra el derecho previo de información del interesado en caso de que se vayan a producir este tipo de tratamientos de sus datos personales.

---

3   Ley Orgánica 5/1992, de 29 de octubre, de Regulación del Tratamiento Automatizado de los Datos de carácter personal.

4   Ley Orgánica 15/1999, de 13 de diciembre, de Protección de Datos de Carácter Personal.

5   Ley Orgánica 3/2018, de 5 de diciembre, de Protección de Datos Personales y Garantía de los Derechos Digitales.

Posteriormente, en el artículo 18, que regula el derecho de oposición, consagra el ya conocido **derecho de impugnación de valoraciones**:

> *El derecho de oposición, así como los derechos relacionados con las decisiones individuales automatizadas, incluida la realización de perfiles, se ejercerán de acuerdo con lo establecido, respectivamente, en los artículos 21 y 22 del Reglamento (UE) 2016/679.*

1.5.2 Ley de "Riders"[6] de 2021

Esta Ley modifica el Estatuto de los Trabajadores en su artículo 64.4.d), **consagrando un nuevo derecho laboral para los representantes de los trabajadores**, por el cual, los mismos tienen derecho a ser informados por parte de la dirección de la empresa para conocer si ésta utiliza en algunos de sus procesos de gestión del personal sistemas automatizados de toma de decisiones. Es decir, sistemas de IA.

Procesos que pueden abarcar desde la selección de candidatos, hasta la promoción laboral de los empleados, pasando por el acceso a la formación, el reparto de cargas de trabajo o los procesos de desvinculación del personal.

> **Artículo 64. Derechos de información y consulta y competencias.**
>
> *1. El comité de empresa, con la periodicidad que proceda en cada caso, tendrá derecho a:*
>
> *d) Ser informado por la empresa de los parámetros, reglas e instrucciones en los que se basan **los algoritmos o sistemas de Inteligencia Artificial que afectan a la toma de decisiones** que pueden incidir en las condiciones de trabajo, el acceso y mantenimiento del empleo, incluida la elaboración de perfiles.*

---

6   Se la denomina con este nombre dado que en el mismo decreto que regula el uso de la IA en el trabajo, igualmente se establece el marco legal de los repartidores ("riders") de las grandes plataformas de reparto a domicilio como Glovo o Deliveroo.

ART. 64.4.D) LEY DEL ESTATUTO DE LOS TRABAJADORES

DERECHO INDIVIDUAL
- Elaboración de perfiles.
- Toma de decisiones automatizada
- Basada en la legislación de Protección de Datos

DERECHO COLECTIVO
- Para los representantes de los trabajadores.
- Basado en el art. 64.4.d) LET
- Obligados: Todas las empresas con asalariados que usen sistema de IA en los procesos de gestión de RR.HH.
- Empresas con representantes de los trabajadores.

Como vemos es un derecho colectivo; es decir, que se dota a los representantes de los trabajadores de esa posibilidad de conocer el uso de algoritmos en la toma de decisiones de la empresa a la hora de gestionar al personal en sus diferentes aspectos.

¿Cómo se concreta este derecho?

El empresario deberá tener a disposición de los representantes de los trabajadores un informe en el que se detalle si efectivamente se utilizan o no sistemas de IA (algoritmos) asociados a la gestión del personal; en qué procesos se utilizan; cómo funcionan y cuál es el impacto de dicha tecnología sobre los trabajadores; es decir, en qué medida el algoritmo toma la decisión de forma autónoma, o si, por el contrario solamente asiste a los responsables de la empresa en una decisión que finalmente se realiza por personas y no por sistemas informáticos.

El derecho individual a ser informado, es decir, el que afecta a cada trabajador a fin de conocer si se usan o no algoritmos en la toma de decisiones, está ya cubierto, como hemos visto en el apartado anterior, por el artículo 11 de la Ley Orgánica de Protección de Datos 3/2018, en relación con el artículo 22 del Reglamento General de Protección de Datos 679/2016.

PARA LECTORES AVANZADOS: AUDITORÍA ALGORÍTMICA EN LA GESTIÓN DEL PERSONAL

En la actualidad, el uso de sistemas de IA en la gestión de los recursos humanos de las empresas, en sus diferentes tareas, está cada vez más extendido.

ART. 64.4.D) LEY DEL ESTATUTO DE LOS TRABAJADORES

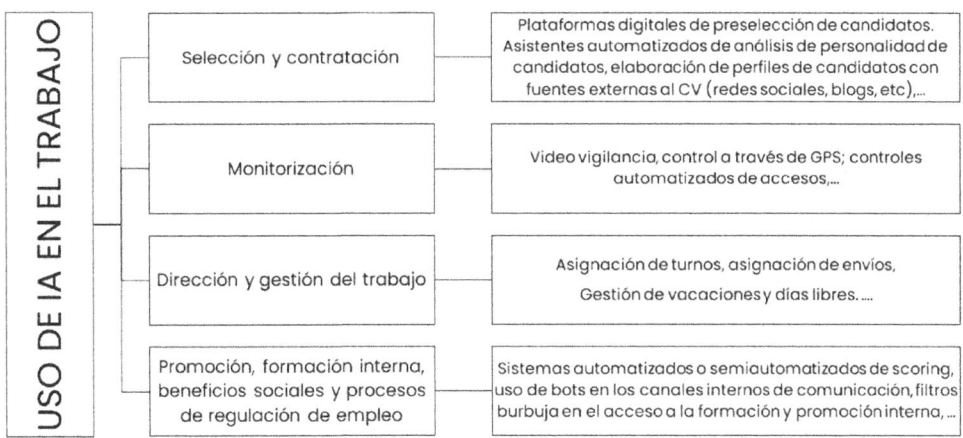

Como podemos ver en el esquema superior, desde programas de asignación de turnos y cargas de trabajo, pasando por plataformas de preselección de candidatos e incluyendo sistemas de monitorización de la presencia del trabajador en el puesto, los sistemas informáticos

En el caso de que una empresa utilice este tipo de tecnologías para abordar alguno de los procesos descritos vinculados con la gestión de sus recursos humanos, como hemos visto, deberá tener a disposición de los representantes de los trabajadores un informe que describa el uso de estas tecnologías.

Este requisito deja fuera de la obligación de cumplir esta norma a una buena parte de las empresas en España[7], dado que solamente hay obligación de tener representantes legales de los trabajadores a partir de que la plantilla supere los 10 trabajadores (delegados), y dicha representación pasa a ser sindical cuando las plantillas superan los 50 trabajadores; por lo que, conociendo la realidad de implantación de la representación de los trabajadores en las pequeñas empresas y microempresas en España, la eficacia de esta medida se reduce bastante.

En cualquier caso, si nos vemos en la tesitura de abordar la elaboración de ese informe sobre el uso de la IA en la gestión del personal, o desde el otro lado, de exigirlo, debemos tener presente los siguientes aspectos:

---

7   El 94 % de las empresas en España tiene menos de 10 trabajadores en plantilla.

ART. 64.4.D) LEY DEL ESTATUTO DE LOS TRABAJADORES

1º.- Si se usan o no algoritmos o sistemas de IA en los diferentes procesos de gestión de las personas en la empresa	2º.- En caso afirmativo: en cuáles. Con qué tecnologías. Cómo funcionan esos sistemas. Qué datos usan.	3º.- En caso afirmativo: Qué impacto (consecuencias) tienen sobre las personas las decisiones tomadas usando estas tecnologías

Como vemos en el esquema superior, el resumen de dicho informe debe incorporar estos datos básicos. Si se usan o no algoritmos o sistemas de IA en la gestión de los procesos de personal. En cuáles de esos procesos se usan. Cómo es el proceso de toma de decisiones: es decir, si es totalmente automatizado y se delega la responsabilidad de dicha decisión al sistema de IA, o si esta decisión es solo parcialmente automatizada y existe intervención humana.

Finalmente, qué impacto tiene esa tecnología en esa toma de decisiones y en definitiva, sobre los derechos de los trabajadores.

El factor del modelo en la toma de decisiones es muy importante desde el punto de vista legal. Si los algoritmos no tienen parte relevante en el proceso de toma de decisiones, sino que son una herramienta o fuente más de apoyo a un proceso que está controlado por las decisiones humanas, la obligatoriedad de realizar una auditoría algorítmica por parte de la empresa decae. Solamente cuando la tecnología tiene un papel relevante en el proceso de toma de decisiones, ya sea parcialmente, o cuando el proceso está totalmente automatizado, es cuando se activa la obligación de proceder a realizar dicha auditoría algorítmica.

Una precisión: cuando hablamos antes del derecho individual de cada trabajador a conocer si se hacía un tratamiento de sus datos usando sistemas de IA, en este caso este derecho existe siempre que el tratamiento y las posibles decisiones que se tomen por ese tratamiento estén automatizadas.

Sin embargo, **en el caso del derecho colectivo que nos ocupa en este apartado**, ese deber de información de los empresarios frente a los representantes de los trabajadores abarca igualmente procesos de toma de decisiones semiautomatizados.

MODELO DE TOMA DE DECISIONES

TOMA DE DECISIÓN AUTOMATIZADA	La IA toma la decisión sustituyendo totalmente a un humano	Regulada por la legislación	
TOMA DE DECISIÓN SEMIAUTOMATIZADA	La IA participa en el proceso de toma de decisiones, en alguna de sus fases, aunque la decisión final la toma un humano	Puede estar regulada por la legislación	¿Se **retroalimenta el sistema de IA** con la decisión finalmente tomada?
APOYO A TOMA DE DECISIONES POR HUMANOS	La IA es un recurso más de otros muchos que utiliza un humano en su proceso de toma de decisiones	No se ve afectada por la legislación	

Finalmente, **el informe de auditoría algorítmica debería tener presente los siguientes aspectos**, si queremos que el mismo tenga un cierto rigor.

ART. 64.4.D) LEY DEL ESTATUTO DE LOS TRABAJADORES

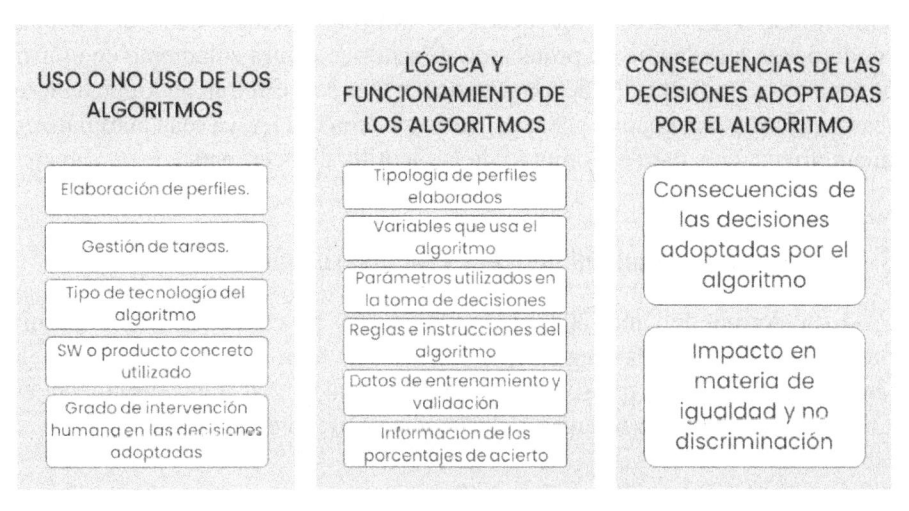

USO O NO USO DE LOS ALGORITMOS
- Elaboración de perfiles.
- Gestión de tareas.
- Tipo de tecnología del algoritmo
- SW o producto concreto utilizado
- Grado de intervención humana en las decisiones adoptadas

LÓGICA Y FUNCIONAMIENTO DE LOS ALGORITMOS
- Tipología de perfiles elaborados
- Variables que usa el algoritmo
- Parámetros utilizados en la toma de decisiones
- Reglas e instrucciones del algoritmo
- Datos de entrenamiento y validación
- Información de los porcentajes de acierto

CONSECUENCIAS DE LAS DECISIONES ADOPTADAS POR EL ALGORITMO
- Consecuencias de las decisiones adoptadas por el algoritmo
- Impacto en materia de igualdad y no discriminación

Como vemos en el esquema superior, los tres grandes aspectos que el informe debe reflejar son los siguientes:

▸ Si usamos o no algoritmos en los procesos de gestión de los recursos humanos de la empresa. En cuáles. Qué tecnología se usa, si es propia o es adquirida y el grado de intervención de esa tecnología en el proceso de toma de decisiones sobre ese aspecto de la gestión del personal.

▸ Cómo funcionan los algoritmos o modelos de IA asociados a los programas utilizados. Si resulta que la tecnología no es propia sino adquirida, el empresario deberá solicitar esta información al distribuidor o desarrollador de ese programa. Qué parámetros utiliza para tomar las decisiones. Información de porcentajes de uso correcto así como otros datos técnicos que aparecen en el esquema.

▸ Un aspecto relevante en la actual política de promover la igualdad y no discriminación en los entornos de trabajo es reflejar si el uso de estos sistemas de IA pudiera afectar a las políticas de igualdad dentro de la empresa.

▸ Igualmente se debe indicar si el uso de estas tecnologías puede tener algún impacto sobre los derechos laborales de los trabajadores o de parte de la plantilla.

El informe deberá estar a disposición de los representantes de los trabajadores.

El informe no podrá ser accesible por parte de los trabajadores individualmente. El derecho de acceso e información que tiene el trabajador amparado por la legislación de protección de datos se centra solamente en el uso (o no) de sistemas automatizados de toma de decisiones sobre el trabajador en concreto. No abarca información general sobre el uso de sistemas de IA, ya sean automatizados o semiautomatizados, para el conjunto de la plantilla de la empresa.

1.5.3 Ley Integral de Igualdad de Trato y No Discriminación

Esta norma del año 2022 (Ley 15/2022), busca ser el marco mínimo normativo español sobre las reglas que deben regir para evitar la discriminación, buscando nominalmente, en su preámbulo, arbitrar reglas que garanticen esos derechos de igualdad, y no solamente declaraciones de intenciones.

Sin embargo, en lo relacionado con la no discriminación algorítmica, esta Ley le dedica un solo artículo, el 23, que evidencia como una declaración de buenas intenciones; precisamente lo que denunciaba en su preámbulo que se debía evitar.

Artículo 23. Inteligencia Artificial y mecanismos de toma de decisión automatizados.

1. En el marco de la Estrategia Nacional de Inteligencia Artificial, de la Carta de Derechos Digitales y de las iniciativas europeas en torno a la Inteligencia Artificial, las administraciones públicas favorecerán la puesta en marcha de mecanismos para que los algoritmos involucrados en la toma de decisiones que se utilicen en las administraciones públicas tengan en cuenta criterios de minimización de sesgos, transparencia y rendición de cuentas, siempre que sea factible técnicamente. En estos mecanismos se incluirán su diseño y datos de entrenamiento, y abordarán su potencial impacto discriminatorio. Para lograr este fin, se promoverá la realización de evaluaciones de impacto que determinen el posible sesgo discriminatorio.

2. Las administraciones públicas, en el marco de sus competencias en el ámbito de los algoritmos involucrados en procesos de toma de decisiones, priorizarán la transparencia en el diseño y la implementación y la capacidad de interpretación de las decisiones adoptadas por los mismos.

3. Las administraciones públicas y las empresas promoverán el uso de una Inteligencia Artificial ética, confiable y respetuosa con los derechos fundamentales, siguiendo especialmente las recomendaciones de la Unión Europea en este sentido.

4. Se promoverá un sello de calidad de los algoritmos.

Como podemos ver en la literalidad del artículo 23, los cuatro párrafos están llenos de buenas intenciones y objetivos. Pero se deja a un posterior desarrollo normativo el detalle de cómo se deben concretar y llevar a la práctica todas estas magníficas ideas.

Éste, a mi entender, es un ejemplo de cómo NO se debe legislar. Las meras declaraciones de intenciones son un llamamiento para que, al revés, los ciudadanos perciban que el legislador no tiene una auténtica intención de regular esa materia y, por lo tanto, no tome en serio estas declaraciones de intenciones.

Una legislación debe ir acompañada de reglas concretas, plazos y sobre todo, una capacidad de supervisión de la que se adolece en estos momentos para poder dar cumplimiento a esas buenas intenciones.

1.5.4 El Sandbox Regulatorio de la Inteligencia Artificial

Es una iniciativa de la Unión Europea en colaboración con el gobierno español por la cual se utiliza a España como banco de pruebas para comprobar la incidencia que el conjunto de normas que regulan la Inteligencia Artificial, que se están promulgando y van a estar en vigor en los próximos años.

Se pretende comprobar en qué medida inciden sobre la industria tecnológica y de qué forma los operadores empresariales y de investigación de este sector reaccionan y se adaptan a esta regulación.

Se presentó en 2022. Sobre el papel entraba en vigor en octubre de 2022 y se recogerían las conclusiones de estas pruebas a lo largo de 2023 en un libro de buenas prácticas. En la práctica, el Real Decreto que lo regula no se publicó hasta octubre de 2023, por lo que el calendario inicialmente previsto es puro papel mojado.

El objetivo principal es conocer cómo va a afectar a la industria tecnológica la aplicación de las reglas del Reglamento Europeo de Inteligencia Artificial.

Este entorno controlado se centra en el impacto sobre los sistemas de IA de alto riesgo definidos en el Reglamento Europeo de Inteligencia Artificial. En el ANEXO al Real Decreto que regula este *"Sandbox"* aparece una lista de estos sistemas de alto riesgo:

1. Identificación biométrica y categorización de personas físicas.

2. Infraestructuras críticas.

3. Educación y formación profesional.

4. Empleo, gestión de trabajadores y acceso al autoempleo.

5. Acceso y disfrute de servicios públicos y privados esenciales y sus beneficios.

6. Asuntos relacionados con la aplicación de la ley.

7. Gestión de la migración, el asilo y el control fronterizo.

8. Actividad jurisdiccional y procesos democráticos.

El período de vigencia de este experimento lo ha fijado el Real Decreto que lo regula en un plazo máximo de 36 meses, o hasta cuando entre en vigor el Reglamento Europeo de Inteligencia Artificial. Dado que el mismo, aprobado el pasado 13 de marzo, entrará plenamente en vigor en 24 meses, ése será el límite real de vigencia.

¿Quiénes pueden participar en el experimento?

Hay dos tipos de participantes:

▸ Los proveedores y desarrolladores de sistemas de IA.
▸ Los usuarios de estas tecnologías.

Las solicitudes se atenderán en función de las diferentes convocatorias que la administración publicará a lo largo del período de vigencia de este experimento.

Cuando se realicen prueba bajo un entorno controlado lo que se va a querer comprobar es que los diferentes aspectos que regula el Reglamento Europeo de IA con respecto a la seguridad, transparencia, explicabilidad, capacidad de supervisión y control por parte de las personas y trazabilidad del funcionamiento interno de sus algoritmos se cumple.

Igualmente se analizarán los aspectos técnico-informáticos vinculados con la solidez y robustez del sistema y las medidas de ciberseguridad.

Por ahora estamos a la espera de los resultados de este experimento.

1.6 INICIATIVAS EN IBEROAMÉRICA

No solo Europa se ha preocupado en legislar sobre el uso de la Inteligencia Artificial. Como veremos a lo largo de este capítulo, otras muchas naciones del resto de los continentes han abordado este reto, que es universal. E Iberoamérica no se ha quedado atrás.

Brasil, Chile, México, Perú son cuatro ejemplos de iniciativas legislativas en preparación, salvo la de Perú, ya publicada en su diario oficial el año pasado. Veámoslas.

1.6.1 Brasil

El proyecto de Ley brasileño es un magnífico ejemplo de una regulación que está a la altura de las mejores a nivel mundial. Es una Ley muy completa, que regula los elementos fundamentales que se deben tener presente a la hora del salvaguardar los derechos de los ciudadanos frente al uso de la IA. Y a la vez es una Ley con una técnica legislativa práctica, clara, nada farragosa.

Objetivo general de la norma.	Proteger los derechos fundamentales de los ciudadanos frente al uso de la IA
Principios.	Se busca que los sistemas de IA sean: • Seguros y confiables. • En beneficio de la persona humana. El ser humano debe ser el centro del desarrollo tecnológico. • Con respeto a los derechos y valores democráticos. Con respeto al libre desarrollo de la personalidad. • Que no afecte al medio ambiente. • Que proteja los derechos de igualdad, no discriminación y los derechos de los trabajadores. • Que su uso no afecte a la libre competencia del mercado y a los derechos de los consumidores. • Que proteja la privacidad de los ciudadanos. • Que promueva el desarrollo tecnológico y potencie el sistema educativo.
Conceptos jurídicos a destacar.	• Opta por el concepto de "sistema de Inteligencia Artificial", al igual que la norma europea, más completo y que dota de mayor seguridad jurídica que otros conceptos alternativos como el de "algoritmo"[8] • Tiene presente, al igual que en la norma europea, al resto de los agentes que operan en el mercado tecnológico relacionados con el uso de la IA: la persona que lo usa para su beneficio, la que lo distribuye y quienes lo diseñan. • Introduce una interesante diferencia entre la discriminación como efecto no deseado del uso de un sistema de IA y la "discriminación indirecta", que no es achacable en sí al funcionamiento del sistema de IA sino a reglas de contexto. Es lo que otros denominan "discriminación sistémica".

---

8   Las implicaciones legales que supone el uso de un término u otro lo veremos con detalle en el capítulo 3.

Derechos ciudadanos frente al uso de la IA.	• **Derecho de información previa** al uso del sistema de IA. Sobre su finalidad, funcionamiento. • **Derecho de explicación** sobre la decisión tomada por dicho sistema. • **Derecho de oponerse a las decisiones** tomadas por el sistema de IA. • **Derecho a conocer el nivel de participación humana** en el proceso de toma de decisiones del sistema de IA, o por el contrario, su nivel de automatización. • **Derecho a la no discriminación y a la corrección de sesgos.** • Los responsables de la IA informarán de forma clara a los usuarios de cómo puede ejercer estos derechos. • Derecho a ejercer las acciones que se consideren necesarias para defender estos derechos ante los tribunales, ya sea individualmente o de manera colectiva.
La obligación de transparencia.	El legislador, en el art. 7 de la norma desarrolla los derechos de los ciudadanos, a recibir información, previamente al uso del sistema de IA, sobre el funcionamiento de esta: la mayor o menos automatización en el proceso de toma de decisiones; qué tipo de decisiones o recomendaciones da el sistema de IA; medidas de gobernanza del sistema; medida de seguridad informática; tipos de datos personales usados en el proceso de toma de decisiones. Igualmente incide de forma especial en la información a los interesados en caso de uso de sistema de reconocimiento biométrico o de reconocimiento de emociones.
Derecho de impugnación de valoraciones.	Al igual que en el derecho continental europeo, la Ley brasileña consagra el derecho de los ciudadanos a impugnar la decisión tomada por un sistema de IA y a solicitar una revisión humana de la misma.

Categorización de los sistemas de IA.	• Como en la norma europea, los sistemas de IA se categorizan por el nivel de riesgos, con especial mención aparate a los sistemas de propósito general:
	  – Establece las siguientes categorías: riesgo excesivo, alto riesgo.
	  – Los sistemas de IA de riesgo excesivo están prohibidos en su uso salvo las excepciones habilitadas a la administración pública en sus fines de control de seguridad. En este sentido sigue el mismo modelo que la Ley europea.
	  – Los sistemas de alto riesgo deberán tener una serie de controles para su uso, previos a su puesta en servicio.

Sistemas de IA de riesgo excesivo (prohibidos).	• Sistemas que usen técnicas subliminales para inducir en el comportamiento de la persona. • Sistemas que exploren las vulnerabilidades de grupos sociales específicos con el fin de inducirlas a comportamientos que vayan contra sus propios intereses personales o su salud. • Sistemas usados por el poder público que categoricen o prevean comportamientos sociales de las personas en base a una puntuación basada en rasgos o comportamientos sociales.

Sistemas de identificación biométrica en espacios públicos.	En estos casos se permite el uso de estas tecnologías por parte de las autoridades públicas siempre que se hagan con fines de seguridad pública a fin de combatir el crimen, y siempre con autorización judicial previa.
Sistemas de alto riesgo.	• Sistemas IA que forman parte del control de seguridad de infraestructuras críticas. • Sistemas que influyan en la posibilidad de acceso a la formación profesional o la educación de los ciudadanos. • Sistemas de preselección y filtro de candidatos para puestos de trabajo. • Sistemas de asignación de tareas y reparto de cargas de trabajo. • Sistemas que controlen en desempeño de los trabajadores en su puesto de trabajo. • Sistemas que controlen y determinen el acceso al autoempleo o la promoción del emprendimiento. • Sistemas que controlen el acceso a servicios públicos o ayudas y beneficios sociales para los ciudadanos. • Sistemas de clasificación de la solvencia crediticia de los particulares. • Sistemas de priorización de emergencias. • Sistemas de triaje en el acceso a los servicios de urgencia sanitaria. • Sistemas de IA que ayuden a las investigaciones de la administración de justicia. • Sistema de guiado de vehículos autónomos. • Sistemas de asistencia en el diagnóstico de enfermedades. • Sistemas biométricos de identificación. • Sistemas de evaluación de riesgos penales de los individuos. • Sistema de perfilado social en base a diversas fuentes de datos personales para establecer riesgos penales individuales o de grupos sociales. • Sistemas de investigación judicial o administrativa en base a la recopilación y análisis de datos personales a fin de prevenir la reincidencia. • Sistemas que apoyen la gestión de la inmigración y el control de fronteras.
Cambio en la categorización.	Las autoridades competentes podrán cambiar estas categorías e incluir o sacar de estas clasificaciones a determinados usos o fines de los sistemas de IA en función del contraste real del impacto y el uso de estas tecnologías.
Medidas de gobernanza de los sistemas de IA.	Al igual que en la normativa europea, la Ley brasileña prevé un completo catálogo de medidas destinadas a garantizar una correcta gestión de los sistemas de IA de alto riesgo, basado precisamente en un modelo de identificación de los riesgos potenciales y el establecimiento de medidas que reduzcan al máximo dichos riesgos.

Comprobación del impacto algorítmico.	Antes de poner en funcionamiento el sistema de IA de alto riesgo se hará una auditoría que compruebe el impacto algorítmico del sistema de IA. La misma deberá ser realizada por profesionales de solvencia técnica contrastada por externos a la organización que pretende poner en servicio dicho sistema de IA. Las fases de evaluación del impacto algorítmico serán al menos estas cuatro: • Preparación de la auditoría de impacto algorítmico. • Identificación de los riesgos. • Procedimientos para reducir los riesgos encontrados. • Control y seguimiento posterior. Este ciclo se repetirá periódicamente a lo largo de toda la vida útil del sistema de IA, convirtiéndose en realidad en un modelo preventivo de cumplimiento normativo, basado en modelos de compliance clásicos.
Responsabilidades.	La Ley establece la responsabilidad objetiva de los responsables de los sistemas de IA de riesgo excesivo y alto riesgo. Es interesante que igualmente presuma una responsabilidad "iuris tantum" de los responsables de uso del resto de los sistemas de IA cuando no se pueda demostrar por los afectados el funcionamiento de los algoritmos, recayendo la carga de la prueba por defecto, a fin de demostrar que el sistema de IA funcionaba bien, en los responsables del funcionamiento, y no en los ciudadanos afectados. Como podemos ver, replica el mismo modelo que la Directiva de Responsabilidad Civil Extracontractual de la UE que vimos anteriormente.
Autoridad competente.	Al igual que en la legislación europea, se pondrá en marcha una autoridad de control (autoridad competente) encargada de velar por el cumplimiento de esta norma. Igualmente dialogará permanentemente con todos los actores implicados a fin de ir adaptando la misma y determinando los criterios de aplicación e interpretación del marco regulatorio.
Sanciones administrativas.	• Advertencia: sin multa económica. Para los casos más leves de infracción. • Multa de 50.000.000 reales (9.269.568 euros) o el 2% de la facturación del año anterior. • A las sanciones se les darán publicidad. • Prohibición de participar en el sandbox regulatorio previsto en la Ley brasileña por cinco años. • Prohibición parcial o total, temporal o definitiva, de uso del sistema de IA. • Prohibición de acceso a determinadas bases de datos.
Registro público de sistemas de IA de alto riesgo.	La autoridad de control brasileña que se haga responsable de la gestión y cumplimiento de esta normativa pondrá a disposición de los ciudadanos, con acceso público, del listado de IAs de alto riesgo que hayan tenido que registrarse ante la misma antes de ponerse en funcionamiento.
Entrada en vigor.	En un año desde que se publique.

Como podemos apreciar, es una norma muy completa, muy moderna, que asume un modelo protector y regulatorio del uso de la IA por parte de las Administraciones Públicas. Con un buen número de paralelismos con la legislación europea.

Juega a su favor que no es excesivamente compleja en su técnica jurídica, lo que la hace más accesible a los ciudadanos que deben conocerla y entenderla, y que no es tan farragosa o compleja en cuanto al procedimiento de registro de la IA y modelo de control de riesgos por parte de los responsables, a diferencia de la Ley europea.

> Otro elemento positivo, que igualmente refleja un paralelismo con la legislación europea, es el rol que dota a la propia industria en crearse códigos éticos o códigos de conducta propios, denominados **"códigos de buenas prácticas de gobernanza"** que busquen cumplir con las reglas de la norma de IA, pero adaptada a las peculiaridades de cada sector de actividad. Estos códigos podrán ser reconocidos por la autoridad de control, y por lo tanto, la adscripción a alguno de ellos y su cumplimiento garantizarán el cumplimiento normativo de los operadores de IA obligados por la Ley brasileña.

1.6.2 Chile

El proyecto de Ley de Inteligencia Artificial de Chile, en discusión desde 2023 tiene como objetivos:

a) *"Promover una discusión democrática de sus consideraciones éticas.*

b) *Generar una legislación unificada y coherente que sistematice sus procesos de desarrollo, distribución, comercialización y utilización.*

c) *Regular la responsabilidad civil y los derechos de propiedad intelectual.*

d) *Regular su utilización en el ámbito penal, educativo, cultural y audiovisual.*

e) *Proteger los derechos de propiedad intelectual y toda la gama de creaciones artístico-culturales.*

f) *Proteger a los consumidores en general y, en particular, el tratamiento de datos personales.*

g) *Evitar la discriminación en general y, en particular, la denominada discriminación algorítmica.[9]"*

---

9   Cámara de diputadas y diputados de Chile: proyecto de Ley que regula los sistemas de Inteligencia Artificial, la robótica y las tecnologías conexas en sus distintos ámbitos de aplicación.

En el preámbulo del proyecto de ley, los responsables mencionan y tienen como referencia del proyecto de reglamento europeo de IA, recientemente aprobado, como ejemplo sobre el que legislar. En este sentido, muchos de sus elementos legales tienen fundados paralelismos con la legislación europea de la misma materia. Veámoslo.

Concepto de Inteligencia Artificial	Al igual que en el reglamento europeo, o que en el proyecto de Ley de Brasil, el legislador chileno abraza el conceto de "sistema de Inteligencia Artificial", y hace una definición muy similar a la del reglamento europeo, trasladando la definición que de ella hacía el ANEXO del borrador del reglamento europeo sobre las técnicas que abarcan los modelos de IA: • Estrategias de aprendizaje automático. • Estrategias basadas en la lógica y el conocimiento. • Estrategias estadísticas, estimación bayesiana, métodos de búsqueda y optimización.
Operadores responsables	Sigue en este apartado el mismo criterio que en el caso del Reglamento Europeo de IA, identificando dos figuras del mercado que pueden ser eventualmente responsables, frente a los ciudadanos y frente a la administración: Desarrollador. Proveedor.
Categorización de los sistemas de IA	Sistemas de IA de riesgo inaceptable. Prohibidos. Sistemas de IA de alto riesgo. La categorización es igual a la vista en el caso brasileño, y a su vez a la establecida por el Reglamento Europeo de IA.
Comisión nacional de IA	Esta comisión hace las funciones de autoridad de control, pero no se le dota de una estructura que permita hacer unas labores reales de supervisión y control de aplicación de esta legislación. Es una comisión con una estructura de órgano consultivo a la que se le asigna responsabilidades de registro y autorización de los sistemas de IA y de control y supervisión del cumplimiento de esta norma por los operadores del mercado. En mi opinión es un punto débil de este proyecto de ley.
Autorización previa	Como indicaba anteriormente, todo desarrollador deberá solicitar una autorización previa de carácter administrativo para poder poner en servicio el sistema de IA. Esta comisión sin, en apariencia, estructura administrativa suficiente, tendrá 60 días para responder sobre la solicitud. Y podrá aprobarla, denegarla o solicitar documentación añadida. En cualquier caso, en un plazo máximo de 90 días la comisión deberá autorizar o denegar la solicitud. En ese plazo podrá hacer pruebas técnicas al sistema de IA. Sorprende que un órgano sin estructura y medios vaya a ser capaz de afrontar esta tarea.

Requisitos para los sistemas de alto riesgo.	El proyecto de Ley exige una serie de medidas de control de riesgo y gobernanza, similares a la legislación europea o la brasileña. • Contar con un plan de gestión de riesgos que identifique el posible mapa de riesgos potenciales y establezca un modelo preventivo que reduzca dichas amenazas. • Contar con un modelo de gobernanza de datos, tanto en la fase de entrenamiento de la IA para evitar sesgos, como en su puesta en servicio y explotación a fin de garantizar la privacidad de los ciudadanos. • Contar con un sistema de registro automático de eventos mientras esté en funcionamiento el sistema de IA. • Contar con un sistema de gestión de calidad que garantice el cumplimiento de esta ley. Lo que no indican es si puede ser propio o debe estar referenciado a normas de calidad certificables. • Contar con un conjunto de introducciones de uso en formato digital. • Contar con un sistema de supervisión y control humano. • Contar con medidas suficientes de robustez del sistema y de ciberseguridad.
Sistemas que interactúen con humanos.	El artículo 10 del proyecto de Ley establece lo siguiente: *"los desarrolladores, proveedores y usuarios de sistemas de IA destinados a interactuar con personas garantizarán que estén diseñados y desarrollados de forma que las personas estén informadas de que están interactuando con un sistema de IA"*. Igualmente establece en este artículo que cuando se generen imágenes o voces basadas en seres humanos, clonando las mismas y se creen sistemas que usen estas imágenes o voces clonadas, las denominadas *"ultra falsificaciones"* el desarrollador o explotador de esta tecnología deberá advertir previamente de que esa voz o imagen es clonada y que no se está interactuando con un ser humano real.
Comunicación de incidentes graves.	Al igual que en la legislación brasileña, la Ley chilena deja un apartado para regular la obligatoriedad de comunicación a la autoridad de control pública de los responsables del uso de una IA sobre si ha sucedido un incidente grave. La comisión tendrá 15 días para evaluar el incidente y, eventualmente, podrá retirar la autorización de uso de la IA. ¿Qué es un incidente grave según esta norma? *"Incidente grave"*, todo incidente que, directa o indirectamente, tenga, pueda haber tenido o pueda tener alguna de las siguientes consecuencias: a. *El fallecimiento de una persona o daños graves para su salud, para los bienes o para el medio ambiente.* b. *Una alteración grave e irreversible de la gestión y el funcionamiento de infraestructura crítica.*
Registro público de IAs.	Como en el caso brasileño, se creará un registro público de IAs de alto riesgo autorizadas, de acceso público.
Sanciones.	En caso de que no se cumplan con las normas de esta Ley los infractores podrán sancionarse con 200 Unidades Tributarias mensuales, que es el equivalente a 12.958.600 pesos chilenos. Es decir, 12.205,61 euros.

Es un proyecto de Ley breve, que recoge los aspectos fundamentales en la regulación del uso de la IA, pero que adolece de una falta de detalle en cuanto a las reglas a aplicar para su cumplimiento y sobre todo tiene el defecto de no dotar a la administración de un órgano de supervisión y control que realmente sea capaz de afrontar las tareas que la propia Ley le encomienda.

1.6.3 México

En el caso de México, desde 2018 se lleva estudiando en diversos grupos de trabajo e iniciativas el proyecto de regular el uso de la IA, empezando por su uso dentro del ámbito de las administraciones públicas.

Con el tiempo, estos objetivos iniciales han devenido en un proyecto de Ley de carácter general en donde se incluye, creo que de forma muy acertada, la regulación del uso de la IA y la robótica; que a fin de cuentas, están ineludiblemente vinculadas. De esta forma la norma abarca una visión completa en donde se regula el uso de la IA situada, asociada a la robótica y la gestión de infraestructuras industriales; y la IA no situada, más vinculada a las plataformas digitales y programas de uso múltiple.

Veamos el proyecto:

Definiciones legales.	A diferencia de las leyes vistas hasta ahora, las definiciones que se hace tanto de Inteligencia Artificial como de Robótica son muy generalistas, no adentrándose en la identificación de tipos de modelos, como en el caso del proyecto de Ley chileno, o en la introducción del concepto de mayor o menor automatización en la toma de decisiones, como en el caso del proyecto brasileño. Igualmente no recurre al concepto de sistema de IA, como hacen tanto la Ley europea como la brasileña o la chilena. Por lo tanto, no tiene en cuenta en su regulación todos los componentes que engloban y dotan a un algoritmo de funcionalidad real, como el conjunto de sistemas de gestión del propio algoritmo o los sistemas de ciberseguridad.
Consejo Mexicano de ética para la Inteligencia Artificial y la robótica.	El proyecto de Ley se centra mucho en la definición de un organismo, el Consejo Mexicano para la Inteligencia Artificial y la Robótica, que parece un órgano consultivo, del cual, en el futuro, dependerán otros órganos ejecutivos, como la Secretaría Técnica de Regulación.
Principios éticos.	El proyecto de Ley no se detiene a regular de manera concreta los requisitos que deben cumplir los sistemas de IA que estén en funcionamiento en México. No hace una categorización de tipos de sistema de IA en función de sus finalidades y riesgos potenciales para los ciudadanos. Hace una declaración institucional de los principios éticos que deben regir el diseño y uso de la Inteligencia Artificial y la robótica. Menciona el respeto a la propiedad intelectual. Indica que debe usarse de forma ética, con apego a los derechos humanos y evitando todo tipo de discriminación. Menciona el riesgo de manipulación social en el uso de la IA y reitera en casi todo el articulado del Capítulo III el cumplimiento a los principios éticos.

No podemos considerar esta norma como una Ley que se promulgue para ofrecer tanto a los ciudadanos como a los profesionales o empresarios que usen o distribuyan tecnologías de IA y robótica las "reglas del juego" que deben cumplir de forma concreta y detallada. A diferencia de la Ley brasileña y el Reglamento Europeo.

Como tal es más una norma marco de declaración de principios e intenciones, que, suponemos, deberá ser desarrollada en el futuro por una serie de reglamentos o normativas que fijen con detalle los requisitos que deben cumplir los sistemas de IA y la robótica en los Estados Unidos de México.

1.6.4 Perú

De todas las naciones de Iberoamérica, Perú es la única que en 2023 promulgó una Ley sobre Inteligencia Artificial, anticipándose al resto de la iniciativas americanas o europeas. Es la **Ley 31814 que promueve el uso de la Inteligencia Artificial en favor del desarrollo económico y social del país.** Publicada el 5 de julio de 2023 es, como el proyecto mexicano, una norma general que establece unos principios básicos sobre el uso de la Inteligencia Artificial en Perú, pero como la propia norma indica, precisa de un desarrollo reglamentario para detallar las reglas concretas de cumplimiento normativo por parte de los responsables y desarrolladores de sistemas de IA. Veámosla.

Marco de visión y principios generales de la norma.	La norma comienza con unos principios que debe regir el uso de la IA, a saber: • Estándares de seguridad basados en riesgos. • Desarrollo ético de la IA. • Privacidad de la IA. Además, en esa lista de principios éticos incluye otras categorías que no son estrictamente aplicables a la Inteligencia Artificial, sino que tienen una visión o propósito general del desarrollo correcto de la economía y sociedad digital como son: • Gobernanza de Internet, entendiendo como tal los principios que deben regir el acceso y uso de Internet. • Sociedad digital: definiendo una serie de principios sobre un desarrollo equilibrado y accesible a todos de la economía y la sociedad basada en el uso de tecnologías digitales. • Enfoque de pluralidad de participantes: buscando tener en cuenta todos los puntos de vista de un conjunto de actores lo más plural posible en la definición de políticas asociadas al desarrollo de Internet, la IA y la sociedad digital.
Principios aplicables a la IA en Perú.	• La persona en el centro. • Respeto a los derechos humanos. • Fomentar el desarrollo social y económico de Perú. • Entorno de uso seguro que garantice un uso ético y sostenible.

Promoción del talento nacional.	Las tecnologías que engloban la IA se ven como una oportunidad para el desarrollo y la riqueza de Perú, y por lo tanto, se debe utilizar para aprovechar estas oportunidades de desarrollo nacional.
Definiciones técnicas.	La norma tiene en cuenta todas las alternativas tecnológicas asociadas a la Inteligencia Artificial estableciendo definiciones para el propio concepto de IA, de sistema de IA, de algoritmo e incluso para las tecnologías emergentes.
Autoridad Nacional de Supervisión.	Establece como tal a la Secretaría de Gobierno y Transformación Digital, dependiente de la Presidencia de Gobierno, como la responsable de articular las políticas vinculadas con el uso de la IA en Perú. Funciones: • Promover el desarrollo de la IA y su uso en Perú como herramienta positiva para la promoción económica y social de la nación. • Formar a profesionales dentro del sector a fin de hacer frente a las necesidades de desarrollo y aplicación de la IA en los diversos sectores económicos y de la Administración Pública. • Crear y fortalecer una infraestructura digital, necesaria para ser el soporte sobre el que se promocione el uso de la IA. • Adopción de una serie de principios éticos que sean el marco del uso de estas tecnologías. • Fomentar un ecosistema de colaboración nacional e internacional en el uso de la IA.
Reglamento de desarrollo de la Ley.	En la disposición final de la norma se indica que se debe aprobar un reglamento de desarrollo de esta ley, del que no tenemos constancia que se haya producido; aunque las declaraciones de los responsables del gobierno indican que puede estar para el presente año.

1.7 EL MODELO NORTEAMERICANO

En el caso de los Estados Unidos de América (EE.UU.) la administración Biden-Harris está abordando desde 2023 el problema de los efectos negativos del uso de las nuevas tecnologías, incluida la Inteligencia Artificial, a través de una serie de Órdenes Ejecutivas.

En el ordenamiento legal norteamericano las órdenes ejecutivas del presidente de los Estados Unidos tienen una eficacia legal significativa dentro de su marco legislativo. Estas órdenes permiten al presidente gestionar la operativa del gobierno federal y tienen el poder de dirigir las agencias federales o dictar directrices específicas dentro de su autoridad ejecutiva. Ahora bien, es importante destacar que las órdenes ejecutivas no pueden contradecir las leyes existentes aprobadas por el Congreso ni los derechos establecidos por la Constitución. Es decir, el presidente no puede crear nuevas leyes a través de órdenes ejecutivas ni alterar las leyes existentes.

Aun así su incidencia real en la gestión práctica de muchas de las agencias y servicios federales es importante.

En este sentido, la administración Biden-Harris a promulgado las siguientes órdenes que ponen, en todo o en parte, el foco en un uso ético de la Inteligencia Artificial:

Orden ejecutiva para fortalecer la equidad racial y el apoyo a las comunidades desatendidas (2023).	Dentro del conjunto de medidas establecidas en esta orden tiene en cuenta los riesgos emergentes que las nuevas tecnologías suponen para los derechos civiles. En este sentido la Orden Ejecutiva instruye a las agencias a enfocar sus autoridades y oficinas de derechos civiles en las amenazas emergentes, como la discriminación algorítmica en la tecnología automatizada.
Orden ejecutiva sobre Inteligencia Artificial segura y confiable (2023).	Esta orden apunta a asegurar el desarrollo y uso seguro, protegido y confiable de la Inteligencia Artificial. Se enfoca en varias áreas clave: Protección contra riesgos de IA: establece estándares para evitar que la IA se use en la creación de materiales biológicos peligrosos, mejora la ciberseguridad mediante el desarrollo de herramientas de IA para identificar y corregir vulnerabilidades, y busca proteger a los estadounidenses de fraudes y engaños habilitados por la IA. 1. Privacidad de los estadounidenses: llama al congreso a aprobar legislación consensuada por los dos grandes partidos sobre privacidad de datos para fortalecer la protección de la privacidad frente a los riesgos que la IA puede representar. 2. Equidad y derechos civiles: dirige acciones adicionales para prevenir el uso irresponsable de la IA que pueda profundizar discriminaciones y sesgos, y garantiza la equidad en todo el sistema de justicia. 3. Apoyo a trabajadores: aborda los cambios que la IA está provocando en el empleo y los lugares de trabajo, proponiendo principios y mejores prácticas para proteger a los trabajadores. 4. Transparencia y gestión de riesgos: exige a las entidades que desarrollen modelos de IA de gran escala, o posean clústeres de computación de gran escala, informar sobre sus actividades y las medidas de seguridad adoptadas, especialmente en áreas críticas como la ciberseguridad y la bioseguridad. 5. Integración de IA en infraestructura crítica y ciberseguridad: requiere una robusta integración de la IA en la infraestructura crítica para mejorar la ciberseguridad, incluyendo la evaluación de riesgos potenciales de la IA y el desarrollo de un marco de gestión de riesgos de IA. 6. Reducción de riesgos en el contenido creado a través de la IA generativa: se esfuerza por mejorar las capacidades para identificar y etiquetar contenido generado por IA, creando estándares y prácticas para autenticar dicho contenido. Estas medidas buscan no solo proteger a los ciudadanos y garantizar la equidad, sino también promover el uso responsable de la IA mientras se respalda la innovación y competitividad estadounidense.

Acuerdos previos sobre estándares de seguridad en la IA con los grandes operadores tecnológicos.	Previamente a la Orden Ejecutiva del 30 de octubre de 2023, la administración Biden-Harris llegó a acuerdos con Google, Meta, Microsoft, y OpenAI para implementar estándares de seguridad al crear nuevas herramientas y modelos de IA. Esta orden ejecutiva exige a los desarrolladores compartir los resultados de pruebas de seguridad y otros datos relevantes con el gobierno, además de establecer estándares regulados por el Instituto Nacional de Estándares y Tecnología y directrices del Departamento de Comercio para el contenido creado con IA

Como podemos ver, no hay una legislación federal que se aplique de forma completa a todo el territorio estadounidense, sino una serie de medidas que afectan a agencias estatales y acuerdos con operadores tecnológicos. Aunque la identificación de riesgos es muy similar al del resto de iniciativas regulatorias.

1.8 CÓMO LO ABORDA CHINA

En 2023 China aprobó dos normas reguladoras el uso de la Inteligencia Artificial:

- Una Ley general.
- Una Ley específica para la Inteligencia Artificial generativa.

Ambas normas muestran una evidente influencia del reglamento europeo de IA y la propuesta de convenio internacional sobre IA de la OCDE. Pero el enfoque y la concepción de la norma se ve influida también por el marco político que supone el desarrollo del modelo social y económico del socialismo chino y su capitalismo de estado.

Esta regulación, por su amplitud y detalle pone al gigante asiático entre las naciones con un corpus legal más completo y avanzado sobre la materia. Veámoslo.

Ley General de Inteligencia Artificial

Esta Ley es consecuencia del Plan de Trabajo Legislativo 2023 elaborado por el Consejo de Estado como consecuencia del XX Congreso Nacional del Partido Comunista de China, celebrado del 16 al 22 de octubre de 2022. Se trata de una norma compuesta por 73 artículos, estructurados en siete capítulos. Veamos sus principales características:

Concepto de Inteligencia Artificial	El artículo 71 define la IA como *"los sistemas automatizados que funcionan con cierto grado de autonomía, sirven a determinados objetivos y son capaces de influir en el entorno físico o virtual mediante la predicción, la recomendación o la toma de decisiones, etc."* Como podemos apreciar asume el concepto de sistema, que como veremos supone una regulación más amplia y legalmente más segura que el concepto de algoritmo. El concepto de cierto grado de autonomía deja la puerta abierta a interpretaciones que pueden llegar a ser legalmente conflictivas.
Ámbito de aplicación	El artículo 2, define el ámbito de aplicación de esta norma, que *"se aplica a la investigación y desarrollo, suministro y uso de la IA, así como a la regulación de la IA, dentro de las fronteras de la República Popular de China (RPC)".*
Extra territorialidad real de la norma	El mismo artículo 2 establece que *"Las actividades relacionadas con la investigación y el desarrollo, el suministro y el uso de la IA realizadas fuera del territorio de la RPC que afecten o puedan afectar a la seguridad nacional, los intereses públicos o los derechos e intereses legítimos de personas u organizaciones de la RPC, están sujetas a esta Ley".* Este aspecto de extraterritorialidad real o práctica de esta Ley la comparte con el reglamento europeo de IA.
Principios éticos	El artículo 4 de la Ley establece que la persona humana es el centro de todos los desarrollos: *"Las actividades relacionadas con la investigación y el desarrollo, el suministro o el uso de la IA deben estar centradas en las personas y dirigir la inteligencia hacia el bien.".* En este sentido, este principio ético es común a todas las iniciativas regulatorias.
Supervisión humana	El mismo artículo 4 establece que: *"Garantizar que los humanos puedan supervisar y controlar continuamente la IA, con el objetivo último de promover siempre el bienestar de la humanidad."*
Requisitos técnicos de los sistemas de IA	Según los artículos 5 a 9 de la norma, los investigadores y desarrolladores, proveedores y usuarios de sistemas de IA deben aplicar los siguientes requisitos técnicos a sus proyectos de IA: • Seguridad y robustez del sistema de IA. • Apertura, transparencia y explicabilidad. • Responsabilidad proactiva. • Equidad e igualdad. El detalle de estos requisitos aparece desarrollado en los artículos 35 a 50 de la norma: regula entre otras las obligaciones de los desarrolladores e investigadores (sección 2.ª), que incluyen un sistema de gestión de riesgos, y las obligaciones de los distribuidores (sección 3.ª), que incluyen un sistema de información de la puesta en marcha del sistema, de auditoría y de gestión interna. Es un modelo de requisitos técnicos muy similar al del reglamento europeo de IA.

Listas negativas de sistemas de IA.	Los artículos 23 a 32 prevén que el Estado establecerá un sistema de Lista Negativa para la IA, similar a la establecida en el Reglamento Europeo como prácticas prohibidas o sistemas de IA de alto riesgo, sujeta a la concesión de permisos para el desarrollo de productos y servicios de IA. Esta lista se basará en el daño potencial para la seguridad nacional, el interés público, los derechos e intereses legales de las personas y organizaciones, y el orden económico que puedan derivarse de la utilización de estos sistemas. Aunque desde un enfoque diferente, al final se identifican usos o finalidades de uso de la IA que afectan a los intereses de los ciudadanos, y que pueden prohibirse.
Sandbox regulatorio.	Al igual que en el caso de Europa, el art. 56 prevé la puesta en marcha de un espacio de pruebas de modelos de IA y las condiciones de acceso y funcionamiento de este.
Responsabilidades.	El artículo 61 de la Ley establece que a quienes infrinjan los artículos 34 a 51 de esta Ley, relativos a la investigación, el desarrollo o el suministro de IA, el organismo estatal responsable de la supervisión de la IA podrá ordenarles que hagan correcciones, darles una advertencia, confiscarles sus ganancias ilegales y ordenarles que suspendan o pongan fin al suministro de esos productos o servicios.
Sanciones.	Los responsables de los productos que se nieguen a hacer correcciones a las que se refiere el artículo 61 deberán multarse con hasta un millón de renminbi (RMB), es decir, más de ciento veintisiete mil euros. El supervisor directamente responsable y otros responsables directos pueden recibir multas de entre 10.000 (1.273 €) y 100.000 RMB (12.727 €). En los casos considerados graves, el organismo estatal responsable de la IA debe ordenar la rectificación, confiscar los ingresos ilegales e imponer una multa máxima de 50 millones de RMB (6.363.557 €)o hasta el 4% de los ingresos del año anterior. El organismo estatal responsable de la IA también puede ordenar la suspensión de la actividad empresarial pertinente o la suspensión de la actividad empresarial para su rectificación, notificar a las autoridades competentes pertinentes la revocación de los permisos empresariales pertinentes o revocar la licencia empresarial. Como podemos ver, aquí se aplican medidas similares a las previstas para los sistemas de responsabilidad de las personas jurídicas a nivel penal, es decir, los modelos de compliance penal europeos, en donde puede llegar a existir una intervención judicial de las empresas. El supervisor directamente responsable de la IA que infringe la legislación y otros miembros del personal directamente responsables deberán pagar una multa de 100.000 a 1 millón de RMB. Además, aquellas personas que cometan actividades contrarias a esta Ley verán reducido su crédito social, de acuerdo con la normativa aplicable, sanción que se hará pública.
Responsabilidad civil extracontractual.	Artículo 66: si la IA investigada, desarrollada o suministrada vulnera los derechos e intereses de personas, causando daños, y el investigador, desarrollador o proveedor incumple las obligaciones que le impone esta Ley, deberá asumir la responsabilidad extracontractual, incluyendo la indemnización por daños y perjuicios, a menos que el desarrollador o proveedor pueda demostrar que no es culpable. Como podemos ver, este artículo incorpora los principios de la Directiva Europea de 2021 de Responsabilidad Civil extracontractual de la IA, incluido el principio Iuris Tatum de carga de la prueba.

Litigios de interés público	Si un sistema de IA se pone en el mercado vulnerando las disposiciones de esta Ley y poniendo en peligro los derechos e intereses de un gran número de personas, la Fiscalía Popular, las organizaciones de consumidores estipuladas por la ley y las organizaciones determinadas por el órgano estatal responsable de la IA podrán interponer una demanda ante el Tribunal Popular de conformidad con la ley. Este principio legal está también incorporado al corpus legislativo europeo desde la promulgación del Reglamento general de Protección de Datos.

Como podemos observar, es un marco regulatorio muy similar al de la Unión Europea.

Regulación de la IA Generativa

Este reglamento provisional sobre la gestión de los servicios de Inteligencia Artificial Generativa (IAG), entró en vigor el pasado 15 de agosto.

La norma tiene como objetivo promover el desarrollo sólido de la IA Generativa y sus aplicaciones evitando un uso que pudiera considerarse sistémico y o que vulnere gravemente los derechos de los ciudadanos. En este sentido comparte la misma inquietud que la regulación de esta tecnología reflejada en el Reglamento Europeo de IA.

El auge de la tecnología de IA Generativa ha creado nuevas oportunidades para el desarrollo económico y social, pero también ha traído problemas como la difusión de información falsa, la violación de la información personal y la seguridad de los datos.

La norma incluye una serie de medidas para impulsar la tecnología de IA Generativa, por un lado, y estipula normas básicas para los proveedores de servicios de IA Generativa, por otro.

Según el reglamento, China fomentará las aplicaciones innovadoras de la tecnología de IA Generativa en diversas industrias y campos, y apoyará a organizaciones industriales, empresas, centros de educación e investigación así como otras instituciones relacionadas, para que colaboren en este sentido.

A la vez, los reguladores ejercerán una supervisión sobre los servicios de IA Generativa, exigiendo a los proveedores de estos servicios que cumplan determinadas obligaciones de seguridad, incluida la protección de los datos personales de los internautas, y que tomen precauciones para evitar que los usuarios menores de edad se vuelvan adictos a tales servicios.

Ámbito de aplicación: la Ley de medidas sobre IA Generativa se aplica al "uso de tecnología de IA Generativa (se refiere a algoritmos, modelos u otras reglas) para prestar servicios de generación de texto, imágenes, sonidos, vídeos y otros contenidos dentro del territorio de China".

Es importante señalar también que las medidas sobre IA Generativa se aplican a los servicios ofrecidos al público quedando excluido del ámbito de la norma el uso de servicios de IA Generativa por parte de las empresas.

Carácter extraterritorial: esta norma se aplicará a las empresas nacionales y a los proveedores de servicios de IA generativa extranjeros que ofrezcan servicios de IA generativa al público en general en China. En este sentido sigue el mismo criterio que el Reglamento Europeo de IA.

Es decir, sus medidas tienen aplicación extraterritorial, lo que es especialmente relevante para los proveedores de servicios de IA Generativa situados fuera de China. En concreto, según el artículo 20 de la norma, la CAC y las autoridades competentes pueden informar a los proveedores de servicios de IA Generativa que se encuentren fuera de China y presten servicios de IA Generativa en el territorio para que adopten las medidas técnicas u otras necesarias si no cumplen las leyes y reglamentos chinos pertinentes. Esta aplicación extraterritorial implica que los proveedores extraterritoriales que cumplan la Ley pueden prestar servicios de IA Generativa en China.

Principales obligaciones de los prestadores de servicios

En el desarrollo y uso de servicios de IA Generativa, los proveedores de servicios de IA Generativa deben:

- No generar contenidos ilegales, como información falsa o perjudicial.
- Tomar medidas efectivas para evitar la generación de contenidos que discriminen a las personas o colectivos.
- No utilizar ventajas en algoritmos, datos o plataformas cuando ello conduzca a comportamientos que afecten negativamente a la competencia o que lleven al monopolio.
- No infringir los derechos de imagen, reputación, honor, intimidad y privacidad de los ciudadanos.
- Adoptar medidas eficaces para aumentar la transparencia y explicabilidad de los servicios de IA generativa así como la exactitud y fiabilidad de los contenidos generados por estas tecnologías.

Con respecto a los datos de entrenamiento de estos sistemas, los proveedores de servicios de IA Generativa deben:

- Utilizar datos y modelos de fuentes legítimas.

- No infringir la propiedad intelectual de terceros.

- Obtener datos personales con consentimiento o con una autorización de terceros en situaciones prescritas por la Ley o medidas administrativas.

- Tomar medidas eficaces para aumentar la calidad de los datos de entrenamiento, su veracidad, exactitud, objetividad y diversidad.

Al prestar servicios de IA generativa, los proveedores de servicios de IA generativa tienen obligaciones de ciberseguridad con respecto a los contenidos como productores de contenidos de información generada, así como obligaciones de protección de la información personal como responsables del tratamiento de la información personal, y deben:

- Informa debidamente a los usuarios registrados a través de un acuerdo que refleje la aceptación de los términos de uso de los servicios de IA generativa en los que se especifiquen los derechos y obligaciones de ambas partes.

- Advertir a los usuarios sobre el uso legítimo de la tecnología de IA generativa y tomar medidas efectivas para evitar que los usuarios dependan excesivamente del servicio de IA generativa o sean "adictos a él".

- No recopilar información personal que no sea esencial, no retener ilegalmente información de entrada y registros de uso que puedan utilizarse para identificar a un usuario y no proporcionar ilegalmente información de entrada y registros de uso de los usuarios a terceros.

- Recibir y resolver las solicitudes de los interesados.

- Etiquetar los contenidos generados, como fotos y vídeos, de conformidad con las Disposiciones Administrativas sobre Síntesis Profunda de Servicios de Información basados en Internet (Disposiciones sobre Síntesis Profunda).

- Si se descubre que los usuarios utilizan los servicios de IA generativa para realizar actividades ilícitas, advertir al usuario de que es un uso inadecuado o ilegal, o restringir, suspender o cancelar el servicio, conservar los registros e informar a las autoridades competentes pertinentes.

▸ Si se descubre que los usuarios utilizan los servicios de IA Generativa para realizar actividades ilegales, tomar medidas para advertir al usuario, o restringir, suspender o cancelar el servicio, conservar los registros e informar a las autoridades competentes pertinentes.

▸ Establecer un mecanismo para recibir y gestionar reclamaciones.

Finalmente, en relación con la supervisión del cumplimiento, los proveedores de servicios de IA Generativa deberán:

▸ Si el servicio de IA generativa puede influir en la opinión pública o tiene capacidad de movilización social (riesgo sistémico), el proveedor del servicio debe, llevar a cabo una obligación de evaluación de la seguridad y (en el plazo de diez días laborables a partir de la fecha de prestación de los servicios) pasar por las formalidades de registro de conformidad con las Disposiciones Administrativas sobre Recomendación de Algoritmos para Servicios de Información en Internet (Disposiciones sobre Algoritmos).

▸ Cuando las autoridades competentes pertinentes realicen una inspección de supervisión del servicio de IA Generativa, cooperar con ellas, explicar la fuente, el tamaño y los tipos de los datos de entrenamiento, las normas de etiquetado y los mecanismos y principios del algoritmo y proporcionar la tecnología y los datos necesarios, etc., para apoyo y asistencia.

PARA LECTORES AVANZADOS:
¿QUÉ ES LA SÍNTESIS PROFUNDA, "DEEPFAKE" O ULTRA FALSIFICACIÓN?

La tecnología de síntesis profunda se conoce comúnmente como "deepfake" o "ultrafalsificación", una combinación de "aprendizaje profundo" y "fake". Dicha tecnología utiliza poderosas técnicas de aprendizaje automático e Inteligencia Artificial para editar o sintetizar información visual y de audio que, por lo tanto, puede producir contenido "falso".

Específicamente, este concepto se aplica a los medios sintéticos en los que una persona en una imagen o video existente se reemplaza de acuerdo con la semejanza de otra persona.

¿Para qué se utiliza? En muchas ocasiones para delinquir. Para organizar estafas utilizando la imagen de personas famosas para engañar organizando falsas promociones comerciales u obteniendo donativos sin la autorización o permiso de esos famosos.

O para dañar la imagen pública de un personaje o un simple vecino, desprestigiando su imagen o creando vídeos falsos en donde pueden aparecer desnudos o diciendo auténticas barbaridades, gracias a esos algoritmos que permiten generar imágenes, vídeos o incluso audio falso clonando nuestra imagen o nuestra voz.

Incluso se utiliza como una buena herramienta de estafa para suplantar la personalidad de familiares, a fin de que les hagan transferencias de dinero; o compañeros de trabajo, con el mismo fin.

También se usan en la industria cinematográfica, para sustituir la imagen de un actor o actriz por un clon virtual, que se haga pasar por el mismo actor, pero con una buena pila de años menos.

O para tener un bot virtual que interactúe con nosotros en muchas plataformas comerciales o servicios automatizados.

En definitiva, una tecnología que en malas manos puede ser muy peligrosa.

¿Cómo identificamos ultra falsificaciones?

- **Fijémonos en los detalles más complicados de emular en un vídeo o imagen artificial**: por ejemplo, en la configuración de los rasgos de la cara como la distancia entre los ojos o la situación de las orejas. El ser humano curiosamente es muy bueno a la hora de analizar proporciones en rostros (estamos biológicamente diseñados para ello), y si algo falla puede que sea nuestro cerebro avisándonos de que quizás estamos ante una ultra falsificación.

- **Cruce la información en diferentes fuentes**: antes de permitirnos copiar y difundir a través de nuestra red de contactos una noticia o un vídeo. O comentarlo, es preciso que contrastemos si esa información o ese contenido es veraz. Y no es lógico que lo hagamos a través del mismo canal de donde nos ha venido. Por ejemplo: hace poco recibí de un familiar un vídeo sobre una noticia falsa, que ya rondaba por las redes sociales desde 2017, de un fenómeno astronómico que se podía ver en el Polo Norte, por el que durante segundos parecía que la Luna se abalanzaba sobre la Tierra. Menos mal que soy astrónomo aficionado y atesoro un mínimo de cultura e información sobre astronomía, por lo que ya me pareció una noticia algo rara. Aún así, antes de condenarla, o de difundirla, busqué referencias de esta noticia por Internet y rápidamente me aparecieron reseñas en las que era una noticia falsa elaborada con un vídeo manipulado, que, por cierto, se notaba bastante. Aún así, el familiar que me había pasado la noticia estaba convencido de que era información veraz.

- **Atentos a los movimientos y el lenguaje corporal de la imagen sintética:** por ejemplo, algo tan sencillo como fijarnos si la imagen que vemos de una persona pestañea nos puede dar un indicio de si es verdadera o falsa. Un gesto involuntario y tan natural no suele reproducirse con facilidad y correctamente en las imágenes clonadas. Además, se les suele descubrir con cierta facilidad cuando hay ligeros movimientos de cabeza o torso, o a la hora de sincronizar dichos movimientos con los esperables que hacemos mientras hablamos.

- **Las redes sociales no son una herramienta de información, sino de entretenimiento:** hay que tener clara esta diferencia. El objetivo de una red social es que pases el mayor tiempo posible usándola, no informarte correctamente. Cuanto más tiempo estés conectado y más veces difundas a su vez la noticia mayor beneficio tendrá el autor de la misma. Y de rebote, la red social a tener más tráfico.

- **Cuidado con exponer mucha información y contenido gráfico nuestro:** muchas de las síntesis de imagen o voz de las que son víctimas los ciudadanos se consiguen con unas pocas imágenes o segundos de audio que se hayan obtenido de un vídeo de corta duración subido a las redes sociales. No digo ya nada si lo que subimos es una ponencia o una clase. Cuantos más minutos de imagen, vídeo y audio, en diferentes posturas, entonaciones y situaciones, estén disponibles y accesibles en Internet, más posibilidades hay de que los clones basados en esas imágenes y audios ripeados sean de mayor calidad, y por lo tanto, más peligrosos.

- **Pedir a la otra persona que se ponga de perfil o que anteponga su mano sobre la cara:** por absurdo que parezca, lo cierto es que a un clon de nuestra imagen le cuesta mucho hacer giros de 90º con el cuerpo. Cuando hace esos movimientos se produce en muchas ocasiones una especie de transformación gradual de rostro reconocible en formas borrosas. El mismo motivo, no se comportan muy bien cuando hay un objeto complejo, como puede ser una mano, delante de la ultra falsificación y en movimiento.

Mucho cuidado con nuestra presencia digital en las redes. Es la mejor fuente
para "ripear[10]" nuestra imagen o nuestra voz con el objetivo de clonarla.

---

10 Ripear: término coloquial que utilizan los informáticos para referirse al proceso de copiar o
    convertir cualquier información en un soporte o contenido multimedia. Proviene del término inglés
    "rip", copiar.

1.9 RUSIA

Rusia está planificando una nueva estrategia nacional para el desarrollo de la Inteligencia Artificial, según anunció el presidente Vladimir Putin. Esta estrategia tiene como objetivo evitar un monopolio occidental en la tecnología de IA, promoviendo soluciones rusas en la creación de sistemas de IA fiables, transparentes y seguras para los humanos.

1.10 OTRAS INICIATIVAS Y VISIONES SOBRE LA ÉTICA Y EL IMPACTO DE LA IA EN LA SOCIEDAD

Las iniciativas regulatorias sobre el uso de la IA no tienen solamente como origen los diversos gobiernos nacionales o multinacionales, como en el caso de la Unión Europea.

Diversos organismos multilaterales como la OCDE o la UNESCO han impulsado, en paralelo a los procesos regulatorios analizados en los apartados anteriores, iniciativas vinculadas con el análisis de los principios éticos que deben regir el uso de la Inteligencia Artificial.

Igualmente, desde la visión de la fe, líderes religiosos como el Papa Francisco han manifestado en los últimos años la honda preocupación sobre las consecuencias y el impacto en los individuos del uso de la Inteligencia Artificial. Veámoslo.

1.10.1 OCDE

La OCDE propone principios para el uso de la IA centrados en valores de inclusividad, sostenibilidad, transparencia, seguridad y privacidad. Estos principios promueven el desarrollo y despliegue de sistemas de IA que sean robustos, seguros, justos y dignos de confianza, con el objetivo de fomentar el bienestar público y el crecimiento inclusivo.

De hecho, mantiene desde hace años un observatorio del uso de la Inteligencia Artificial y ha ayudado a fijar la definición legal mayoritariamente adoptada sobre Inteligencia Artificial.

Ya en 2019 publicó una lista de 40 principios sobre el uso de la IA. Posteriormente ha ido desarrollando un amplio catálogo de documentos e informes vinculados a la Inteligencia Artificial, como su **Monitor de Incidentes de la IA.**

En su web *https://www.oecd.org/digital/artificial-intelligence/* puede encontrar un amplio catálogo de documentos sobre las iniciativas impulsadas desde la OCDE.

1.10.2 UNESCO

La UNESCO establece principios y directrices para el uso ético y responsable de la IA, centradas en la promoción de la equidad, la inclusión, la transparencia, y el respeto a la privacidad y los derechos humanos. Estas directrices buscan asegurar que el desarrollo y aplicación de la IA contribuyan positivamente al bienestar social y económico global, evitando sesgos y discriminación y fomentando la colaboración internacional en la investigación y regulación de la IA.

Con publicaciones como la evaluación del impacto ético de la Inteligencia Artificial de 2023, o la Ética de la Inteligencia Artificial, de 2021. En este último documento la UNESCO establece un marco global para garantizar que el desarrollo y uso de la IA sean inclusivos, justos y sostenibles, promoviendo los derechos humanos y la diversidad cultural. Enfatiza la necesidad de transparencia, responsabilidad y privacidad, al mismo tiempo que busca reducir las brechas de desigualdad y fomentar la cooperación internacional. Este documento es una guía para los estados miembros para desarrollar políticas y prácticas éticas en torno a la IA.

En el primero de los documentos mencionados se plantean los principios que debe cumplir un sistema de IA como son:

- Seguridad y protección.
- Equidad, no discriminación, diversidad.
- Sostenibilidad.
- Privacidad y protección de datos.
- Supervisión y determinación humanas.
- Transparencia y explicabilidad.
- Responsabilidad y obligaciones.
- Conciencia y alfabetización.

Como vemos, los mismos principios que se han ido manejando en todos los proyectos regulatorios y que, como organismos internacionales, han colaborado a dar forma a esos principios legales.

1.10.3 La visión desde la ética religiosa. La iglesia católica frente a la IA

La religión y sus representantes no se han quedado al margen de este debate.

El Papa Francisco en su mensaje para la Jornada Mundial de la Paz 2024 subraya que las nuevas tecnologías como la Inteligencia Artificial deben ser un camino hacia la paz, y no contribuir a las desigualdades o conflictos. Resalta tanto las oportunidades como los riesgos graves de la IA, enfocándose en la necesidad de un uso ético y regulado para evitar consecuencias negativas, como la manipulación social o el incremento de las desigualdades.

El Rabino Joshua Franklin expresó que, aunque la IA puede sonar inteligente, le falta la capacidad de ser empática, elemento esencial para construir comunidades y relaciones.

Similarmente, **el Pastor Hershael York** señaló que los sermones escritos por IA pueden carecer de "alma" y no replicar la pasión de la predicación real, subrayando que los grandes pastores, los que aman a su gente y la predicación, no se verían tentados a usar IA para este fin.

1.11 EL PELIGRO DE LEGISLAR EN EL AIRE: LA NECESIDAD PREVIA DE UNA FUERTE REGULACIÓN DE LA GESTIÓN Y PROTECCIÓN DE LOS DATOS PERSONALES Y DE LA PROPIEDAD INTELECTUAL

Como dice un socio mío: "la mitad de una Inteligencia Artificial son los datos". Los datos que maneja e interpreta en el desempeño de la función para la que se ha diseñado. Los datos con los que se entrenó en su momento. Los datos con los que aprende continuamente.

Vivimos desde el desarrollo de Internet y la Redes Sociales en una economía del dato. Y sobre el dato se ha construido la actual explosión de la economía y sociedad digital, incluida la de la Inteligencia Artificial.

Y el problema y la tensión proviene de que muchas de las plataformas digitales que se gestionan en todo o en parte con sistemas de IA hacen un uso masivo de datos personales que, en un buen número de ocasiones se han obtenido sin el consentimiento (siquiera el conocimiento) de los ciudadanos afectados.

El mercado actual de tráfico y explotación de datos personales, a nivel mundial es incalculable. Las fuentes no se ponen de acuerdo dado que existe un uso comercial no consentido, y existe hasta un mercado gris y negro de tráfico de datos personales, pero en la Unión Europea se calcula que supera los 700.000 millones de €.

Mucho dinero como para que ello no suponga una tensión entre los gobiernos y los organismos de supervisión y protección de datos y las grandes corporaciones que se benefician de su explotación. Una tensión que se lleva viviendo todo este siglo y que supuso ya en su momento una pugna entre los lobbies que representaban los intereses de las grandes corporaciones digitales, que buscaban una regulación del tratamiento y la protección de los datos laxa; y la Unión Europea, que buscaba un marco legal mucho más estricto.

Los "data bróker[11]" han denominado en alguna ocasión a los datos personales de todos y cada uno de nosotros como "auténtico oro molido"

El equilibrio entre la competitividad de las industrias digitales y las tecnologías que se han convertido en la base de funcionamiento de nuestras sociedades y los derechos ciudadanos es igualmente la pugna que se está viviendo en el caso del desarrollo de la Inteligencia Artificial.

---

11   Un data bróker es una entidad que recopila información de diversas fuentes, incluidos registros públicos, actividad en línea, y compras, para crear perfiles detallados de individuos. Estos perfiles se venden o utilizan para propósitos como marketing, análisis de crédito, o publicidad dirigida.

> **Ninguna norma** que regule el uso y explotación de los sistemas de IA **tendrá eficacia si** previamente, **en ese territorio no existe una legislación lo suficientemente robusta y eficaz que garantice un mínimo de derechos y de protección** a los ciudadanos **sobre el uso de sus datos personales**. Incluidos los más anonimizados[12].

Igualmente, los sistemas de IA se aprovechan no solo de los datos personales, sino de la información en general, y del acceso a contenidos, muchos de ellos protegidos por derechos de autor, vulnerando los mismos.

Ya han existido un buen número de sentencias y de sanciones a las grandes plataformas digitales y a las redes sociales por el uso ilegítimo de contenidos e información sin tener presente los derechos económicos de sus autores.

En el caso de las grandes plataformas de IA Generativa, que recurren a múltiples contenidos científicos, técnicos, literarios, filosóficos o artísticos para dar respuesta a las demandas de sus usuarios de todo tipo: desde obtener información hasta generar nuevos contenidos basados en esos contenidos creados a su vez por ciudadanos, esta situación se está tornando en peligrosa.

En ese sentido se tendrán que reforzar tanto las regulaciones que protegen la propiedad intelectual como industrial y se tendrán que exigir a los operadores tecnológicos que dan soporte a estas grandes plataformas de IA Generativa para que la demanda de sus usuarios se vea controlada por reglas más robustas de respecto a la propiedad intelectual, dado que las actuales, en mi opinión, son laxas.

---

12 Un dato personal anonimizado es información que se ha procesado para eliminar o modificar cualquier elemento que permita identificar a una persona. Esta transformación asegura que el individuo al que pertenece el dato no pueda identificarse directamente ni mediante el uso de información adicional. Aunque originalmente derivan de datos personales, una vez anonimizados correctamente, dejan de considerarse como tales bajo la normativa de protección de datos, permitiendo su uso sin infringir la privacidad del individuo.

Dura lex, sed lex

2

LOS RIESGOS DE LA
INTELIGENCIA ARTIFICIAL

Uno de los riesgos típicos que siempre se contemplan en el uso de sistemas de IA es que el sistema de IA se haya diseñado sin un buen criterio, o a todas luces, por programadores mal preparados.

2.1 CONCEPTOS DE AMENAZA, RIESGO E IMPACTO

Como hemos vista hasta ahora, en el capítulo 1, muchas de las legislaciones en proyecto o ya aprobadas clasifican los tipos de Inteligencia Artificial en función de su "riesgo": riesgo inaceptable, alto riesgo, riesgo moderado, etcétera. Pero **¿a qué se refieren con la palabra riesgo?**

Con este término nos referimos **a la posibilidad o probabilidad de que pueda suceder una situación no deseada, una amenaza, que pueda afectar a los derechos y libertades de ciudadanos, asociada al funcionamiento de un sistema de IA. Por lo tanto, un uso no deseado o indebido o un mal funcionamiento de un sistema de IA tiene como consecuencia un impacto sobre un conjunto de ciudadanos** y es, definitiva, la identificación y valoración de ese impacto lo que determina a su vez la categorización del riesgo.

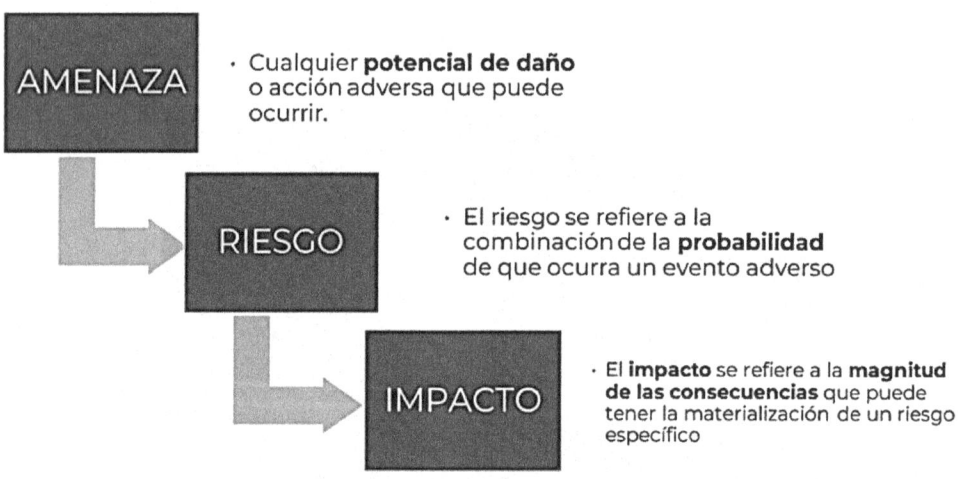

AMENAZA
· Cualquier **potencial de daño** o acción adversa que puede ocurrir.

RIESGO
· El riesgo se refiere a la combinación de la **probabilidad** de que ocurra un evento adverso

IMPACTO
· El **impacto** se refiere a la **magnitud de las consecuencias** que puede tener la materialización de un riesgo específico

Lógicamente, con esta definición, **el riesgo en el uso y funcionamiento de un sistema de IA** *va asociado a la finalidad* **de ese sistema de IA;** es decir, para qué se ha diseñado, con qué objetivos se ha entrenado, que fin o beneficio busca la persona u organización que lo pone en servicio y lo utiliza.

Si conocemos la finalidad real de uso del sistema de IA podremos identificar una lista de amenazas y de riesgos asociados.

```
                    ┌ AMENAZA N°. 1 ⇨ RIESGO 1 ⇦ IMPACTO

                    ├ AMENAZA N°. 2 ⇨ RIESGO 2 ⇦ IMPACTO
  FINALIDAD
  DE LA IA  ─┤
                    ├ AMENAZA N°. 3 ⇨ RIESGO 3 ⇦ IMPACTO

                    └ AMENAZA N°. 4 ⇨ RIESGO 4 ⇦ IMPACTO
```

El propio Reglamento Europeo de IA, en su artículo de definiciones, hace una concisa y clara definición del término:

> «riesgo»: la combinación de la probabilidad de que se produzca un perjuicio y la gravedad de dicho perjuicio;

Caso práctico de ejemplo

Imaginemos que trabajamos en el departamento de recursos humanos de una mediana o gran empresa, en donde habitualmente utilizamos las tecnologías para diversos de los procesos de gestión del personal. Si tuviéramos que hacer una lista de amenazas por el uso de tecnologías de IA en los procesos de gestión de las personas a reclutar, de candidatos a los puestos de trabajo vacantes, podría ser esta:

Funcionalidades del programa de preselección de candidatos:

▸ Canal de acceso a candidatos interesados en optar a una determinada posición o puesto de trabajo anunciado por la empresa.

▸ Sistema de IA que preselecciona automáticamente los perfiles que cumplan las condiciones precisas para dicho puesto de trabajo.

▸ Sistema de IA que permite establecer condiciones o filtros de búsqueda de candidatos en función de los requerimientos específicos del puesto a cubrir y establecer una búsqueda automatizada y rápida de los perfiles que más se ajusten a esos requisitos específicos asociados a la posición a cubrir.

▸ Sistema de IA de, los perfiles preseleccionados, categoriza en una escala porcentual a los candidatos/as que más se acercan al 100% de los requisitos de búsqueda.

▸ Sistema de IA que hace una búsqueda a través de Internet, en redes sociales y buscadores, de información complementaria del candidato que permita completar aspectos psicosociales que pudieran ser importantes en los criterios de selección.

Finalidad del programa:

▶ Agilizar los procesos de preselección de candidatos, ahorrando tiempo de dedicación y costes de horas de trabajo del personal de recursos humanos, descansando la tarea de estudio y selección previos de entre cientos de currículo vitae, de los candidatos que más se acerquen al "perfil ideal" de la posición a cubrir.

Veamos las amenazas potenciales del uso de este programa.

1. *Amenazas técnicas y de desempeño*

   ● *Sesgos en la selección de datos:* utilización de conjuntos de datos que no representan adecuadamente a la diversidad de la población de candidatos, llevando a sesgos en la selección.

   ● *Overfitting:* el sistema de IA se ajusta excesivamente a los ejemplos de entrenamiento y falla al generalizar a nuevos candidatos, lo que termina provocando decisiones inapropiadas.

   ● *Ataques adversarios:* manipulación de los datos de entrada por parte de candidatos o terceros para engañar al sistema de IA y obtener una evaluación favorable.

2. *Amenazas legales y de cumplimiento*

   ● *Violación de la privacidad:* obtención y procesamiento inadecuado de datos personales sensibles sin el consentimiento explícito de los candidatos.

   ● *Infracción de normativas laborales:* incumplimiento de leyes específicas de empleo y discriminación, como la Ley de Igualdad de Oportunidades de Empleo en diferentes jurisdicciones.

   ● *Responsabilidad por decisiones automatizadas:* desafíos legales sobre quién es responsable cuando una decisión tomada por IA resulta en una contratación inadecuada o discriminación.

3. *Éticas y de reputación*

   ● *Erosión de la confianza:* pérdida de confianza de los candidatos y de la sociedad en general en la capacidad de la organización para realizar procesos de selección justos y transparentes.

- *Desvalorización de la intuición y experiencia humana:* menosprecio por las cualidades humanas únicas y las "soft skills" (habilidades blandas) que son difíciles de cuantificar y evaluar por los sistemas de IA.

- *Efecto eco cámara:* creación de equipos homogéneos donde la innovación y la creatividad pueden verse limitadas debido a la preferencia algorítmica por perfiles similares.

4. *Amenazas operacionales y estratégicas*

- *Fallos tecnológicos:* interrupciones o malfuncionamiento en el sistema de IA que pueden retrasar o comprometer el proceso de selección.

- *Desalineación con la estrategia de negocio:* implementación de sistemas de IA que no se alinean adecuadamente con los objetivos a largo plazo de la empresa, como fomentar la diversidad o promover una cultura específica.

- *Rigidez en el proceso de selección:* dificultad para adaptar rápidamente el proceso de selección frente a cambios en el mercado laboral o en los requisitos del puesto.

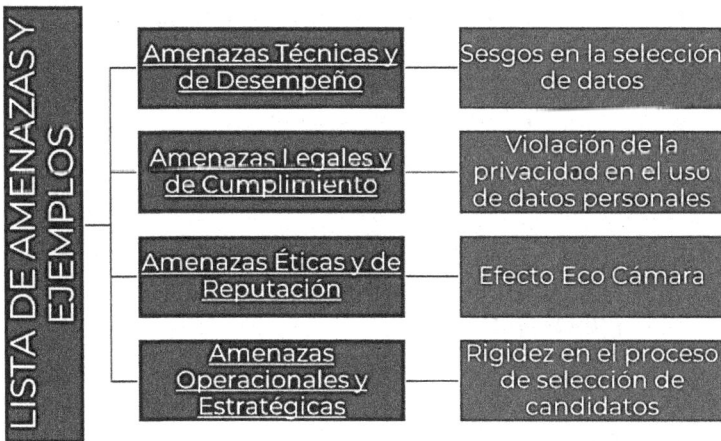

Una vez que hemos identificado las amenazas podemos establecer una lista de riesgos asociados a estas amenazas que, como debemos recordar, es la probabilidad de que estas amenazas se cumplan.

Siguiendo la categorización de esa lista de amenazas en esos cuatro grupos, los riesgos podrían ser los siguientes:

1. *Riesgos técnicos y de desempeño*

   - *Sesgo en los algoritmos:* los sistemas de IA pueden perpetuar o incluso exacerbar sesgos existentes si los datos de entrenamiento reflejan prejuicios históricos o culturales.

   - *Falta de transparencia:* dificultades para entender cómo la IA toma decisiones (caja negra), lo que complica la identificación de errores o sesgos.

   - *Errores de clasificación:* riesgo de rechazar buenos candidatos o seleccionar candidatos inadecuados debido a errores en el procesamiento de datos o interpretación algorítmica.

   - *Dependencia tecnológica:* excesiva autonomía de la IA para la toma de decisiones, minando el juicio humano y la experiencia.

   Como podemos ver, estos riesgos están asociados a la lista de amenazas que identificamos anteriormente: si, por ejemplo se ha entrenado de forma defectuosa el sistema de IA usando datos con sesgo, o con una base de datos pobre en cuanto a diversidad de perfiles de candidatos, tendremos esos riesgos de sesgo o esos errores en la clasificación de los candidatos.

2. *Riesgos legales y de cumplimiento*

   - *Incumplimiento de la protección de datos:* violaciones de regulaciones como el Reglamento General de Protección de Datos, por el manejo inadecuado de datos personales de los candidatos.

   - *Discriminación laboral:* exposición a litigios por discriminación si el sistema de IA excluye sistemáticamente a candidatos de ciertos grupos protegidos.

   - *Transparencia y derecho a la explicación:* desafíos en cumplir con el derecho de los candidatos a entender cómo se tomó una decisión que los afecta.

   Como vemos, estos tres riesgos se relacionan con las tres amenazas antes identificadas:

   - *Violación de la privacidad.*

   - *Infracción de normativas laborales.*

   - *Responsabilidad por decisiones automatizadas.*

3. *Riesgos éticos y de reputación*

- *Percepción de impersonalidad:* la selección gestionada por IA puede percibirse como fría o injusta por parte de los candidatos, afectando a la imagen de la empresa.

- *Falta de consentimiento informado:* uso de datos de candidatos sin un consentimiento claro sobre cómo se utilizarán en procesos de IA.

- *Impacto en la diversidad:* potencial reducción de la diversidad en el lugar de trabajo si el sistema de IA no está adecuadamente diseñado para valorar la inclusión.

Como podemos ver de nuevo, estos riesgos se asocian a amenazas identificadas anteriormente dentro de esta categoría, como puede ser el efecto eco-cámara, antes mencionado.

4. *Riesgos operacionales y estratégicos*

- *Dependencia de proveedores:* riesgos asociados a la dependencia de tecnologías específicas de IA o proveedores para el proceso de selección.

- *Costos ocultos:* inversiones significativas en desarrollo, implementación y mantenimiento del sistema de IA que podrían superar los beneficios esperados.

- *Resistencia al cambio*: rechazo o baja adopción del sistema de IA por parte del equipo de recursos humanos o de la dirección debido a temores o desconocimiento.

Como podemos apreciar en el esquema, los riesgos están asociados a la identificación previa de amenazas. **A partir de aquí debemos determinar cómo se valora el impacto** que estos riesgos, que estas amenazas, pueden tener sobre los ciudadanos potencialmente afectados.

Valorar el impacto de los riesgos y las amenazas en procesos como el uso de sistemas de Inteligencia Artificial (IA), siguiendo nuestro ejemplo, para la selección de precandidatos a puestos de trabajo, implica un enfoque que considera tanto la probabilidad de que ese suceso ocurra como la gravedad de las consecuencias en caso de que se produzca. Veamos cómo se hace.

a) *Evaluación de la probabilidad:*

Para cada riesgo identificado se evalúa la probabilidad de que ocurra. Esto se puede hacer utilizando escalas cualitativas (como bajo, medio, alto) o cuantitativas (por ejemplo, porcentajes o probabilidades). La probabilidad puede basarse en datos históricos, experiencias previas, análisis expertos, o una combinación de estos.

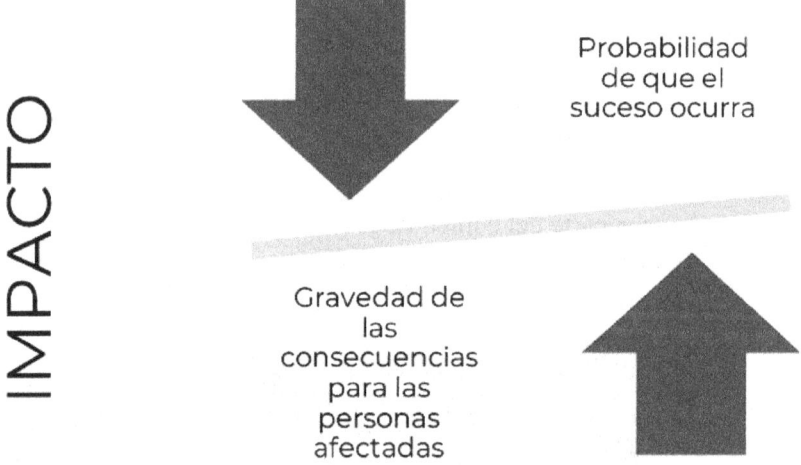

b) *Evaluación del impacto:*

Determinamos el impacto potencial de cada riesgo en caso de materializarse. **El impacto se refiere a las consecuencias negativas** y puede evaluarse en términos de **costos financieros, daño a la reputación,** impacto en la eficiencia operativa, **efectos legales** y de cumplimiento, entre otros. Al igual que con la probabilidad, el impacto puede calificarse de manera cualitativa o cuantitativa.

c) *Establecimiento de prioridades:*

Una vez evaluadas la probabilidad y el impacto, podemos priorizar los riesgos combinando estas dos dimensiones. Una matriz de riesgo es útil para este propósito, permitiéndote clasificar los riesgos en categorías de prioridad (por ejemplo, alta, media, baja) en función de su probabilidad e impacto combinados.

PROBABILIDAD	Altamente probable					R1	
	Muy probable			R5	R3		
	Probable						R4
	Poco probable	R2					
R = cada uno de los riesgos		Muy bajo	Bajo	Medio	Alto	Muy alto
identificados en la lista		IMPACTO				

Este es un primer modelo de ejemplo de matriz de riesgos en donde se ha realizado antes una identificación de cada uno de ellos y se le posiciona en la matriz en función de su probabilidad de suceso e impacto posible.

Sistema de IA	Riesgo	Delito	Probabilidad	Impacto
Selección personal				
Robots planta				
Control presencia				
Gestión cargas trabajo				
Seguridad laboral				

En este segundo modelo de matriz de riesgo se identifican los riesgos por el uso de los diferentes sistemas de IA en una organización, los potenciales delitos que pueden estar asociados a cada riesgo, su probabilidad en una escala (normalmente numérica, de 1 a 6 o de 1 a 10, por ejemplo) y el impacto que tendría sobre los afectados (muy alto, alto, etc.).

2.2 LOS PROCEDIMIENTOS DE CONTROL DE RIESGOS

¿Y cómo evitamos esos riesgos?

Una vez que hemos identificado las amenazas y sus riesgos asociados debemos definir de qué forma reducimos al máximo dichos riesgos. Se hace a través de una serie de procedimientos que minimizan (reducen, limitan) al máximo posible dichos riesgos.

No debemos pensar que procedimientos de reducción y minimización de los riesgos van a ser la solución total, absoluta y eficaz que impedirán con un cien por ciento de probabilidades que dichas situaciones no deseadas sucedan. En algunos casos las medidas técnicas a implantar o los cambios en la organización del trabajo serán tan exigentes que la entidad que debe afrontar esa reducción del riesgo se verá impotente para asumirlos en su totalidad, y es posible que solamente pueda poner en marcha una parte de esas medidas deseables, Y que por lo tanto, en riesgo se reduzca, pero no en su totalidad, sino en un porcentaje más o menos significativo.

Por lo tanto, **va a quedar siempre un riesgo residual**; es decir, una posibilidad, por mínima que sea, de que se produzca el evento no deseado y tenga un impacto sobre los ciudadanos o usuarios de ese sistema de IA.

RIESGO INHERENTE	RIESGO RESIDUAL	APETITO DE RIESGO
· Es aquel que por su naturaleza no se puede separar de la actividad que hace la organización. · Es intrínseco a la actividad de cada una de las áreas de negocio, sin considerar los sistemas de control que se hayan establecido.	· Es el riesgo que asume la organización tras haber aplicado los controles y medidas de prevención. · Por lo tanto, es la diferencia entre el Riesgo Inherente y la efectividad de los controles	· La inexistencia total de riesgo es imposible que se de en una organización. Siempre habrá un umbral tolerable de riesgo que las organizaciones pueden asumir. · El apetito de riesgo es la cantidad de riesgo, a nivel global, que los miembros de una organización están dispuestos a aceptar para poder desarrollar su actividad.

Cuanto menor sea ese impacto, o la probabilidad de que ocurra ese riesgo sea muy baja, la organización podrá aceptar dicho riesgo residual. **Ese riesgo residual que acepta**, que asume la organización **se le denomina apetito de riesgo**.

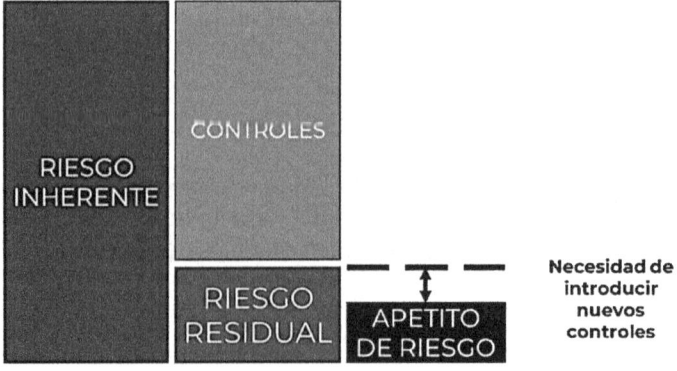

Si el **riesgo residual** que queda tras adoptar las medidas para minimizarlo **sigue siendo muy alto** para la organización, ésta tendrá tres alternativas:

▼ *Asumir un riesgo alto*, que incluso puede ser legalmente inaceptable, con todas las consecuencias legales que para la organización puede suponer.

▼ *No asumir ese riesgo*, y por lo tanto, no utilizar el sistema de IA para la finalidad prevista.

▼ *Implantar nuevas medidas correctoras* de ese riesgo residual, que permitan alcanzar un porcentaje de riesgo (apetito de riesgo) aceptable.

¿Qué tipos de procedimientos o controles se pueden introducir?

Hay dos tipos de procedimientos que se pueden implantar:

a) **Preventivos:** diseñados para anticiparse de forma pro-activa a la amenaza, al riesgo detectado y minimizar de forma anticipada al máximo la probabilidad de que el evento no deseado se produzca.

b) **Correctivos o reactivos:** diseñados para corregir los efectos, el impacto, de una situación no deseada provocada por el uso de un sistema de Inteligencia Artificial que, sin embargo, se ha materializado. Estos a su vez pueden ser:

   a) *Preprocesales:* son medidas que adopta la propia organización una vez se ha detectado el mal funcionamiento o se ha materializado la amenaza, a fin de corregir el impacto causado, antes de que se comunique dicho evento a la autoridad de control o judicial competente en cada caso, si es preciso.

   b) *Procesales:* en este caso los efectos de la amenaza han llevado a tomar medidas a las autoridades competentes y la organización estudia el papel que va a jugar en el procedimiento administrativo o judicial que eventualmente se haya abierto.

MATRICES DE RIESGOS: Recogen una relación muy detallada de todos los RIESGOS POR EL USO DE UN SISTEMA DE IA a los que la organización está expuesta

MATRICES DE CONTROLES: Asociada a la anterior, detalla cómo se controlan los procesos de trabajo en donde se han identificado que puede haber riesgos por el uso de la IA. En los controles se identifica el / la RESPONSABLE DE LA EJECUCIÓN, la norma donde vienen recogidos dichos controles, la periodicidad con la que se aplican y el RIESGO CONCRETO QUE MITIGAN

En el caso de los procedimientos preventivos, lo que se establece son unos procedimientos de control periódicos, que de forma habitual son supervisados en su cumplimiento por los responsables de cada área de la organización que está implicada en el uso de los sistemas de IA, y que permiten minimizar esos riesgos. Cada tecnología y más en el caso de una tecnología tan compleja como es la Inteligencia Artificial, tiene multitud de riesgos potenciales, y por lo tanto, un catálogo muy amplio de procedimientos de control.

Como hemos visto en el capítulo 1 al analizar el Reglamento Europeo de Inteligencia Artificial, así como otras legislaciones, como la de Brasil o China; **las autoridades exigen a los responsables del uso de sistema de IA de alto riesgo que tengan implantado un modelo de prevención de este tipo de riesgos.** La implantación de un modelo de prevención de riesgos supone cumplir con cuatro principios fundamentales:

1. *Rendición de cuentas (accountability):* es decir, el modelo de prevención debe dejar registro que permita probar que el mismo está en activo. Que periódicamente se toman medidas para supervisar el cumplimiento de esos procedimientos, que los trabajadores o responsables reciben formación actualizada sobre esos procedimientos de control.

2. *Auditorías:* tanto internas como externas a la organización, a fin de comprobar que efectivamente las personas responsables cumplen con dichos procedimientos de control.

3. *Trazabilidad algorítmica:* el sistema de IA debe dejar un registro de su funcionamiento, registro que debe estar a disposición de esos responsables de supervisar y auditar el funcionamiento de las medidas de control, y eventualmente, de las autoridades públicas que así lo exijan.

4. *Mantenimiento en el tiempo:* ningún modelo que se haya implantado en su momento, aunque se haya hecho con sumo cuidado, sirve para absolutamente nada si no se actualiza. Los responsables de uso de sistemas de IA de alto riesgo que no demuestren que su sistema de prevención de riesgos está permanentemente actualizado se verán expuestos a las mayores de las sanciones que les correspondan.

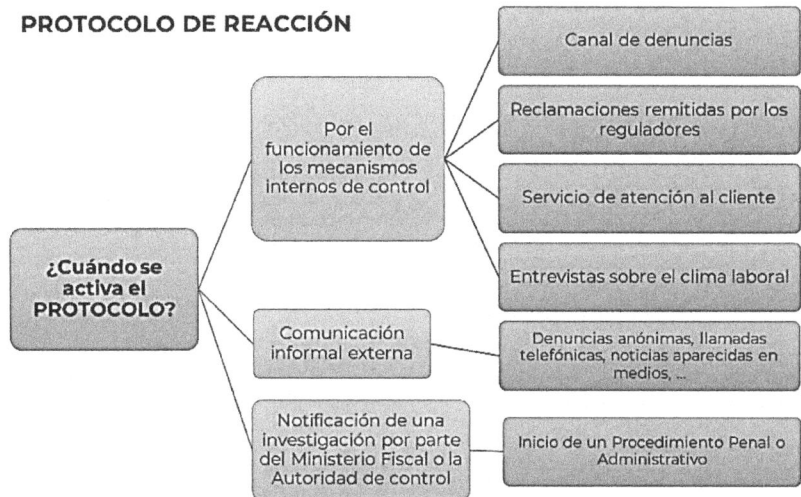

En el caso de los procedimientos correctivos o reactivos, como hemos dicho anteriormente, son procedimientos que intentan corregir el impacto por un efecto no deseado en el uso de un sistema de IA. En muchas ocasiones ese mal funcionamiento o mal uso del sistema de IA no ha sido premeditado, sino provocado por factores externos, como pueden ser un mal funcionamiento del hardware, un corte de energía, un ciberataque externo o incluso una situación catastrófica que ha afectado finalmente a muchas infraestructuras, incluidas las asociadas a sistemas de IA.

Pero en otras ocasiones sí pueden ser achacables a comportamientos no deseados de los trabajadores o responsables, colaboradores o proveedores que intervienen en el uso y mantenimiento de los sistemas de IA. En unos casos por conductas poco profesionales pero no maliciosas, y en otras ocasiones por conductas que, conscientemente, asumían el riesgo de provocar un mal funcionamiento del sistema de IA, y como consecuencia, provocar un potencial daño o perjuicio a terceros.

Las fuentes de información, tal y como vemos en el esquema anterior, pueden ser variadas: los propios canales internos de supervisión y control, el canal de denuncias externas, comentarios de clientes o incluso una denuncia. Lo importante es que la organización reaccione, tome medidas en el mismo instante en que tenga conocimiento de ese daño o impacto. Las peores consecuencias, desde el punto de vista de sanciones penales, civiles o administrativas, provienen de la dejadez, de la desidia, o incluso de negar la evidencia de un potencial mal funcionamiento o daño.

Protocolo de pre-procesal

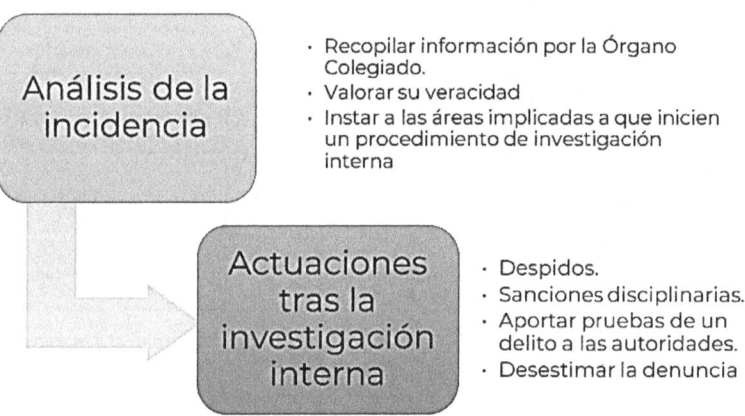

Análisis de la incidencia
- Recopilar información por la Órgano Colegiado.
- Valorar su veracidad
- Instar a las áreas implicadas a que inicien un procedimiento de investigación interna

Actuaciones tras la investigación interna
- Despidos.
- Sanciones disciplinarias.
- Aportar pruebas de un delito a las autoridades.
- Desestimar la denuncia

Si tenemos la mala fortuna de que se produce un incidente no deseado con un sistema de IA y los controles preventivos no han funcionado, es mejor que reaccionemos nosotros antes de que lo haga la autoridad pública de control por nosotros. Los daños y perjuicios para la organización, por lo general, serán menores si se evidencia que la misma ha tenido voluntad de corregir y reparar los efectos del mal funcionamiento o uso del sistema de IA.

Por eso es importante que los procedimientos correctivos pre-procesales estén preparados y activos dentro de una organización que utiliza sistemas de Inteligencia Artificial de alto riesgo.

En algunos casos, como podemos ver en el esquema anterior, la denuncia o alarma será infundada, y tras la investigación interna se llegará a la conclusión de que se puede archivar la denuncia del incidente. En el peor de los casos la organización, en caso de que se confirme el incidente, debe tener definido un procedimiento sancionador, que puede llegar a sanciones disciplinarias o el despido para los responsables y además, a poner a disposición de las autoridades públicas, ya sean administrativas o judiciales, la información recopilada.

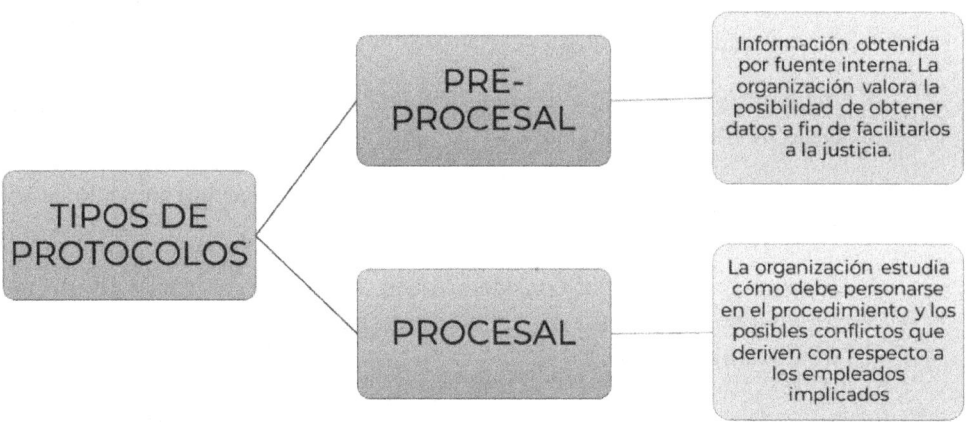

Esta actitud de colaboración con las autoridades públicas es fundamental para demostrar la buena voluntad de los responsables y limitar o reducir las consecuencias legales, que, en los casos más graves podrían afectar a la organización y sus directivos, con sanciones penales, e incluso el cierre de las actividades de la organización.

2.3 LA MEDICIÓN DEL IMPACTO

En la valoración de riesgos asociados al uso de la Inteligencia Artificial (IA), **el impacto se refiere a la magnitud de las consecuencias que puede tener la materialización de un riesgo específico** sobre los objetivos, operaciones, personas, o el entorno de una organización. Este concepto es central para entender la gravedad potencial de los riesgos y priorizar las acciones de mitigación.

El impacto puede ser cuantitativo, como en el caso de pérdidas financieras mensurables, **o cualitativo**, refiriéndose a efectos no cuantificables directamente pero igualmente significativos, como el daño a la reputación de una empresa, la disminución de la satisfacción del cliente, o el deterioro de la moral del equipo. En el contexto de la IA, el impacto también abarca las implicaciones éticas y sociales, como el efecto sobre la privacidad, la equidad, y la transparencia.

Al valorar el impacto, se consideran factores como:

- *Extensión del daño:* esto puede incluir la pérdida de ingresos, costos adicionales, impacto en la continuidad del negocio, y efectos sobre la confianza de clientes y socios.

▼ *Recuperación:* la dificultad y el tiempo requerido para volver a la normalidad después de que el riesgo se materializa.

▼ *Repercusiones legales y de cumplimiento:* incluye multas, sanciones, y el costo de litigios potenciales.

▼ *Efectos en la reputación:* cómo la percepción pública o de mercado de la organización puede verse afectada negativamente.

▼ *Impacto social o ético:* consideraciones sobre cómo el uso de IA afecta a individuos o grupos, especialmente en términos de equidad, privacidad y autonomía.

2.4 LISTA DE AMENAZAS DE LA INTELIGENCIA ARTIFICIAL

Como vimos en el capítulo 1, desde el año 2020 se han ido abordando trabajos para analizar el riesgo en el uso de sistemas de Inteligencia Artificial y de qué modo minimizarlos. Estos trabajos se han materializado en una serie de normas de calidad, normas ISO, que identifican un buen repertorio de riesgos, y proponen en la mayor parte de los casos, medidas de control y minimización de dichos riesgos.

Esa lista se recoge fundamentalmente en las normas ISO IEC 42001 y 23897.

La lista se basa en un enfoque preventivo destinado a aplicarse a los **sistemas de Inteligencia Artificial de Alto Riesgo** que son en definitiva, tal y como vimos en el capítulo anterior, en núcleo de los procesos de regulación legal de la Inteligencia Artificial.

El elemento central del modelo de prevención del riesgo y medidas de control **serán las listas de verificación para la gestión de riesgos de IA (CLAIRM)** con orientación para su uso, apoyando la gestión de riesgos para sistemas que utilizan IA, con análisis de eventos y contramedidas sugeridas / plan de contingencia **en cada etapa del ciclo de vida de la IA.**

Este último concepto es fundamental: el control de riesgos en el caso de los sistemas de IA abarca desde su diseño hasta su retirada de funcionamiento. Y en cada una de esas etapas las medidas de control preventivo de riesgos son diferentes.

PARA LECTORES AVANZADOS: ¿CUÁLES SON LAS ETAPAS DE VIDA DE UN SISTEMA DE INTELIGENCIA ARTIFICIAL?

El ciclo de vida de un sistema de Inteligencia Artificial (IA) describe las fases por las que pasa desde su concepción hasta su despliegue y mantenimiento continuo. Este ciclo es fundamental para desarrollar, implementar y gestionar soluciones de IA eficaces y éticas. Aunque puede variar según el proyecto específico y la metodología de desarrollo adoptada, generalmente incluye las siguientes etapas:

CICLO DE VIDA DE UN SISTEMA DE INTELIGENCIA ARTIFICIAL

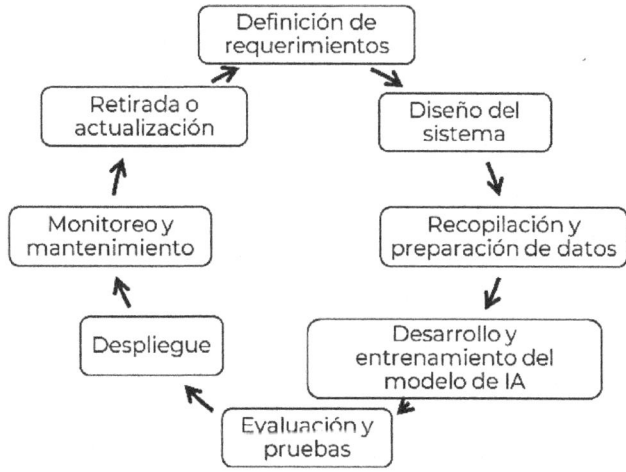

Definición de requerimientos y planificación

En esta fase inicial, se identifican las necesidades del negocio o problema a resolver, se definen los objetivos específicos del sistema de IA, y se establece un plan detallado. Esto incluye la consideración de aspectos éticos, legales y de privacidad relacionados con el uso de la IA.

Diseño del sistema

Esta etapa implica diseñar la arquitectura del sistema, incluyendo la selección de algoritmos, tecnologías, y herramientas adecuadas. Se decide cómo se recopilarán, almacenarán y procesarán los datos, y se esbozan las interacciones entre los diferentes componentes del sistema.

Recopilación y preparación de datos

Los datos son fundamentales para entrenar modelos de IA. En esta fase, se recopilan los conjuntos de datos necesarios y se preparan para el entrenamiento. Esto incluye limpieza de datos, tratamiento de valores faltantes[13], codificación de variables categóricas[14], normalización, entre otras tareas de preprocesamiento.

Desarrollo y entrenamiento del modelo

Con los datos preparados, se procede al entrenamiento de modelos de IA. Esto implica seleccionar un modelo o varios modelos, configurarlos adecuadamente, y utilizar los datos para entrenar el modelo. Se realizan pruebas y ajustes iterativos para mejorar el rendimiento del modelo.

Evaluación y pruebas

Una vez entrenado el modelo, se evalúa su rendimiento utilizando conjuntos de datos de prueba no vistos durante el entrenamiento. Se miden métricas específicas como la precisión, la sensibilidad y la especificidad, entre otras, dependiendo del tipo de tarea. Se buscan errores, sesgos y vulnerabilidades.

Despliegue

El modelo que ha demostrado ser efectivo y eficiente se despliega en un entorno de producción para utilizarse en aplicaciones reales. Esto puede requerir integración con sistemas existentes, desarrollo de interfaces de usuario, y configuración de infraestructuras de soporte.

---

13   El "tratamiento de valores faltantes" se refiere a los métodos y técnicas utilizadas para manejar datos incompletos en el conjunto de datos con el que se va a entrenar un sistema de Inteligencia Artificial (IA). En muchos escenarios reales, los datos recopilados para el entrenamiento de modelos de IA pueden contener valores ausentes o faltantes, lo que puede deberse a errores en la recopilación de datos, pérdida de información, o simplemente porque cierta información no es aplicable en todos los casos.

14   La codificación de variables categóricas es un proceso esencial en la preparación de datos para el entrenamiento de modelos de Inteligencia Artificial (IA) y machine learning, ya que muchos algoritmos de aprendizaje automático requieren que los datos de entrada estén en formato numérico. El objetivo de la codificación de variables categóricas es convertir estas categorías en formatos numéricos para que puedan ser procesadas por algoritmos de IA.

Monitoreo y mantenimiento

Una vez desplegado, el sistema requiere monitoreo continuo para asegurar su rendimiento y precisión a lo largo del tiempo. Esto incluye la actualización del modelo con nuevos datos, la corrección de problemas detectados y la adaptación a cambios en los requerimientos o en el entorno operativo.

Retiro o actualización

Finalmente, cuando el sistema ya no es necesario, ha sido superado por tecnologías más avanzadas, o necesita una revisión significativa, puede ser retirado o sustituido por una nueva solución de IA.

2.4.1 Principios generales asociados a esta lista

1. Como principio general, los **proveedores de sistemas de IA están fuertemente obligados a tratar los daños, incluidos los relacionados con la salud humana, seguridad y derechos y libertades fundamentales** de las personas/grupos de personas que puedan verse afectados por el sistema (incluido el trato injusto y no discriminación), así como daños al medio ambiente.

2. A tal efecto, para todas las partes interesadas, tales como: operadores y usuarios de sistemas de IA, es necesario adoptar **enfoques de gestión de riesgos sólidos y eficaces**, y se requiere la aplicación de medidas técnicas u organizativas apropiadas.

3. **La rendición de cuentas estará garantizada por una IA bien documentada** sobre su gestión de riesgos para el sistema considerado; en particular, los proveedores de sistemas de IA mantendrán un conjunto documentado de políticas, controles y procedimientos relativos al funcionamiento del sistema de gestión/medición de riesgos, y medidas para garantizar el cumplimiento de dichas políticas.

4. Se llevará a cabo una **revisión periódica del sistema general de gestión de riesgos** de IA a intervalos regulares.

2.4.2 Resumen de la lista de amenazas

Dada la extensión de la lista de amenazas, lo que presentamos aquí es un resumen de dicha lista. La lista completa la desarrollamos en el ANEXO al capítulo 2, en donde también podrá tener acceso a una lista detallada de contramedidas para reducir el riesgo de dichas amenazas.

RESUMEN DE LA LISTA DE AMENAZAS

A la equidad en el funcionamiento de la IA	Amenazas a la ciberseguridad	Amenazas a la seguridad del sistema	Amenazas a la privacidad
Amenazas a la transparencia y explicabilidad	Posible impacto ambiental	Amenazas al cumplimiento normativo	Amenazas al mantenimiento técnico de la IA
Sobre la disponibilidad y calidad de los datos de entrenamiento de la IA	Amenazas asociadas a la experiencia de los desarrolladores	Vinculadas al nivel de automatización de la IA	Asociadas a la complejidad del entorno en el que funciona la IA
Problemas con el ciclo de vida de la IA	Problemas asociados a la preparación tecnológica	Amenazas de la IA generativa (GPAIS)	

Amenazas sobre la equidad en el funcionamiento de un sistema de Inteligencia Artificial: en este apartado se agrupan las amenazas vinculadas a que existan sesgos en el funcionamiento del sistema de IA. Puede existir un sesgo en los datos utilizados por el sistema de IA. Un sesgo en el propio diseño o funcionamiento del algoritmo o un sesgo en el propio modelo de IA.

Amenazas asociadas a la ciberseguridad del sistema de Inteligencia Artificial: al hablar de sistema de Inteligencia Artificial, el mismo no solo abarca el algoritmo, sino que también incluye todo el sistema informático en el que está embebido el propio algoritmo, y que sin el cual no puede funcionar. Por ello, un modelo preventivo de amenazas no debe limitarse a las vinculadas con el entrenamiento o funcionamiento del algoritmo en sí, sino que debe incluir la robustez del sistema operativo que gestiona el algoritmo y la ciberseguridad de todo el conjunto de componentes que supone un sistema de IA.

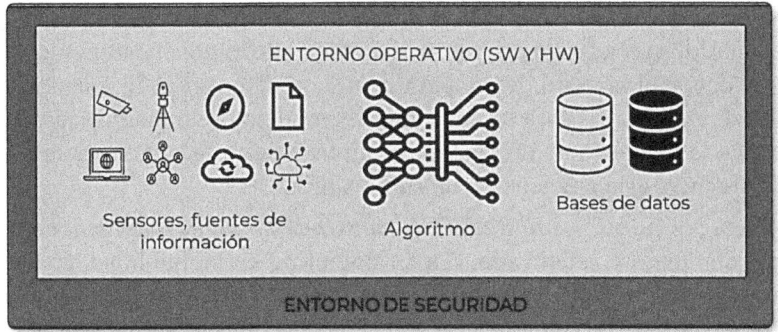

Como podemos ver en el esquema, el algoritmo es la parte central, pero no única, de un sistema que está compuesto de las fuentes de entrada y obtención de datos (sensores, bases de datos, etc.) de un entorno operativo que gestiona el algoritmo y sus fuentes de entrada de datos y sistema de toma de decisiones, y finalmente, protegiendo a todo ello, un sistema de ciberseguridad. Todo ello abarca tanto programas informáticos como infraestructura física como, por ejemplo, ordenadores, servidores, cámaras, conexiones, redes de comunicación, etcétera.

Amenazas asociadas a la seguridad del sistema de Inteligencia Artificial: como hemos visto en el apartado anterior, el sistema de IA sin el entorno operativo que lo gestiona no sirve para nada. Por ello es preciso tener presente las amenazas que pueden afectar un uso no previsto para la finalidad para la que se diseñó, es lo que se denomina "Operaciones fuera de dominio"[15], entre otras amenazas en este apartado.

Amenazas asociadas a la privacidad: en este apartado se incluyen todas las potenciales amenazas asociadas a un uso de datos inadecuados o fallos en el tratamiento y gestión de datos personales. También, a fenómenos tan sensibles como la difusión de noticias falsas, el uso de ultra falsificaciones, o el uso de bases de datos de entrenamiento con defectos, que provoquen a su vez un mal funcionamiento de la IA.

Amenazas asociadas al cumplimiento de la obligación de transparencia y explicabilidad: como vimos en el capítulo 1, uno de los requisitos legales que deben cumplir los sistemas de IA, especialmente los de alto riesgo es el de ser transparente, es decir, el de informar de su finalidad y de cómo funciona. En este apartado se incluyen amenazas como las vinculadas con la ya mencionada "caja negra" de muchos modelos de Deep Learning o Aprendizaje Profundo o unas instrucciones de funcionamiento defectuosas.

---

15 En el ámbito de la Inteligencia Artificial (IA), el término "dominio" se refiere al área específica del conocimiento o la aplicación para la cual se ha diseñado o entrenado un sistema de IA. Esta especificidad permite que la IA maneje tareas, resuelva problemas o procese información de manera eficiente dentro de ese campo particular. Por ejemplo, un sistema de IA diseñado para diagnosticar enfermedades a partir de imágenes médicas opera en el dominio de la salud. Los dominios en IA pueden abarcar una amplia gama de áreas, como el reconocimiento de voz, la traducción de idiomas, el análisis de sentimientos en textos, la conducción autónoma, y mucho más.

Amenazas asociadas al posible impacto ambiental: la demanda computacional de los sistemas de aprendizaje profundo está creciendo exponencialmente, debido al volumen de datos, el número de parámetros del modelo (en 2022, cientos de miles de millones de parámetros para los más grandes modelos de transformadores): como consecuencia, la demanda de energía para entrenar estos sistemas y para usarlos en modo de inferencia está creciendo a un ritmo similar.

Amenazas a la sostenibilidad y mantenimiento de la Inteligencia Artificial: cuanto más complejo y sofisticado, o más ambicioso en su finalidad, es un sistema de IA más costoso se hace mantenerlo y conseguir que funcione correctamente. Este apartado tiene presente las amenazas que pueden surgir por este aspecto.

Amenazas sobre la disponibilidad y calidad de los datos de entrenamiento y prueba: en este caso lo que se analiza es la posibilidad de que se entrene el sistema de IA con bases de datos que tengan defectos de origen y que, como consecuencia, afecten al futuro comportamiento y toma de decisiones del sistema de IA.

Amenazas asociadas a la experiencia en el diseño y desarrollo de sistemas de en IA: como veíamos en la ilustración del comienzo de este capítulo, si un sistema de IA ha sido diseñado y entrenado por malos ingenieros informáticos, su funcionamiento no será prometedor. Y no es un problema baladí. Multitud de informes de consultoras especializadas en la gestión del talento y los recursos humanos llevan lustros avisando de la cada vez mayor necesidad de profesionales preparados para el sector de las tecnologías digitales, y la cada vez mayor carencia de estos perfiles en el número necesario. Y estamos hablando de centenares de miles de puestos de trabajo al año. Solo en Europa se calcula que unos 400.000 perfiles tecnológicos son necesarios para cubrir las demandas de empleo al año.

Amenazas asociadas al nivel de automatización del sistema de Inteligencia Artificial: en ciertos sistemas, se requiere un nivel de entendimiento e interacción profunda entre los operadores humanos y los sistemas de IA para asegurar la funcionalidad deseada.

Amenazas asociadas a la complejidad del entorno en el que se desempeña el sistema de Inteligencia Artificial: tamaño y complejidad del sistema de IA. Entornos de trabajo cambiantes. Incertidumbres. Uso del sistema fuera de su dominio para el que se creó. Todas estas variaciones son amenazas que puede afectar al funcionamiento de la IA.

Problemas del ciclo de vida del sistema de Inteligencia Artificial: inadecuación de algunos pasos del ciclo de vida (especificación, diseño, desarrollo, despliegue, monitoreo de operación, mantenimiento, desmantelamiento).

Problemas asociados a la preparación tecnológica: en muchas ocasiones, la premura por acceder al mercado cuanto antes, y más con las metodologías de trabajo actuales (scrum, por ejemplo) pueden inducir a los responsables del desarrollo de una solución basada en un modelo de IA a poner en servicio la misma antes de que esté perfectamente entrenada. Y ello puede llevar a un funcionamiento no deseado.

LAS AMENAZAS ASOCIADAS A LA INTELIGENCIA ARTIFICIAL GENERATIVA

▶ *Generalización errónea de objetivos:* ocurre cuando dos objetivos están casi perfectamente correlacionados en el entorno de entrenamiento, pero ya no en otro entorno. Estos cambios repentinos de comportamiento pueden llevar a un GPAIS a causar daño.

▶ *Hackeo social:* capacidad de explotar las debilidades humanas para ganarse su confianza u obtener algo de ellas (por ejemplo, convenciéndolas de desinformación).

▶ *Aumento exponencial:* posibles bucles de retroalimentación positiva en las capacidades del modelo que podrían aumentar los riesgos de muchas maneras previsibles.

▶ *Establecimiento de objetivos instrumentales / operativos perjudiciales:* capacidad de un modelo para perseguir objetivos instrumentales dañinos con posibles consecuencias a gran escala.

▶ *Ciberpiratería:* generación de malware por el propio modelo para cumplir ciertos objetivos, o asistencia a actores malévolos para generar malware.

▶ *Falta de veracidad/resultados del todo erróneos:* generación de frases erróneas o engañosas. Los GPAIS y los modelos de lenguaje en particular son propensos a emitir texto plausible que es incorrecto.

▶ *Imprevisibilidad en los sistemas de IA de aprendizaje por tareas:* el tamaño y la opacidad de los datos de entrenamiento y el creciente poder de generalización de GPAIS (demostrado por el aprendizaje de pocos disparos[16], el ajuste fino o la ingeniería rápida) hacen que estos sistemas puedan realizar tareas nuevas e imprevistas.

▶ *Sesgo y discriminación:* al aprender de datos históricos, los sistemas de IA pueden perpetuar o incluso amplificar sesgos existentes en esos datos, llevando a decisiones discriminatorias.

▶ *Privacidad:* el análisis intensivo de datos personales por sistemas de IA puede erosionar la privacidad individual y colectiva, especialmente si la recolección y el procesamiento de datos no son transparentes.

▶ *Seguridad:* los sistemas de IA son susceptibles a ataques que pueden manipular su comportamiento, como los ataques de envenenamiento de datos o los ataques de ejemplos adversarios.

---

16   Aprendizaje de pocos disparos. Se dice de la práctica de entrenar a un sistema de IA con una muestra limitada de datos.

▶ *Desempleo:* la automatización impulsada por IA tiene el potencial de desplazar trabajadores humanos en una variedad de sectores, creando desafíos económicos y sociales.

▶ *Manipulación y control:* la capacidad de la IA para analizar y predecir comportamientos humanos puede utilizarse para fines de manipulación o control, afectando la autonomía individual.

▶ *Dependencia tecnológica:* la creciente dependencia de los sistemas de IA puede llevar a una pérdida de habilidades humanas y a la vulnerabilidad frente a fallos o interrupciones del sistema.

▶ *Riesgos existenciales:* en el largo plazo, el desarrollo de IA superinteligente podría plantear riesgos existenciales si sus objetivos no se alinean con los valores humanos. Es lo que se denomina técnicamente *despliegue de GPAIS dominantes desalineados*[17].

▶ *Homogeneización duradera. Efectos sobre la sociedad*: la amplia adopción de LLM lleva a cualquier sesgo de modelo o defecto de razonamiento a tener consecuencias homogeneizadoras generalizadas en la sociedad. A medida que aumente la influencia de los modelos en la sociedad, eso plantea el riesgo de "bloqueo de valor".[18]

▶ *Piratería informática engañosa a través de recompensas:* a medida que los modelos se vuelvan cada vez más poderosos, desarrollarán la capacidad de actuar de manera diferente bajo supervisión humana y en configuraciones no supervisadas porque eso les permitirá obtener mayores recompensas.

Estos son solo unos ejemplos de una larga lista de amenazas que en estos momentos se está aún identificando, dada la explosión actual en el uso de estas tecnologías, que tienen un problema: a diferencia de otros modelos de IA u otras tecnologías, las contramedidas que se pueden plantear a los modelos asociados a la IA Generativa pueden funcionar con uno, pero no con los demás. Por lo que la adopción de medidas reductoras del riesgo se hace en este campo mucho más difícil.

---

17 El intento de las principales organizaciones de IA de construir GPAIS tan avanzados como sea técnicamente factible podría llevar a GPAIS a alcanzar un nivel tal que si esos sistemas tuvieran objetivos que estuvieran desalineados con algunos de los objetivos humanos, eso tendría consecuencias irreversibles.

18 El riesgo de "bloqueo de valor" en el contexto de los Modelos de Lenguaje de Gran Escala (LLM, por sus siglas en inglés) se refiere a la situación en la que un modelo se vuelve tan dominante o integral para una amplia gama de aplicaciones y servicios que limita la competencia, la innovación y la diversidad en el ecosistema más amplio de la Inteligencia Artificial

3

¿Y QUÉ ES LA INTELIGENCIA ARTIFICIAL? ACOTANDO UNA DEFINICIÓN LEGAL

3.1 EL PROBLEMA SOCIAL DE LA COMPRENSIÓN DE ESTA TECNOLOGÍA

Uno de los grandes retos que en la actualidad tiene la Inteligencia Artificial como tecnología es que genera cierta inquietud, o incluso levanta desconfianza y temor entre parte de la población.

Como expusimos en la introducción, es una tecnología que, por su complejidad, no es fácilmente comprensible, y menos en la amplitud de modelos y desarrollos de IA que se van incorporando de forma continua.

Ese desconocimiento; esa dificultad de comprensión y dominio de la base técnica y teórica de estas tecnologías que en su conjunto llamamos Inteligencia Artificial inevitablemente se ha trasladado al ámbito legislativo, haciendo que en la actualidad se hable en diferentes leyes de algoritmos, sistemas de Inteligencia Artificial, sistemas de toma de decisiones automatizadas, de robótica y de otros términos que, aunque puedan compartir características, no significan ni son lo mismo.

Ejemplo nº 1: el Real Decreto-ley 9/2021, de 11 de mayo por el que se modifica el estatuto de los trabajadores, y que ya vimos en el capítulo 1, en su artículo 64. 4. d) dice lo siguiente.

> *"d) Ser informado por la empresa de los parámetros, reglas e instrucciones en los que se basan los algoritmos o sistemas de Inteligencia Artificial que afectan a la toma de decisiones que pueden incidir en las condiciones de trabajo, el acceso y mantenimiento del empleo, incluida la elaboración de perfiles."*

Ejemplo n° 2: la Ley 15/2022, de 12 de julio, integral para la igualdad de trato y la no discriminación, que también analizamos en el capítulo 1, dice en su artículo 23.

"Artículo 23.   Inteligencia Artificial y mecanismos de toma de decisión automatizados.

1.   En el marco de la Estrategia Nacional de Inteligencia Artificial, de la Carta de Derechos Digitales y de las iniciativas europeas en torno a la Inteligencia Artificial, las administraciones públicas favorecerán la puesta en marcha de mecanismos para que los algoritmos involucrados en la toma de decisiones que se utilicen en las administraciones públicas tengan en cuenta criterios de minimización de sesgos, transparencia y rendición de cuentas, siempre que sea factible técnicamente. En estos mecanismos se incluirán su diseño y datos de entrenamiento, y abordarán su potencial impacto discriminatorio. Para lograr este fin, se promoverá la realización de evaluaciones de impacto que determinen el posible sesgo discriminatorio.

2.   Las administraciones públicas, en el marco de sus competencias en el ámbito de los algoritmos involucrados en procesos de toma de decisiones, priorizarán la transparencia en el diseño y la implementación y la capacidad de interpretación de las decisiones adoptadas por los mismos.

3.   Las administraciones públicas y las empresas promoverán el uso de una Inteligencia Artificial ética, confiable y respetuosa con los derechos fundamentales, siguiendo especialmente las recomendaciones de la Unión Europea en este sentido.

4.   Se promoverá un sello de calidad de los algoritmos."

Estas dos recientes normas, antes referidas, hablan de la Inteligencia Artificial con términos algo difusos:

- *Algoritmos.*

- *Mecanismos de toma de decisión automatizados.*

- *Inteligencia Artificial y gestión masiva de datos, así como otras esferas de análoga significación.*

- *Algoritmos o sistemas de Inteligencia Artificial.*

Lo sorprendente es que en ninguna de las dos normas que usamos como ejemplo se define o acota legalmente alguno de estos términos utilizados. **Se mencionan libremente dando por hecho que existe un consenso sobre los límites conceptuales y legales de lo que es o no es la Inteligencia Artificial**, y por lo tanto, qué tecnologías o conjunto de tecnologías, entran en el ámbito de su regulación legal.

Esa imprecisión o incluso incorrección a la hora de utilizar conceptos técnicos puede llegar a tener a su vez consecuencias legales muy importantes.

> Por esta razón es imprescindible que los legisladores tengan claro a qué se quieren referir y qué quieren regular cuando usan términos como algoritmo, sistemas de Inteligencia Artificial o robótica en una misma norma. No son lo mismo. No se diseñan igual. No se entrenan de la misma manera y su funcionamiento interno puede diferir enormemente. Y por lo tanto las responsabilidades legales reales pueden ser significativamente distintas en cada caso.

Veámoslo.

3.2 NO TODO ALGORITMO ES INTELIGENCIA ARTIFICIAL Y NO TODA INTELIGENCIA ARTIFICIAL ES UN SISTEMA AUTOMATIZADO DE TOMA DE DECISIONES

En el proceso de elaboración del recientemente aprobado Reglamento Europeo de Inteligencia Artificial, el grupo de trabajo de alto nivel responsable de elaborar el borrador de propuesta fue evolucionando en la definición de Inteligencia Artificial.

El Libro Blanco de la Comisión Europea sobre la Inteligencia Artificial, publicado el 20/02/2020, define la misma como:

> *"En otras palabras, la Inteligencia Artificial es una combinación de tecnologías que agrupa datos, algoritmos y capacidad informática."*

Aquí vemos tres de los elementos precisos para definir un sistema de IA:

1. *Datos:* vitales para la toma de decisiones por parte del algoritmo que configura el corazón de un sistema de IA. Se utilizan en todo el ciclo de vida de un sistema de IA, desde su entrenamiento previo a la puesta en servicio, en su funcionamiento para el que se ha diseñado; captando información a través de sensores, motores de búsqueda en Internet, combinando datos, generando perfiles y obteniendo resultados sobre los que el algoritmo toma decisiones.

2. *Algoritmos:* un algoritmo es una serie de instrucciones paso a paso diseñadas para realizar una tarea o resolver un problema específico.

Como dice mi amigo y socio Marcos Núñez, pensemos en ello como una receta de cocina: proporciona una lista detallada de pasos que, si se siguen correctamente, resultan en un plato terminado.

En el mundo de la computación y las matemáticas, los algoritmos hacen algo similar con datos: toman datos de entrada, siguen una serie de pasos definidos, y producen una solución o respuesta.

En ese sentido un algoritmo es un conjunto de instrucciones que, paso a paso, indican a una máquina o a un sistema informático las decisiones o acciones que se deben tomar para desarrollar una determinada tarea u obtener una solución a un problema planteado.

Un algoritmo de Inteligencia Artificial, por tanto, es un conjunto de reglas y procedimientos matemáticos que permiten a un **sistema informático realizar tareas que normalmente requieren inteligencia humana**, como el aprendizaje, la toma de decisiones y la resolución de problemas complejos.

- La autonomía en el proceso de toma de decisiones. Al menos en un primer nivel.

- La complejidad en la tarea o tareas a realizar.

- La interpretación de información externa, con la que interactúa para tomar las decisiones.

Todos estos son elementos determinantes de un algoritmo o conjunto de algoritmos de IA.

Estos algoritmos **pueden llegar a tener un aprendizaje autónomo en base a su uso**, adquiriendo nuevos datos, y comparando las decisiones tomadas y sus resultados con los resultados esperados por sus diseñadores.

3. *Capacidad informática:* la capacidad informática se refiere a la **capacidad de un sistema informático para realizar tareas y resolver problemas de manera eficiente y efectiva.** Esto incluye la velocidad de procesamiento, la memoria disponible, la capacidad de almacenamiento y la capacidad de la red, entre otros factores. La capacidad informática es crucial para el desempeño y la eficiencia de un sistema de Inteligencia Artificial.

En su rápida e inevitable evolución, el concepto de IA que tenía la comisión a la hora de redactar el Libro Blanco se ha ido perfeccionado con las aportaciones del grupo de expertos de alto nivel:

En un primer momento se definió la Inteligencia Artificial como:

«*El término "Inteligencia Artificial" (IA) se aplica a los sistemas que manifiestan un comportamiento inteligente, pues son capaces de analizar su entorno y pasar a la acción –con cierto grado de autonomía– con el fin de alcanzar objetivos específicos. Los sistemas basados en la IA pueden consistir simplemente en un programa informático (p. ej. asistentes de voz, programas de análisis de imágenes, motores de búsqueda, sistemas de reconocimiento facial y de voz), pero la IA también puede estar incorporada en dispositivos de hardware (p. ej. robots avanzados, automóviles autónomos, drones o aplicaciones del Internet de las cosas)*».

El grupo de expertos de alto nivel, en su documento "Directrices éticas para una IA fiable" establece esta definición de IA:

"Los sistemas de Inteligencia Artificial (IA) son sistemas de software (y en algunos casos también de hardware) diseñados por seres humanos que, dado un objetivo complejo, actúan en la dimensión física o digital mediante la percepción de su entorno a través de la obtención de datos, la interpretación de los datos estructurados o no estructurados que recopilan, el razonamiento sobre el conocimiento o el procesamiento de la información derivados de esos datos, y decidiendo la acción o acciones óptimas que deben llevar a cabo para lograr el objetivo establecido. Los sistemas de IA pueden utilizar normas simbólicas o aprender un modelo numérico; también pueden adaptar su conducta mediante el análisis del modo en que el entorno se ve afectado por sus acciones anteriores."

La definición más actualizada, pero muy parecida a la anterior, de dicho grupo de trabajo es la siguiente:

"Los sistemas de Inteligencia Artificial (IA) son sistemas de software (y en su caso también de hardware) diseñados por seres humanos que, dado un objetivo complejo, actúan en la dimensión física o digital percibiendo su entorno a través de la adquisición de datos, interpretan los datos estructurados o no estructurados recogidos, razonan sobre el conocimiento, o procesan la información derivada de estos datos y deciden la(s) mejor(es) acción(es) que se debe(n) llevar a cabo para alcanzar el objetivo dado. Los sistemas de IA pueden utilizar reglas simbólicas o aprender un modelo numérico, y también pueden adaptar su comportamiento analizando cómo el entorno se ve afectado por sus acciones anteriores."

El grupo de expertos indican que el concepto de inteligencia puede dar lugar a interpretaciones difusas, por lo que prefieren sustituirlo por el de RACIONALIDAD, definido como:

> *"La capacidad de elegir la mejor acción a emprender para alcanzar un determinado objetivo, teniendo en cuenta determinados criterios de optimización y los recursos disponibles".*

3.2.1 Sistemas de IA

La Inteligencia Artificial, considerado en su "núcleo" como el algoritmo, no es operativa si no tiene un soporte, tanto físico como lógico, en donde está integrado dicho algoritmo, y que le permite interactuar con la realidad, procesar los datos obtenidos y tomar las decisiones. Por ello, la definición de IA se embebe en un concepto más amplio como es el de SISTEMA. A causa de ello, los sistemas de IA son considerados SISTEMAS RACIONALES.

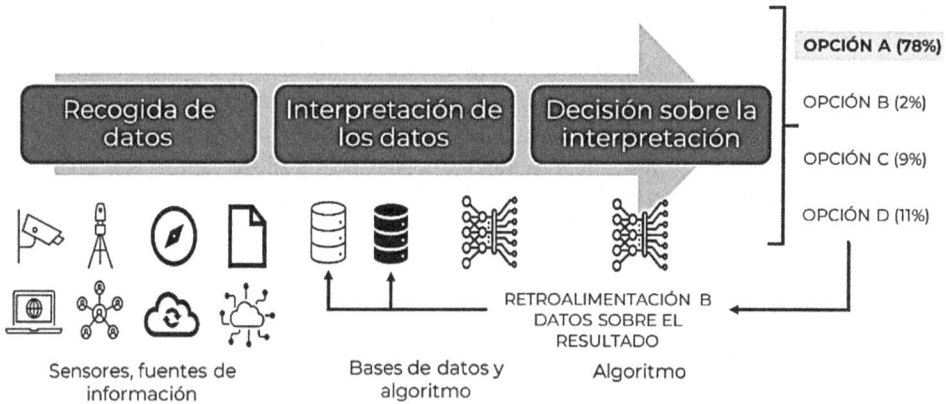

Ejemplo de un proceso de funcionamiento de un sistema de IA, en donde el algoritmo es el núcleo central de un conjunto más amplio de entrada de datos y salida de toma de decisiones y de actuación con la realidad. Como podemos ver al final del proceso, los sistemas de IA suelen tener varias opciones o alternativas de actuación, basándose en la mayor parte de los casos, en modelos de toma de decisiones probabilísticos, en donde una de las opciones tiene el porcentaje mayor de ser la alternativa correcta. Cuantas más veces acierte el sistema de IA, esas decisiones correctas retroalimentan a su vez las bases de datos del sistema, que hacen las veces de memoria, y permiten a su vez un aumento paulatino del porcentaje de aciertos.

3.2.2 Inteligencia Artificial Situada y No Situada

Definimos como IA SITUADA a aquella que está embebida o fijada dentro de un espacio, dentro de un ambiente, de manera física. Normalmente son los robots. En este sentido, su dimensión de interacción física, material, con el medio ambiente, es fundamental para su categorización.

Esta condición necesaria de interacción con la realidad a través de una máquina, de un robot es su principal característica. Comúnmente vinculamos estos sistemas de IA a la robótica o a la IA que gestiona maquinaria, vehículos o sistemas industriales.

En el caso de la IA NO SITUADA hablamos de sistemas digitales, lógicos, que interactúan con la realidad a través de múltiples canales y sensores, así como de fuentes de información. Esta IA digital, vinculada a programas, páginas webs o plataformas digitales es con mucho la más extendida.

Tanto el grupo de expertos como el reglamento de IA tienen presente estos dos tipos de Inteligencia Artificial. Este hecho es muy importante porque puede existir la falsa idea de que la regulación legal de los sistemas de IA se ciñe exclusivamente a sistemas no situados o plenamente digitales, que interactúan con los ciudadanos en aspectos más personales, como pueden ser el acceso a servicios públicos, la publicidad, la formación, la selección de personal o la captación de sus datos biométricos, por poner unos ejemplos. Y no es así. La normativa europea tiene muy en cuenta toda esa gran familia de sistemas de IA situados, vinculados con la robótica o con la gestión de grandes infraestructuras públicas, instalaciones industriales o determinada maquinaria o medios de transporte; y que cumplen labores de seguridad en la gestión de dicha maquinaria, medios de transporte, edificios o infraestructuras.

3.2.3 El Concepto de Inteligencia Artificial en el Reglamento Europeo

El artículo 3 del Reglamento aborda el concepto de SISTEMA DE INTELIGENCIA ARTIFICIAL definiendo como tal al:

"Sistema de IA": un sistema basado en máquinas que está diseñado para funcionar con diversos niveles de autonomía y que puede mostrar capacidad de adaptación tras su despliegue, y que, para objetivos explícitos o implícitos, infiere, a partir de la entrada que recibe, cómo generar salidas tales como predicciones, contenidos, recomendaciones o decisiones que pueden influir en entornos físicos o virtuales;".

3.2.4 Conclusiones del concepto legal

1. El legislador se decanta por el concepto de SISTEMA y no solo el de ALGORITMO.

2. Se decanta por una definición de máquinas.

3. La característica de autonomía en la toma de decisiones es fundamental. Pero se abre a diversos niveles de autonomía. Este aspecto veremos que es crítico.

4. Otra de las características es la capacidad de adaptación una vez se ha desplegado.

5. Inferencia. Este término es fundamental. Como dice el considerando 12 del Reglamento de IA: *"Esta capacidad de inferencia se refiere al proceso de obtención de información de salida, como predicciones, contenidos, recomendaciones o decisiones, que puede influir en entornos físicos y virtuales, y a la capacidad de los sistemas de IA para deducir modelos o algoritmos a partir de información de entrada o datos".*

6. El sistema de IA puede trasladar el resultado de su funcionamiento a un catálogo muy amplio de alternativas de interacción con la realidad: contenidos, decisiones, recomendaciones o actuaciones (físicas) que influyen en su entorno.

7. Realiza tareas y toma decisiones sustituyendo a un ser humano.

Es importante tener en cuenta que, como en otras ramas del derecho vinculadas a las nuevas tecnologías, la evolución de las mismas afecta a las propias categorías y conceptos legales asociados. Por ello, debemos asumir que esta definición y categorización legal de la Inteligencia Artificial evolucionará inevitablemente en los próximos años.

3.2.5 ¿Es un algoritmo un sistema de Inteligencia Artificial?

No, no todo algoritmo es IA. Un algoritmo es simplemente un conjunto de instrucciones paso a paso diseñado para realizar una tarea o resolver un problema. Estos pueden ser muy simples, como un algoritmo para sumar dos números, o más complejos, como los utilizados en aplicaciones de software para realizar búsquedas u ordenar datos.

La Inteligencia Artificial (IA), por otro lado, implica el uso de algoritmos diseñados para simular aspectos de la inteligencia humana, como el aprendizaje, el razonamiento y la percepción. Estos algoritmos son una categoría específica que permite a las máquinas aprender de los datos y mejorar su rendimiento en tareas específicas con el tiempo, realizar predicciones o tomar decisiones basadas en complejos análisis de datos.

En otras palabras, mientras que todos los algoritmos de IA son algoritmos, no todos los algoritmos se clasifican como Inteligencia Artificial.

3.2.6 ¿Qué es un modelo de Inteligencia Artificial?

Cuando dialogas con ingenieros informáticos, muchos de ellos prefieren hablar de "modelos" de IA más que de algoritmos o incluso de sistemas de IA. ¿A qué se refieren?

Un modelo de Inteligencia Artificial (IA) es una estructura matemática y computacional diseñada para realizar tareas específicas que normalmente requerirían inteligencia humana. Estos modelos se construyen y entrenan utilizando grandes cantidades de datos para aprender patrones, decisiones o características relevantes para realizar esas tareas. Un modelo de IA puede especializarse en una amplia variedad de aplicaciones, como reconocimiento de voz, procesamiento de lenguaje natural, diagnóstico médico, conducción autónoma, entre otros.

Los modelos de IA pueden ser relativamente simples, como un modelo de regresión lineal[19] en estadísticas, o extremadamente complejos, como las redes neuronales profundas usadas en visión por computadora y procesamiento de lenguaje natural. La complejidad del modelo a menudo depende de la complejidad de la tarea a realizar y de la cantidad y calidad de los datos disponibles para el entrenamiento.

La cantidad de algoritmos que puede tener un modelo de Inteligencia Artificial (IA) varía ampliamente y depende de la complejidad del modelo, la tarea que está diseñado para realizar, y cómo se define "algoritmo" en este contexto.

---

19 Un modelo de regresión lineal es una herramienta utilizada para predecir el valor de una variable dependiente (o variable de interés) basándose en el valor de una o más variables independientes (o predictores). La regresión lineal asume que hay una relación lineal entre las variables independientes y la variable dependiente. Esta relación se representa mediante una línea recta (en el caso más simple de regresión lineal simple con una sola variable independiente). La regresión lineal es ampliamente utilizada en diversos campos para análisis predictivo y causal, como economía, ciencias sociales, biología, ingeniería, y más, debido a su simplicidad y flexibilidad.

En términos simples, un "algoritmo" en IA se puede entender de dos maneras:

▼ *Como el método o técnica de aprendizaje utilizada:* desde esta perspectiva, un modelo de IA típicamente se basa en un único algoritmo de aprendizaje para entrenarse y hacer predicciones o tomar decisiones.

▼ *Como las operaciones individuales dentro de un modelo complejo:* en modelos complejos, especialmente en aquellos basados en redes neuronales profundas, podría argumentarse que cada capa de la red o cada operación específica dentro del modelo actúa como un "algoritmo" en el sentido de que realiza cálculos específicos sobre los datos de entrada. Desde esta perspectiva, un modelo de IA podría constar de muchos "algoritmos" o componentes operativos individuales.

Por lo tanto, si consideramos un algoritmo como el método de aprendizaje global, la mayoría de los modelos de IA utilizan un algoritmo principal para su funcionamiento. Sin embargo, si expandimos la definición para incluir componentes individuales dentro de un modelo, entonces un modelo de IA podría incluir docenas, cientos o incluso miles de "algoritmos" menores, especialmente en arquitecturas de aprendizaje profundo que contienen muchas capas y unidades de procesamiento.

3.2.7 ¿Es una puerta automática Inteligencia Artificial?

Podemos plantearnos esta pregunta de forma razonable.

▶ Una puerta automática toma decisiones de forma autónoma: se abre y se cierra en cuanto sus sensores detectan la presencia de un movimiento de proximidad a la misma.

▶ Sustituye en muchos casos la tarea de un ser humano.

¿Es, por tanto, un tipo sencillo de Inteligencia Artificial?

Pues no. Una puerta automática por sí misma no se considera Inteligencia Artificial (IA). Una puerta automática típicamente opera mediante sensores y sistemas de control que le permiten abrirse y cerrarse en respuesta a ciertos estímulos, como la proximidad de una persona. Este tipo de funcionamiento se basa en automatismos simples y no implica las características de aprendizaje, adaptación o toma de decisiones complejas que se asocian con la IA.

La operación de una puerta automática se basa más bien en reglas predefinidas y la detección directa de estímulos (como movimiento o presión), sin la necesidad de interpretar los datos de manera compleja o aprender de experiencias pasadas, lo cual sería necesario para considerarlo un sistema de Inteligencia Artificial.

Otra cosa sería que la puerta incorporase un sistema de apertura inteligente a través de reconocimiento biométrico, ya sea por la imagen, la lectura de la retina o la voz. Pero en ese caso sería ese sistema de reconocimiento el que tomaría la decisión de abrir o no abrir la puerta.

¿Pero podríamos definirla como un tipo de robot?

Una puerta automática se clasifica como un automatismo, no como un robot. La razón principal es que las puertas automáticas están diseñadas para realizar una función muy específica y repetitiva: abrirse y cerrarse en respuesta a ciertos estímulos, como la presencia de una persona detectada por un sensor.

No tienen la capacidad de realizar diversas tareas, adaptarse a nuevas situaciones de manera autónoma, ni tomar decisiones basadas en Inteligencia Artificial, lo cual son características típicas de los robots.

3.2.8 ¿Qué diferencia hay entre un automatismo y un robot?

La diferencia entre automatismo y robótica se centra principalmente en la complejidad y flexibilidad de las tareas que cada uno puede realizar, así como en su aplicación y diseño.

▶ *Automatismo:* se refiere a sistemas o dispositivos que realizan un conjunto fijo de tareas de manera automática. Estos sistemas suelen ser rígidos en su funcionamiento, es decir, están diseñados para realizar tareas muy específicas bajo condiciones predefinidas y no requieren Inteligencia Artificial para operar.

▶ *Robot:* los robots son sistemas más complejos que pueden incluir desde automatismos simples hasta sistemas avanzados capaces de realizar una variedad de tareas de manera autónoma o semiautónoma. A diferencia de los automatismos, la robótica a menudo implica el uso de Inteligencia Artificial para permitir que los robots tomen decisiones, aprendan de su entorno y se adapten a situaciones nuevas o cambiantes.

Por lo tanto, un robot puede tener dentro de sus componentes automatismos, pero un automatismo no puede ejecutar las tareas complejas que aborda un robot. En el campo de la Inteligencia Artificial, la robótica se asocia a la denominada Inteligencia Artificial Situada.

Ahora bien, aquí hay matices.

Caso práctico: un brazo automatizado que selecciona y dispensa medicinas de un almacén para facilitarlas al farmacéutico en el mostrador de la oficina de farmacia

¿Es un robot inteligente? ¿Podemos calificarlo con Inteligencia Artificial? ¿O es un automatismo como la puerta automática del anterior ejemplo?

Un brazo robotizado que coge medicinas del almacén de una farmacia para entregárselas al farmacéutico es un ejemplo de un robot. La clasificación entre ser simplemente un robot o un robot con Inteligencia Artificial (IA) depende de cómo esté diseñado y programado para realizar su tarea.

• *Como un robot:* si el brazo robotizado sigue instrucciones preprogramadas específicas para identificar y agarrar los medicamentos basándose en un tipo de datos o información predefinidos que debe identificar (por ejemplo, un código de barras escaneado), y opera en un entorno organizado previamente en donde la posición de cada medicamento es conocida y fija, entonces podría considerarse principalmente un robot sin IA. Está realizando tareas automatizadas con precisión, pero no está necesariamente "aprendiendo" o tomando decisiones basadas en datos que no se le hayan proporcionado explícitamente.

- *Como un robot con IA:* si el brazo robotizado utiliza tecnologías de IA, como visión por computadora y aprendizaje automático, para identificar y seleccionar los medicamentos (por ejemplo, reconocer diferentes tipos de medicamentos por su aspecto en lugar de depender de un código de barras), y es capaz de adaptarse a cambios en la ubicación de los medicamentos o a nuevos medicamentos que no había "visto" antes, entonces se consideraría un robot con IA. Esto implica que el robot puede mejorar su desempeño y adaptabilidad con el tiempo, aprendiendo de la experiencia y posiblemente tomando decisiones basadas en situaciones no preprogramadas explícitamente.

PARA LECTORES AVANZADOS.
EL CONCEPTO DE INFERENCIA EN LA INTELIGENCIA ARTIFICIAL

La inferencia algorítmica se refiere al proceso mediante el cual *un algoritmo extrae conclusiones a partir de datos y patrones observados*. Es un componente clave en el ámbito de la inteligencia artificial y el aprendizaje automático, donde los algoritmos analizan grandes conjuntos de datos para identificar relaciones, hacer predicciones y tomar decisiones. Este proceso implica el uso de modelos matemáticos y estadísticos que permiten a las máquinas "aprender" de los datos históricos y aplicar ese conocimiento a nuevos datos para generar resultados precisos y útiles.

En resumen, la inferencia algorítmica es el mecanismo mediante el cual las máquinas utilizan datos para deducir información y tomar decisiones de manera automatizada, mejorando su precisión y efectividad a lo largo del tiempo.

3.3 ¿QUÉ QUEDA DENTRO Y QUÉ QUEDA FUERA DEL CONCEPTO DE INTELIGENCIA ARTIFICIAL?

A fin de cuentas, para los responsables de las empresas que operan en el ámbito de la economía digital, las que desarrollan todo tipo de sistemas de IA (situados o no situados), el carácter extraterritorial de muchas de estas normas, es decir, la obligatoriedad de su cumplimiento más allá de las fronteras de la UE, o de España, para todos los operadores económicos que ofrezcan sus productos o servicios dentro de nuestras fronteras, hace que el ámbito real de aplicación de las mismas sea muy extenso.

Diversos estudios calculan que en la actualidad el mercado español de programación de sistemas de IA se sitúa entre los 1.400 y 1.750 millones de € de facturación anual, con crecimientos interanuales del volumen de dicho mercado de un 25%.

El mercado de la UE se sitúa entre 12.000 y 15.000 millones de € de facturación anual, con unas 3.000 empresas dedicadas a diseñar y comercializar sistemas de IA.

Si ampliamos el foco al mercado mundial hablamos de un volumen de entre 140.000 y 175.000 millones de € de facturación anual, con más de 43.000 empresas y otros organismos de investigación que desarrollan proyectos de IA al año.

Muchos de esos 43.000 operadores económicos que actúan en el mercado global ofrecerán sus productos y servicios a empresas dentro del mercado UE o español. O empresas que, aunque tengan su sede fuera del ámbito de la UE, ofrezcan a su vez sus servicios digitales o sus productos a través de grandes plataformas comercializadoras a las que acceden a su vez ciudadanos y residentes de la Unión Europea.

En todos estos casos, el desarrollador, el distribuidor y la empresa que finalmente explota comercialmente su oferta utilizando tecnología digital, deberá tener claro si dichos servicios o productos se ven incluidos en el ámbito de aplicación de las normas sobre IA, ya sean nacionales o de la Unión Europea.

Es un elemento fundamental para su actividad, dado que estar o no estar afectado por este haz de normas supone tener que cumplir (o verse liberado de la obligación de su cumplimiento) un extenso número de requisitos para garantizar la fiabilidad y seguridad de dicha tecnología para los ciudadanos y residentes de la UE.

Por lo tanto, la pregunta fundamental a la que debemos responder es:

¿Qué sistemas o programas informáticos entrarían dentro de la categoría legal de sistemas de Inteligencia Artificial?

Veámoslo con esta tabla sinóptica, que es meramente ejemplificativa.

DENTRO DE LA CATEGORÍA DE IA	FUERA DE LA CATEGORÍA DE IA
Biométrica / Imagen /actividad física. • Identificadores biométricos: retina, voz, huella dactilar. • Sensores de actividad física. • Identificadores por imagen. • Categorizadores de imágenes: personas, animales, plantas, objetos, vehículos. • Categorizadores de enfermedades por análisis de imagen.	Aplicaciones Informáticas de propósito general: • Gestores de texto. Hojas de cálculo. Gestores de bases de datos. Listines digitales. • Generadores de presentaciones. • Editores XML y HTML. • Gestores de correo electrónico. • Gestores de chats. • Programas de antivirus. • Navegadores web.

Análisis del comportamiento. Perfil de riesgos personales: • Sistemas de credit-scoring sobre solvencia financiera. • Sistemas de predicción de comportamientos sociales y políticos. • Sistemas de predicción de referencias comerciales. • Sistemas de inducción al consumo. • Sistemas de predicción de movimientos de personas y tráfico. • Sistemas de elaboración de perfiles personales para predecir comportamientos humanos.	Aplicaciones informáticas de propósito específico: • Sistemas de contabilidad, administración, facturación. • Programas de gestión de almacén. • Programas de gestión de RR.HH.(*) • Herramientas de administración de bases de datos. • Herramientas de gestión de redes. • ERPs • OCRs • Herramientas de diseño gráfico y maquetación.
Sistemas industriales: • Sistemas de control para seguridad de grandes instalaciones industriales. • Sistemas de control de ascensores en grandes edificios. • Sistemas de seguridad de atmósferas controladas. • Sistemas de manufactura inteligente. • Sistemas de monitoreo y diagnóstico predictivo. • Sistemas de control de procesos autónomos. • Robots industriales avanzados.	Sistemas industriales: • Sistemas de control convencionales: sistemas basados en controladores lógicos programables (PLC) y sistemas de control distribuido (DCS) que siguen secuencias de control fijas sin capacidad de aprendizaje o adaptación. • Maquinaria industrial estática: equipos diseñados para una tarea específica sin variabilidad, como prensas, cortadoras, o moldeadoras, que operan bajo parámetros fijos. • Sistemas de monitoreo básico: sistemas que recopilan datos operativos de maquinaria y procesos industriales sin analizarlos para predicciones o toma de decisiones. • Sistemas de transporte y conveyors fijos: equipos de transporte de materiales que operan en rutas fijas y con velocidades constantes, sin adaptación a cambios en la producción o demanda.
Sistemas de control de navegación y logística: • Sistemas de control del tráfico aéreo. • Sistemas de control de tráfico ferroviario. • Sistemas de control de conducción de tráfico aéreo y ferroviario. • Sistemas de control y seguridad de tráfico marítimo y portuario. • Sistemas de control de vehículos sin conductor. • Sistemas de navegación satelital. • Sistemas de control balístico.	

Sistemas de acceso a servicios públicos: • Sistemas de preselección de perfiles profesionales. • Sistemas de preselección de acceso a prestaciones sociales. • Sistemas de preselección y acceso a sistemas educativos.	
Robótica: • Robots autónomos: robots capaces de realizar tareas sin intervención humana, utilizando IA para navegar en su entorno y tomar decisiones. • Robots de servicio inteligentes: robots diseñados para asistir a los humanos en tareas cotidianas, como limpieza, asistencia personal, o atención al cliente, adaptándose a nuevas situaciones y preferencias mediante IA. • Robots colaborativos (Cobots): diseñados para trabajar junto a humanos en entornos compartidos, utilizando IA para entender y predecir las acciones humanas y responder adecuadamente. • Drones autónomos: vehículos aéreos no tripulados que utilizan IA para navegación, seguimiento de objetivos, y toma de decisiones autónoma. • Robots sociales: robots diseñados para interactuar con humanos en contextos sociales, utilizando IA para procesar el lenguaje natural, reconocer emociones, y responder de manera socialmente adecuada. • Vehículos autónomos: automóviles, camiones, y otros vehículos que utilizan IA para navegar y operar de manera independiente en el tráfico.	Robótica: • Robots industriales tradicionales: brazos robóticos y máquinas utilizadas en líneas de ensamblaje y fabricación que realizan tareas repetitivas y específicas basadas en programación fija sin adaptación autónoma. • Robots teleoperados: robots controlados remotamente por humanos, sin capacidad propia de toma de decisiones o adaptación a su entorno. • Robots programables: robots que ejecutan una secuencia de movimientos o tareas programadas previamente, sin la capacidad de aprender o adaptarse a situaciones no programadas. • Robots fijos: máquinas diseñadas para realizar una tarea específica en un lugar fijo, sin capacidad de moverse o adaptarse a cambios en el entorno.
• Videojuegos	
Ofertas comerciales: • Sistemas de fijación dinámica de precios.	

Como podemos ver en el listado hay un amplio catálogo de sistemas informáticos y robóticos que pueden entrar dentro del concepto de Sistemas de Inteligencia Artificial. Muchos de los lectores podrán discutirlo, y con razón, en los dos grupos. Algunos técnicos informáticos podrán decir que determinadas ERPs o sistemas de reconocimiento gráfico como los OCRs tienen integrada tecnología de Inteligencia Artificial, o por el contrario, que muchos programas integrados en sistemas de control y seguridad de instalaciones industriales no pueden elevarse a la categoría de sistemas de IA.

En el caso de la robótica y los sistemas de IA asociados a instalaciones industriales ocurre lo mismo: es importante destacar que la integración de IA en sistemas industriales es un campo en rápida evolución, y muchos sistemas tradicionalmente no inteligentes están comenzando a incorporar capacidades de IA para mejorar su eficiencia, flexibilidad, y capacidad de respuesta. Además, la definición de "Inteligencia Artificial" puede variar, y algunos sistemas pueden ofrecer funcionalidades que bordean lo que podría considerarse como IA, dependiendo de cómo se implementen y utilicen.

Yo mismo puedo estar de acuerdo con esas objeciones a esta lista. Estamos hablando de un concepto legal en construcción, que ya tiene una muy importante incidencia en la vida económica y personal de todos nosotros, y que va a ser vital en el desarrollo de nuestra civilización a lo largo de este siglo XXI.

Las tecnologías vinculadas a la Inteligencia Artificial son múltiples: desde las DLTs, pasando por la tecnología de reconocimiento visual, de síntesis de voz, de comunicaciones, de seguridad informática y un largo catálogo de técnicas asociadas. Y están en pleno desarrollo. Es inevitable que los límites legales del concepto de Inteligencia Artificial varíen y se expandan al unísono con la evolución tecnológica asociada.

Por lo tanto el haz de normas que en estos momentos se está poniendo en marcha no hará más que cambiar y evolucionar, de la misma forma que otras normas vinculadas con la economía digital están en permanente proceso de cambio.

3.4 EL PROBLEMA DE LA AUTONOMÍA EN LA TOMA DE DECISIONES DE LOS MODELOS DE IA

3.4.1 Un profeta con tableta

Interpretación de ChatGPT del profeta bíblico Nahúm escribiendo
sus visiones en una tableta en vez de una tablilla.

En 2023, mientras jugaba y experimentaba con las posibilidades de ChatGPT, se me ocurrió ponerle a prueba abordando un proyecto editorial. Pasar a un formato de cómic o de historia ilustrada uno de los libros de los profetas menores de la Biblia: *"el Libro de Nahúm"*.

Es uno de los libros más breves del Antiguo Testamento y describe de una manera muy vívida las visiones que tuvo el profeta hebreo Nahúm sobre la caída de la ciudad de Nínive, capital del antiguo imperio asirio; y el final del dominio tiránico de ese imperio sobre el resto de los pueblos del Oriente Próximo de aquella época (siglo VII antes de Cristo).

En el proceso de introducir "prompts[20]" en el diálogo con ChatGPT, dándole instrucciones precisas de cómo tenían que ser las ilustraciones de cada uno de los escenarios y sucesos que se describen en ese libro de la Biblia.

Para ello le escribo: *"la primera de las viñetas aparece Nahum, ya anciano, escribiendo en una tablilla las primeras líneas de su libro, recordando los dramáticos días en que Nínive, la capital del imperio Asirio, estaba siendo sitiada por los Medos de Ciaxares y los babilonios de Nabopolasar".*

Y como se puede apreciar en la ilustración que encabeza este apartado, nuestra IA entendió "tablilla" como una "tableta", generando esta imagen tan simpática y anacrónica a la vez.

Mía es la responsabilidad, como autor de la historia gráfica que quiero editar, de filtrar las ilustraciones generadas, y no incorporar al futuro libro cualquier cosa, si deseo ofrecer un poco de rigor.

De hecho, cuando finalmente finalicé mi proyecto, lo pasé a libro electrónico y lo subí para editarlo a través de la plataforma Kindle, perteneciente a su vez a Amazon, en el proceso de edición, la propia plataforma te obligaba a informar si el contenido o parte de él se había creado utilizando IA.

> Por lo tanto, la idea central que quiero expresar es que en muchas ocasiones **la IA es una ayuda para una tarea que depende en su toma final de decisión** o en su ejecución **del criterio de un ser humano,** y que no se deja solo al criterio de decisión del sistema de IA.

A su vez, la responsabilidad que, finalmente se tenga frente a terceras personas que se hayan visto afectadas en sus derechos o expectativas será una u otra en función del nivel de intervención humana en la decisión final, o por el contrario, el mayor nivel de autonomía que la Inteligencia Artificial tuviera en esa toma de decisiones:

> Y por lo tanto, **la aplicación o no de la legislación sobre Inteligencia Artificial dependerá igualmente de ese mayor o menor nivel de autonomía que el sistema de IA tenga** en el proceso de toma de decisiones. Vamos a verlo.

---

20 En ChatGPT, un "prompt" se refiere al texto, pregunta o instrucción que un usuario introduce en la interfaz de chat para iniciar o continuar una conversación. Y para conseguir de ChatGPT un resultado: desde que te haga una ilustración, pasando por que te escriba un poema o te de una definición de qué es Inteligencia Artificial, por poner tres ejemplos.

3.4.2 Categorías de IA en función de su autonomía

Sistemas autónomos de IA: los sistemas autónomos operan con un grado significativo de independencia, tomando decisiones o realizando acciones sin intervención humana directa después de su programación o entrenamiento inicial. La responsabilidad legal en estos casos puede ser más complicada debido a la autonomía del sistema. Determinar la responsabilidad por errores o daños causados por un sistema autónomo de IA puede involucrar consideraciones sobre el diseño del sistema, su programación, el entrenamiento de los modelos de IA, y cómo se monitorea y actualiza el sistema. Esto plantea desafíos legales en cuanto a si los fabricantes, los programadores y los usuarios finales pueden ser considerados responsables.

La mayor parte de las legislaciones o proyectos regulatorios de IA se centran en este tipo de modelos, en donde la intervención humana en la decisión final es inexistente o está muy condicionada por la información u opciones de acción facilitadas previamente por la IA.

Sistemas heterónomos: en contraste, los sistemas heterónomos operan bajo la guía y control directos de los humanos. Estos sistemas pueden realizar tareas complejas pero siempre bajo la instrucción explícita o supervisión de una persona. En estos casos, la responsabilidad legal es generalmente más clara y suele recaer en el operador humano que toma las decisiones finales, aunque también puede haber responsabilidades compartidas con los desarrolladores o proveedores del sistema, dependiendo de las circunstancias específicas, como fallos de diseño o defectos de fabricación.

MODELO DE TOMA DE DECISIONES

AUTÓNOMO	6. AUTÓNOMO	El sistema es capaz de gestionar e incluso modificar sus objetivos de uso y su dominio sin intervención externa.
	5. AUTOMATIZACIÓN TOTAL	El sistema es capaz de desarrollar toda su actividad sin intervención externa
	4. ALTA AUTOMATIZACIÓN.	El sistema realiza parte de su misión sin intervención externa
HETERÓNOMO	3. AUTOMATIZACIÓN CONDICIONAL	El sistema desarrolla una actividad específica con la posibilidad de que un agente externo tome el relevo cuando sea necesario.
	2. AUTOMATIZACIÓN PARCIAL	Algunas subrutinas o subfunciones de un sistema están totalmente automatizadas, pero el sistema está bajo el control de un agente externo.
	1. ASISTENTE	El sistema está asistido por un operador
	0. NO AUTOMATIZADO	El operador controla totalmente los mecanismos del sistema.

(*) FUENTE: ISO IEC JC1 / SC 42. Cotton, Paul; Patel, Milan; Wei, Wei. Comentarios al concepto de IA. Normas ISO IEC 22989 y 23053

Como podemos ver en el esquema, las categorías de IA correspondientes a los números 6, 5 y 4 claramente son autónomas y en la mayor parte de las normas regulatorias, como el caso del Reglamento Europeo, o la normativa brasileña y china, estarán afectadas, y por lo tanto, tendrían que cumplir con los requisitos de control, transparencia, seguridad de riesgos y explicabilidad, en función de la categoría de IA que se le asignase, dependiendo de su finalidad.

Las dudas nos asaltan con los modelos de IA que entran dentro de los grupos 3, 2 y 1 del esquema. En estos casos, el nivel de intervención humana en la toma de decisión puede hacer que la responsabilidad real del sistema de IA en las decisiones tomadas sea muy limitada, y que por lo tanto, las obligaciones y riesgos legales asociados al uso de estas tecnologías, como un asistente parcial, pero no imprescindible o necesario para la realización de la tarea concreta, suponga en la práctica la no obligatoriedad de cumplir con la normativa.

> Este es un aspecto muy relevante que en las diversas legislaciones no queda aún bien definido y que, si no se acota en el futuro próximo, puede ser una fuente de discusión legal, e incluso una "puerta falsa" por la que los responsables y usuarios de IA puedan evadirse de sus obligaciones legales.

En el caso del Reglamento Europeo de Inteligencia Artificial, el considerando 12 del texto legal dice lo siguiente:

> *Los sistemas de IA están diseñados para funcionar con distintos niveles de autonomía, lo que significa que pueden actuar con cierto grado de independencia con respecto a la actuación humana y tienen ciertas capacidades para funcionar sin intervención humana …*

En el artículo 7 del Reglamento, en su apartado 2, letra d) determinan que el nivel de autonomía en la toma de decisiones es un elemento fundamental a la hora de incluir o no en una lista de sistemas de alto riesgo, a nuevos casos de uso de sistemas de IA.

*1. La Comisión adoptará actos delegados con arreglo al artículo 97 al objeto de modificar el anexo III mediante **la adición o modificación de casos de uso de sistemas de IA de alto riesgo** cuando se reúnan las dos condiciones siguientes:*

a) que los sistemas de IA estén destinados a ser utilizados en cualquiera de los ámbitos que figuran en el anexo III; y

b) que los sistemas de IA conlleven el riesgo de causar un perjuicio a la salud y la seguridad o de tener repercusiones negativas en los derechos fundamentales, y que dicho riesgo sea equivalente a, o mayor que, el riesgo de perjuicio o de repercusiones negativas que conlleven los sistemas de IA de alto riesgo que ya se mencionan en el anexo III.

2. Cuando evalúe la condición prevista en el apartado 1, letra b), la Comisión tendrá en cuenta los criterios siguientes:

a) la finalidad prevista del sistema de IA;

b) la medida en que se haya utilizado o sea probable que se utilice un sistema de IA;

c) la naturaleza y la cantidad de los datos tratados y utilizados por el sistema de IA, en particular si se tratan categorías especiales de datos personales;

d) el grado de autonomía con el que actúa el sistema de IA y la posibilidad de que un ser humano anule una decisión o recomendaciones que puedan dar lugar a un perjuicio,

El artículo 14 del Reglamento establece igualmente que las medidas de vigilancia humana de los sistemas de A serán proporcionales *." a los riesgos, al nivel de autonomía y al contexto de uso del sistema de IA de alto riesgo".*

Finalmente, el ANEXO XIII del Reglamento describe los criterios que se deben utilizar para clasificar modelos de IA de uso general con riesgo sistémico, sistemas a los que se refiere a su vez el artículo 51. Pues bien, entre los elementos a tener presente está igualmente el nivel de autonomía en la toma de decisiones de dichos modelos.

Con el fin de determinar si un modelo de IA de uso general tiene unas capacidades o unos efectos equivalentes a los contemplados en el artículo 51, apartado 1, letras a) y b), la Comisión tendrá en cuenta los siguientes criterios:

…

e) los parámetros de referencia y las evaluaciones de las capacidades del modelo, también teniendo en cuenta el número de tareas sin entrenamiento adicional, la adaptabilidad para aprender tareas nuevas distintas, ***su grado de autonomía*** *y capacidad de ampliación y las herramientas a las que tiene acceso;*

…

3.4.3 Caso práctico. App de reconocimiento de alimentos

Entre 2017 y 2020 estuve lanzado un proyecto de startup, Arthylen. El proyecto se basaba en crear una tecnología que reconocía al instante, en base a un modelo de IA de reconocimiento de imagen inteligente, las frutas y hortalizas. Y no solamente reconocía las frutas y hortalizas, sino que además te indicaba su nivel de madurez o si, eventualmente esa pieza de fruta o ese producto tuviera algún daño como hongos podredumbres, heridas abiertas o estrés hídrico.

Inicialmente pensado para uso industrial, por parte de personal de tiendas de alimentación, o de almacén, con el fin de acelerar la curva de aprendizaje de las decenas de referencias que se manejan diariamente en una sección o almacén de productos perecederos; el objetivo final de esta tecnología era reducir el desperdicio alimentario.

La web es https://arthylen.es/ y un vídeo demostrativo en español lo tenéis en este enlace: https://youtu.be/6HvMTZdNPTE?si=6EScW7eNiY6WY7MI y en inglés: https://youtu.be/wG71PL2S5Y8?si=Zmr0yq7sYMnUQ201

El modelo de IA era (es) un modelo de Deep Learning, de tal forma que cuanto más se use más va aprendiendo del propio uso.

Como asistente digital, tal y como estaba diseñado inicialmente, esta tecnología de clasificador de alimentos y su estado de madurez tenía como finalidad ayudar en el reconocimiento del producto, a aprender una serie de características del mismo, a ayudar a conocer cómo se debía conservar, con el fin de reducir el desperdicio alimentario y en el caso de uso en almacén, en ayudar a hacer el triaje[21] del producto fresco, en función de su nivel de madurez, con el objetivo de sacar a la venta en producto que estuviera más cerca de estar sobre maduro, y por lo tanto, estuviera al límite de poder comercializarlo.

---

21 El término triaje es un neologismo que proviene de la palabra francesa "trier" que se define como escoger, separar o clasificar. Se utiliza para referirse a una clasificación para priorizar unas actuaciones sobre otras. Por ejemplo, la clasificación de los pacientes que entran en el servicio de urgencias de un hospital, priorizando a los más graves o críticos; o como en este caso, qué fruta está más madura y por lo tanto, se la prioriza en su salida para la venta.

En un momento dado nos planteamos hacer una APP de uso libre, que se pudiera descargar en cualquier teléfono móvil, y que permitiera al usuario utilizarla en tiendas, mercados o su propia casa, para saber más de ese producto: su nivel de madurez, acceso a consejos de conservación en casa, acceso a características de cada referencia o a recetas de cocina asociadas a ese producto identificado.

El clasificador Arthylen lo que hace es identificar el producto y a la vez determina el nivel de madurez en tres estados: el primer nivel es "poco maduro", cuando tiene más de 72 horas de plazo de conservación. El segundo nivel es "óptimo" cuando está entre las 72 y 24 horas de plazo para su consumo. El tercer nivel es "muy maduro" cuando tiene menos de 24 horas de vida útil ese producto.

Aparte tiene la categoría de "no apto", cuando el producto está sobre maduro o sufre algún daño.

¿Qué riesgos podríamos llegar a asumir?

Para sacar al mercado una aplicación como esta, que además maneja un elemento tan importante como son los alimentos frescos, el nivel de fiabilidad en la identificación de un producto a través de óptica inteligente debe ser muy alto.

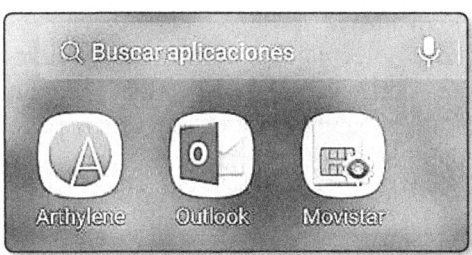

Las redes neuronales artificiales de este tipo deben someterse a un entrenamiento previo muy intenso, tanto en la parte de laboratorio, en el denominado "data set[22]", como posteriormente en las pruebas previas a su puesta en servicio en el mercado.

Son sistemas que funcionan de manera probabilística: el sistema de IA detecta en tiempo real una imagen de un producto y lo compara con lo aprendido

---

22 Un "data set" es un término que se refiere a una colección de datos estructurados que se utiliza para entrenar, validar y probar modelos de IA. Estos datos pueden incluir una amplia variedad de formatos, como números, texto, imágenes, sonidos o vídeos, dependiendo del tipo de tarea que el sistema de IA esté diseñado para realizar.

para las diferentes categorías de producto. En nuestro caso en dos pasos: primero identifica qué tipo de producto es: una pera, un plátano, una piña, etc., y además una vez identificado el producto, decide en cual de las cuatro categorías de situación para el consumo está: poco maduro, óptimo, muy maduro o sobre maduro o dañado.

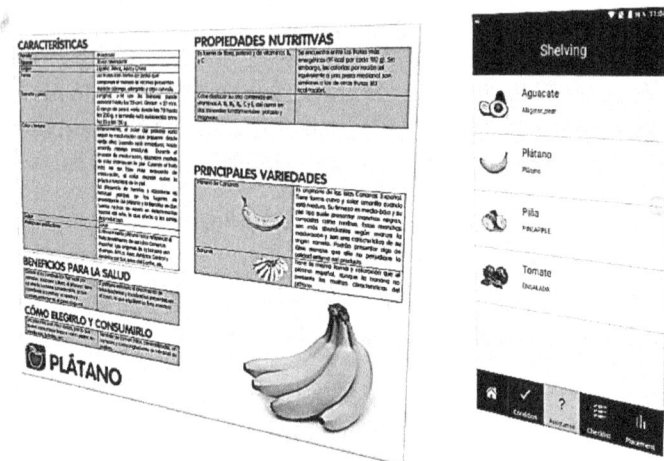

En el caso que nos ocupa, la App no ofrecía su categorización y recomendación de consumo a no ser que el porcentaje de probabilidad superase el 90 por ciento. Es decir, que para el sistema de IA la imagen que en esos momentos estaba captando tuviera un 90 por ciento de probabilidades, –de seguridad para la aplicación–. de que era una referencia, un producto, y no otro.

Pero como ya he comentado en otras partes de este libro, los sistemas de IA no son infalibles, y Arthylen no es la excepción.

Por eso nos arriesgábamos a que un uso masivo e individual, orientado al consumidor particular, pusiese a prueba la aplicación y pudiera exponernos a los riesgos sobrevenidos de una identificación errónea de un producto.

> El riesgo no sería grave para la salud en el caso de que confundiese un plátano con un tomate o una piña, por poner un ejemplo. Pero sí podría ser un riesgo relevante que no identificase bien el producto por categorizar mal su estado de consumo: poco maduro, óptimo, muy maduro o sobre maduro. O dañado, lo que sería aún peor.

Se podría alegar que la aplicación recomendaba, facilitaba una información, pero que no iba más allá. Que la decisión final de consumo dependía directamente del usuario.

Pero en contra se podría alegar que si teníamos un usuario sin experiencia o conocimientos de un tipo de producto concreto, que fuera por ejemplo, un tipo de fruta exótica poco conocida, ese usuario se fiaría totalmente de la recomendación e información que le facilitase la aplicación. Y por lo tanto la decisión final humana estaría totalmente condicionada por la recomendación del sistema de IA.

Y este sistema **es un ejemplo de una aplicación de toma de decisión totalmente autónoma.** Sin un filtro de supervisión humana previo a que el sistema de IA genere su recomendación de consumo.

Y por lo tanto, la responsabilidad legal en caso de consecuencias negativas causadas por una recomendación de consumo fallida **recaería totalmente sobre los diseñadores y comercializadores de la App.**

PARA LECTORES AVANZADOS: ¿QUÉ ES UN "DATA SET" Y POR QUÉ ES IMPORTANTE EN EL ENTRENAMIENTO DE SISTEMAS DE IA?

Como decíamos en el comentario y pie de página un "data set" o conjunto de datos se refiere a una colección de datos estructurados que se utiliza para entrenar, validar y probar modelos de IA. Estos datos pueden incluir una amplia variedad de formatos, como números, texto, imágenes, sonidos o vídeos, dependiendo del tipo de tarea que el sistema de IA esté diseñado para realizar.

Una data set típicamente se divide en al menos tres subconjuntos:

- *Conjunto de entrenamiento:* utilizado para enseñar al modelo de IA a reconocer patrones, aprender relaciones entre los datos de entrada y las salidas deseadas, y ajustar sus parámetros internos. Este es el conjunto de datos más grande y se utiliza durante la fase inicial de aprendizaje del modelo.

- *Conjunto de validación:* empleado para ajustar los hiperparámetros[23] del modelo y evaluar su rendimiento durante el entrenamiento, permitiendo al desarrollador optimizar el modelo sin usar los datos de prueba. Ayuda

---

23 Los hiperparámetros de un modelo en Inteligencia Artificial (IA) y aprendizaje automático son configuraciones externas al modelo que deben establecerse antes del proceso de entrenamiento y que influyen en la estructura del modelo y cómo se entrena. Ejemplos: la tasa de aprendizaje, o la velocidad con la que aprende y se entrena con los datos de entrenamiento un algoritmo. Otro hiperparámetro es el propio número de datos de entrenamiento, el denominado tamaño del lote. Otro ejemplo de hiperparámetro es el denominado número de épocas; es decir, cuántas veces el algoritmo trabajará a través de un conjunto completo de datos de entrenamiento.

a prevenir el sobreajuste, asegurando que el modelo generalice bien a datos no vistos.

- *Conjunto de prueba:* utilizado para evaluar el rendimiento final del modelo de IA una vez completado el entrenamiento y la optimización. Este conjunto de datos no se ha utilizado durante el entrenamiento y sirve para proporcionar una evaluación objetiva de como el modelo funcionará en el mundo real con datos nuevos.

La calidad y la cantidad del data set son críticas para el éxito de un proyecto de IA. Los datos deben ser representativos del problema a resolver, suficientemente variados para cubrir casos de uso reales, y estar limpios de errores y sesgos tanto como sea posible.

Un buen data set permite al modelo de IA aprender de manera efectiva y realizar predicciones o decisiones precisas cuando se enfrenta a datos nuevos.

En el caso del algoritmo desarrollado para el proyecto Arthylen, para cada una de las referencias (plátano, tomate, piña, etc.) se generó una base de datos de 7000 imágenes para entrenar en la identificación del tipo de producto que era y su nivel de madurez.

3.5 CONCLUSIONES

▶ El término algoritmo no siempre es sinónimo de Inteligencia Artificial.

▶ El término algoritmo de Inteligencia Artificial es más limitado que el de sistema de IA, que abarca todo el conjunto de elementos que están alrededor del propio algoritmo y que permite que éste funcione.

▶ Un concepto legal como el de sistema de IA es más completo y seguro que el de algoritmo, dado que obliga al control de riesgos y calidad de todos los elementos relacionados con el propio modelo de IA, como es la ciberseguridad o la robustez informática del conjunto de elementos en servicio para hacer la función definida.

▶ No todo sistema de IA es completamente autónomo en su funcionamiento y toma de decisiones. Hay muchos modelos diseñados para asistir a humanos en una toma de decisiones que depende finalmente siempre de una persona. O modelos en donde la intervención humana en su proceso de funcionamiento es relevante.

▶ Un automatismo, aunque haga una tarea de forma autónoma, no es un tipo de IA.

▶ Un robot es mucho más que un automatismo, dado que asume tareas complejas.

▶ Un robot puede incluir sistemas de IA para ayudar en sus tareas. En estos casos pueden verse afectados por la legislación que regule la IA.

▶ Muchas de las legislaciones que regulan la IA se aplican solamente en los sistemas de IA que son autónomos en su toma de decisiones. Si el sistema de IA o el modelo ayuda u ofrece alguna de las opciones, pero la decisión final es humana; o la supervisión humana en el funcionamiento del sistema de IA es relevante, es posible que las legislaciones que regulan la IA no se apliquen en estos casos.

▶ Si el sistema de IA o el robot gestionado por un modelo de IA es autónomo en su toma de decisiones, la responsabilidad legal recae sobre los desarrolladores de ese sistema y sobre las empresas u organizaciones que lo utilizan en sus procesos de trabajo.

▶ Si el sistema de IA es heterónomo y su aportación a la toma de decisión final no es determinante, la responsabilidad legal es de la persona que toma la decisión.

▶ La frontera que separa programas informáticos que no son IA y lo que sí lo son no es nítida. Muchos programas de gestión, como procesadores de texto, hojas de cálculo, bases de datos o de diseño de presentaciones incluyen en la actualidad utilidades que incorporan IA, como puede ser un traductor de textos, basados en algoritmos de IA.

Está muy cerca el día en que nos sustituirán a los escritores y divulgadores... ¡Incluso a los poetas románticos!

4

LA SUPLANTACIÓN DE LA IDENTIDAD HUMANA UTILIZANDO IA. LA CLONACIÓN DE NUESTRA VOZ E IMAGEN

4.1 CASO 1. SUPLANTACIÓN DE LA IDENTIDAD (IMAGEN Y VOZ) DE COMPAÑERO DE TRABAJO PARA COMETER UNA ESTAFA

Desde hace un par de años estamos viendo repetidamente en la prensa casos de personas que se han estafado al inducirse a hacer una transferencia a otra persona, inicialmente conocida: un familiar, un proveedor o un cliente, un compañero de trabajo o un jefe de la misma empresa.

Se ha hecho internacionalmente famoso el caso de una estafa de una gran compañía en donde se suplantó la imagen y voz del CEO de esta induciendo a los responsables financieros de la empresa a realizar una serie de transferencias que terminaron en una estafa millonaria.

En este caso se suplantó a la vez imagen y voz del directivo de la compañía, pero lo más común es que sea la voz lo más sencillo de suplantar, y a la vez lo más fácil de clonar con posibilidades de éxito y prácticamente sin costes.

Este nuevo tipo de estafas se han multiplicado en los últimos años gracias a la proliferación de compañías, muchas de ellas pequeñas startups, pero también grandes colosos digitales, que ofrecen servicios de síntesis de voz.

En otros casos se ofrecen servicios de clonación de imagen.

En cualquiera de los dos casos son servicios que, en su versión profesional, son asequibles; con tarifas que oscilan entre los 20 y 30 euros al mes y que permiten acceder a librerías de voces sintetizadas, producto de la mezcla de múltiples voces humanas originales. O en su versión visual, a la utilización de avatares digitales que nos permiten tenerlos como presentadores para la creación de contenidos audiovisuales.

Hasta aquí todo parece correcto. El problema y la amenaza para la seguridad, principalmente financiera, de los ciudadanos proviene de la posibilidad de clonar, con total libertad, voces de otras personas, o imágenes, y posteriormente, con esa voz clonada generar ficheros de audio o vídeos en donde se pueda introducir cualquier frase.

Además, estos programas son tan sofisticados que, en su versión profesional, esa a la que cualquiera de nosotros podemos tener acceso por 20 o 30 euros al mes, nos permite dotar de inflexiones de tono, emoción o velocidad a las frases en audio que se generan.

El tiempo que se tarda en tener una versión clonada básica de una voz es de unos minutos, muy pocos. Si ya queremos tener una versión profesional, en la que ni siquiera el dueño de esa voz sea capaz de reconocer si es un audio clonado, el entrenamiento del algoritmo durará alrededor de cuatro días. Una semana a lo sumo. Dependerá de lo saturado que esté el servidor en donde se está generando esa voz clonada.

Con las imágenes ocurre algo muy similar.

¿Qué se necesita?

Voz.	• **En el caso de una síntesis de voz básica** necesitamos alrededor de un minuto de un archivo de audio de la persona a la que queremos clonar la voz. Nos sirve cualquier grabación: un mensaje de voz de WhatsApp, un vídeo que tenga un audio, son dos buenos ejemplos de fuentes que los estafadores puede utilizar para clonar nuestra voz. • **En el caso de una síntesis de voz profesional** precisaremos de archivos audio de unos 10 a 20 minutos de duración de la persona a la que queramos clonar la voz.
Imagen.	• **En el caso de la generación de un avatar básico** nos basta incluso con una fotografía; pero en este caso el resultado suele ser bastante burdo. • **En el caso de un avatar de alta calidad** se requiere de al menos 15 minutos de grabación de vídeo del sujeto al que queramos clonar.

Como veremos a lo largo de este capítulo en las diferentes situaciones que vamos a analizar **el problema deviene** de la facilidad con la que cualquiera de nosotros puede acceder a programas de síntesis de voz o de imagen y puede clonar su imagen o su voz, pero también la de cualquier otra persona de la que tengamos archivos de vídeo, fotografías o archivos de voz, **sin que exista un control previo por parte de estas plataformas que ofrecen estos servicios sobre la legitimidad con la que usamos esas imágenes, esos vídeos o esos audios.**

En 2023 estuve haciendo un estudio para un cliente sobre los términos legales y las salvaguardias de seguridad y cumplimiento normativo de 10 plataformas de síntesis y clonación de voz que en esos momentos estaban ofreciendo sus servicios en el mercado, con libertad de acceso tanto a profesionales, empresas o particulares.

Casi todas ellas, por no decir su totalidad, siguen en activo en estos momentos (abril 2024), algunas de ellas pertenecientes a las grandes corporaciones digitales.

Solamente en un caso encontré una preocupación real sobre la seguridad y el control del uso legítimo de audios de terceras personas que se subían para producir una voz clonada sobre ese audio. En el resto de los casos, la falta de control y la total dejadez de responsabilidades sobre el uso que de su tecnología se hiciera era absoluta.

Y ese es el problema real. Problema que la legislación europea, a través del Reglamento Europeo de IA, pretende corregir exigiendo una serie de controles similares a los exigidos para los sistemas de IA de alto riesgo, a las empresas que comercialicen estos servicios por Internet. De igual forma, como vimos en el capítulo

1, la legislación china de Inteligencia Artificial regula el uso de las tecnologías que pueden producir estas ultrafalsificaciones.

Vayamos al caso concreto.

Imaginemos, tal y como describe la ilustración del comienzo del capítulo, que un trabajador de una empresa recibe una llamada en la que su superior le da la orden de hacer una disposición de dinero, transferir el mismo, o facilitar unas claves de acceso con las que se puede disponer de fondos o activos de una empresa.

La voz o la imagen clonada son de tal calidad que el trabajador cree sinceramente que está hablando con su superior. Solamente pasado un tiempo se hace evidente la estafa. ¿Ante qué situación estamos?

Ordenemos los elementos del caso con una **matriz de situación:**

IDENTIFICACIÓN DEL CASO: Trabajador de una empresa que es inducido mediante engaño, a través de una imagen y/o voz clonada de su superior, a hacer una disposición de activos de la misma convencido de que está hablando con su superior.	**PARTES INVOLUCRADAS:** • Trabajador de la empresa que ha realizado la disposición del activo. • Superior del trabajador al que se le ha suplantado su personalidad a través de la clonación de la voz y/o su imagen. • Estafadores que han cometido el delito. • Entidad financiera que ha autorizado la transferencia de activos siguiendo las instrucciones del trabajador engañado. • Empresa tecnológica que comercializa el programa con el que se ha clonado la voz o la imagen del directivo.
TECNOLOGÍA DE IA UTILIZADA: Software de clonación de voz y/o sw de clonación de imagen que se comercializa libremente tanto a empresa como a profesionales o particulares.	**NATURALEZA DEL INCIDENTE:** De ámbito penal. En este caso concurren dos delitos. • **Usurpación del estado civil.** Es decir, el estafador se hace pasar plenamente por el directivo a fin de obtener un lucro. Consiste en apropiarse de todas las cualidades de una persona real utilizando su identidad personal y otros elementos identificadores, simulando ser dicha persona en algún acto jurídico. • **Delito de estafa.** En este caso de estafa utilizando medios informáticos. Una estafa es una inducción a un error para conseguir un lucro, engañando a una persona.

MARCO LEGAL APLICABLE:

En el caso del derecho español se aplicarían dos artículos del Código Penal:

- El 401 de usurpación del estado civil.
- El 249, referido a su vez al 248. Delito de estafa utilizando medios informáticos.
- Eventualmente podría haber una responsabilidad civil subsidiaria de la empresa o empresas que hayan comercializado el sw con el que se ha realizado la ultrafalsificación de la imagen del directivo.
- Podría haber una responsabilidad de sanción administrativa, aplicando el Reglamento Europeo de IA, si se demuestra que la empresa que facilitó el sw que se usó para hacer la estafa no tenía implantados los sistemas de control y seguridad en el uso de archivos originales de audio y vídeo que controlasen el origen y uso legítimo de esos audios y/o vídeos que se utilizaron para hacer la ultrafalsificación de la imagen del directivo.
- Eventualmente, **en España**, podría invocarse la **posibilidad de anular las disposiciones de dinero realizadas a través de medios de pago** en función de lo establecido en Real Decreto-ley 19/2018, de 23 de noviembre, de servicios de pago y otras medidas urgentes en materia financiera.

RESPONSABLES:

- Lógicamente, los estafadores.
- Pero podríamos alegar que **pudiera haber una responsabilidad civil subsidiaria de la empresa de sw que comercializa el programa con el que se han realizado las clonaciones de la voz e imagen** del directivo que han permitido su manipulación para conseguir esta estafa.

Veamos los elementos en detalle:

¿El trabajador tiene responsabilidad alguna?

En principio no, siempre y cuando haya cumplido con los procedimientos que, dentro de su empresa u organización, tengan establecidos para ordenar transferencias o hacer disposiciones de activos.

En caso de que la empresa u organización no se haya preocupado de establecer unos procedimientos de control que busquen reducir los riesgos asociados a estas estafas o similares como el phishing, el trabajador queda exculpado de cualquier responsabilidad.

Cosa diferente sería que sí existan procedimientos de verificación de las órdenes de pago y control de estas. Por ejemplo, que se necesiten no una sino dos autorizaciones de dos directivos diferentes. O que para determinadas cuantías las transferencias deban llevar asociados otras gestiones, como verificar la titularidad real de las cuentas bancarias de destino. Si en nuestro ejemplo, el trabajador hubiera soslayado el cumplimiento de estos procedimientos podría verse sometido a una sanción disciplinaria que, dependiendo de la cuantía de la estafa, podría llevar al despido del trabajador.

PARA LECTORES AVANZADOS: ¿QUÉ ES EL PHISHING?

El phishing es una técnica de engaño utilizada por ciberdelincuentes para obtener información sensible de las personas, como datos de acceso a cuentas (usuario y contraseña), números de tarjetas de crédito, datos personales, entre otros. El atacante se hace pasar por una entidad o persona confiable en una comunicación electrónica, por lo general a través de un correo electrónico, mensaje de texto o llamada telefónica. El mensaje enviado suele contener un enlace a una página web falsa que imita a la de una entidad legítima, donde se solicita al destinatario que introduzca su información personal o financiera. La intención es usar esta información para acceder a cuentas, realizar transacciones no autorizadas, robar identidad o difundir malware.

Para evitar este tipo de fraude, muy habitual sobre todo a través de correo electrónico, hay multitud de técnicas y procedimientos, comenzando por tener un sistema de antivirus y de filtrado de correos electrónicos actualizado. Pero más allá de ahí hay varias técnicas que ayudan a comprobar y controlar estos problemas.

- **Verificación de la URL del correo entrante:** antes de hacer clic en cualquier enlace, es esencial verificar la URL para asegurarse de que es legítima. A menudo, los enlaces de phishing intentan imitar URLs oficiales con pequeños cambios que pueden pasar desapercibidos a primera vista. Si pinchamos en el correo o en los enlaces, pueden introducir un virus en nuestro equipo.

- **No proporcionar información sensible:** una regla de oro es nunca proporcionar información personal, financiera o de acceso a través de enlaces que lleguen en correos electrónicos o mensajes. Las entidades legítimas no suelen solicitar este tipo de información por estos medios.

- **Autenticación de dos factores (2FA):** activar la 2FA en todas las cuentas que lo permitan añade una capa extra de seguridad, dificultando que los atacantes accedan a las cuentas incluso si consiguen robar las credenciales.

- **Llamar a la persona que nos ha enviado el correo entrante:** con el fin de comprobar que es la persona conocida y no un ciberdelincuente que se ha apropiado del perfil informático de nuestro proveedor, cliente, colaborador o familiar.

- **Solicitar un certificado de titularidad de la cuenta bancaria de destino de la transferencia:** a fin de comprobar que la cuenta a la que nos solicita esa transferencia es legítima.

Sigamos con nuestro caso de estafa por suplantación de personalidad.

¿El Directivo al que le han suplantado la personalidad tiene responsabilidad alguna?

En principio, tampoco. Lo que sí debe hacer reflexionar a todos es lo sencillo que es acceder a archivos de audio o vídeo de cualquiera de nosotros que hayamos subido a las redes sociales, incluso no solo por motivos de ocio, sino por ejemplo a causa de haber dado una conferencia o una clase que posteriormente se subió su grabación a Internet.

Y por lo tanto la necesidad de controlar qué huella digital tenemos cada uno de nosotros/as y qué riesgos podemos llegar a tener que asumir, o minimizar por el uso ilegítimo de nuestra imagen.

¿La entidad financiera tiene alguna responsabilidad?

Tampoco. Siempre y cuando se hubieran cumplido todos los requisitos para la autorización de la disposición de los activos. En este caso la persona encargada estaba autorizada.

Otra cosa es que, si se denuncia la estafa, en función de la legislación de cada país, pudiera existir la posibilidad de anular las órdenes de transferencia o de pago, sobre todo las realizadas con medios de pago. En este caso la inmediatez en la comunicación de la estafa y la solicitud de anulación de las disposiciones realizadas es fundamental.

Pero como digo, va a depender de cada caso, la forma de transferencia, los medios de pago utilizados, la cuantía. El entorno en el que se ha producido la estafa y el momento en el que se produce la denuncia y se solicita la devolución de lo dispuesto o la anulación de las operaciones autorizadas indebidamente.

En este campo hay que tener presente el problema del **principio de la autorresponsabilidad:** según este principio, común en muchas legislaciones, se refiere a la idea de que cada individuo o entidad es responsable de sus propias acciones y de sus consecuencias dentro del marco legal.

> Por lo tanto, si el individuo engañado ha sido negligente a la hora de comprobar si era realmente la persona que se suponía la que le daba las órdenes de disposición; o como variante, si se comprueba que la ultrafalsificación o clonación de la voz o la imagen eran burdas y que, para cualquiera, no pasaría como la imagen real del directivo, la persona engañada no tendría derecho a esa reparación por parte de la entidad financiera.

Y ahora veamos qué soluciones podemos ofrecer a los afectados. Lo veremos a través de nuestra **matriz de soluciones**.

OBLIGACIONES DE LOS RESPONSABLES:
- **Por parte de la empresa:** implantar unos procedimientos de control que eviten estos riesgos de ciberestafas, como puede ser la autorización por dos o más personas, o el control de la titularidad de las cuentas de destino de los pagos, como ejemplos.
- **Por parte del trabajador engañado:** cumplir con los procedimientos de control, en caso de que los haya. Y en cualquier caso, si tiene la más mínima sospecha, solicitar la comprobación y validación de esa operación por parte de un superior responsable.
- **Por parte de las plataformas de software que comercializan este tipo de tecnologías de clonación:** no permitir la clonación de una voz o una imagen proveniente de una fuente original de un ciudadano sin una validación fehaciente y en tiempo real de dicho individuo del que se obtiene la voz y la imagen, impidiendo el acceso a los servicios de síntesis de voz de la plataforma hasta que se haya verificado la legitimidad del origen de esa voz o imagen a clonar.
- **Por parte de las plataformas de software que comercializan estas tecnologías:** introducir con cada archivo generado usando la voz o imagen clonadas una "marca de agua digital" que quede registrada en la plataforma, permitiendo identificar al usuario que ha generado ese archivo de audio o vídeo que se ha utilizado para provocar la estafa.

ACTUACIONES / SOLUCIONES POSIBLES:
- Denuncia ante las fuerzas y cuerpos de seguridad del Estado (Policía y Guardia civil en España), tanto de la ciberestafa como de la suplantación de la personalidad (usurpación del estado civil) en función de los tipos penales previstos.
- Avisar a todos los empleados de la compañía de la estafa sufrida e implantar medidas de control más eficientes.
- Intentar bloquear o anular las disposiciones realizadas hablando con la entidad financiera. En caso de que la misma se niegue, avisar a su vez a las autoridades públicas reguladoras del sector bancario (Bancos centrales como el banco de España) a fin de solicitar a través de esta la devolución de las cantidades estafadas.

IDENTIFICACIÓN DE RIESGOS Y AMENAZAS:
- Ciberestafa.
- Suplantación de personalidad.
- Phishing.
- Acceso no autorizado a datos personales.
- Revelación de secretos.

AUTORIDADES COMPETENTES (en España):
- Policía Nacional y Guardia Civil.
- INCIBE[24]. Llamando al 017.
- AEPD[25]. En caso de que los ciberdelincuentes hayan podido acceder a datos personales de empleados, clientes o colaboradores externos, sobre todo si son datos especialmente sensibles.

---

24   INCIBE. Instituto Nacional de Ciberseguridad.

25   Aepd. Agencia Española de Protección de Datos.

4.2 CASO 2. SUPLANTACIÓN DE LA IMAGEN Y/O VOZ DE PERSONAS CÉLEBRES SIN SU AUTORIZACIÓN

En este caso lo que hay es una usurpación del estado civil (suplantación de la personalidad) en la que los delincuentes utilizan la imagen de famosos para inducir, gracias a la fama y atractivo que tiene dicha imagen, a realizar una serie de actos, que pueden ser muy variados:

- ▼ Adquirir determinados productos o servicios, induciendo a su compra por una falsa recomendación de esa persona célebre.

- ▼ Obtener donaciones para supuestas campañas en favor de personas necesitadas ingresando dinero a entidades benéficas ficticias.

- ▼ Obtener dinero de particulares bajo engaño, induciendo a la persona estafada a pensar que existe una relación sentimental con esa persona famosa, y que es realmente ella la que le pide un préstamo.

- ▼ Dañar la imagen del propio famoso suplantado generando afirmaciones malintencionadas.

- ▼ Aprovecharse de la imagen del famoso suplantado para apoyar una ideología o una opción política.

- ▼ Crear contenidos artísticos o de entretenimiento usando la imagen del / la famoso/a sin su autorización, para así ganar relevancia y tráfico en las redes y plataformas de contenidos digitales.

Y este es un pequeño catálogo de las tropelías que se llevan cometiendo desde hace años usando las tecnologías de clonación de imagen y voz, utilizando espuriamente la fama de esas celebridades nacionales o internacionales.

Como en el caso anterior, existe una suplantación de la imagen que, en el caso del derecho español, dependiendo del tipo de delito que se haya cometido, puede entrar dentro de tres tipos penales diferentes:

a) El ya mencionado artículo 401 del Código Penal español de usurpación del estado civil.

b) El articulo 172 ter párrafo 5° del mismo Código Penal sobre uso sin consentimiento de la imagen de otra persona en redes sociales.

Veámoslos:

El artículo 401 dice así: *"El que usurpare el estado civil de otro se castigará con la pena de prisión de seis meses a tres años"*.

A su vez, **el artículo 172 ter 5º** establece: *"El que, sin consentimiento de su titular, utilice la imagen de una persona para realizar anuncios o abrir perfiles falsos en redes sociales, páginas de contacto o cualquier medio de difusión pública, ocasionándole a la misma situación de acoso, hostigamiento o humillación, se castigará con pena de prisión de tres meses a un año o multa de seis a doce meses. Si la víctima del delito es un menor o una persona con discapacidad, se aplicará la mitad superior de la condena"*.

¿Qué diferencias hay entre los dos?

El artículo 401 se centra en la suplantación plena de la personalidad de otra persona, simulando ser esa persona suplantada, usando cualquier tipo de medio que permita lograr el engaño, con el fin último de enriquecerse, ya sea apropiándose del patrimonio de esa persona o usando su imagen para inducir a otros a disponer del suyo propio.

Para que la actuación del delincuente se califique dentro de este tipo penal se deban dar las siguientes circunstancias:

- Debe usar el nombre de la persona suplantada de forma explícita.
- Debe usar los datos personales que le identifiquen como la persona a la que está sustituyendo: género, edad, nacionalidad.
- Debe realizar actos jurídicos haciéndose pasar por la persona suplantada.
- Hay un fin de lucro.

En el caso del artículo 172 ter apartado 5º, lo que se ha pretendido es actualizar la legislación penal española al derecho comunitario en el ámbito de la ciberdelincuencia en redes sociales; **pero asociada a los delitos de acoso.**

Pero no son los únicos delitos a los que se puede asociar estas conductas:

Otros ejemplos son los siguientes:

- *El de descubrimiento y revelación de secretos* tipificado en el artículo 197.1 del código penal español.
- El de *atentar contra la integridad moral de otras personas*: artículo 175 del código penal.
- *Infracciones en el ámbito de la legislación electoral*; artículos 144 y 148 de la Ley Orgánica 5/1985 de Régimen Electoral General.
- *Delito de odio* del artículo 510 del código penal.

Veámoslo:

Delito de descubrimiento y revelación de secretos

Dentro de las actividades de suplantación de identidad o de crear perfiles falsos el delincuente puede revelar información privada de la víctima (o de terceros, usando perfiles suplantados), según establece el artículo 197.1. del código penal español:

> *"El que, para descubrir los secretos o vulnerar la intimidad de otro, sin su consentimiento, se apodere de sus papeles, cartas, mensajes de correo electrónico o cualesquiera otros documentos o efectos personales, intercepte sus telecomunicaciones o utilice artificios técnicos de escucha, transmisión, grabación o reproducción del sonido o de la imagen, o de cualquier otra señal de comunicación, se castigará con las penas de prisión de uno a cuatro años y multa de doce a veinticuatro meses."*

Infracciones en el ámbito electoral. Atentado contra la integridad moral

Podemos encontrarnos con la circunstancia de que se hace un avatar clonado de la imagen de un candidato/a, una ultrafalsificación de su imagen y se generan vídeos en donde el mismo lanza consignas políticas totalmente inapropiadas con el fin de perjudicar sus expectativas electorales.

En este caso entramos en el campo de las infracciones asociadas a la propaganda electoral, en concreto los artículos 144 y 148 de la Ley Orgánica 5/1985 de Régimen Electoral General, que regulan infracciones en materia de propaganda electoral o la difusión de informaciones que suponga injurias o calumnias. A su vez se puede agravar el delito, en función de la naturaleza de la declaración falsamente generada por un personaje público pudiera atentar contra la integridad moral de otras personas (artículo 175 del Código Penal).

> *"La autoridad o funcionario público que, abusando de su cargo y fuera de los casos comprendidos en el artículo anterior, atentare contra la integridad moral de una persona se castigará con la pena de prisión de dos a cuatro años si el atentado fuera grave, y de prisión de seis meses a dos años si no lo es. Se impondrá, en todo caso, al autor, además de las penas señaladas, la de inhabilitación especial para empleo o cargo público de dos a cuatro años".*

Como vemos, la apropiación de la imagen, de la identidad de otra persona, puede complicar la vida de la víctima real de esa apropiación, la persona a la que se le ha usurpado su identidad, que ve impotente cómo a través de esos perfiles falsos o ultrafalsificaciones se cometen delitos de los que, en un primer momento, es ella la que va a tener que afrontar sus consecuencias, sin que haya tenido ninguna participación.

Delito de odio

Esas declaraciones pueden ser incendiarias y usarse para atacar a minorías, personas o grupos sociales concretos. En este caso, el artículo 510 del código penal establece lo siguiente:

> "1. Serán castigados con una pena de prisión de uno a cuatro años y multa de seis a doce meses:
>
> …
>
> b) Quienes produzcan, elaboren, posean con la finalidad de distribuir, faciliten a terceras personas el acceso, distribuyan, difundan o vendan **escritos o cualquier otra clase de material o soportes que por su contenido sean idóneos para fomentar, promover, o incitar directa o indirectamente al odio, hostilidad**, discriminación o violencia contra un grupo, una parte del mismo, o contra una persona determinada por razón de su pertenencia a aquel, por motivos racistas, antisemitas, antigitanos u otros referentes a la ideología, religión o creencias, situación familiar, la pertenencia de sus miembros a una etnia, raza o nación, su origen nacional, su sexo, orientación o identidad sexual, por razones de género, aporofobia, enfermedad o discapacidad.

Como podemos ver, todo un problema.

¿Qué debemos hacer?

Denunciar ante las fuerzas y cuerpos de seguridad del Estado (Policía Nacional, Guardia Civil, Policías autonómicas) esta circunstancia cuanto antes a fin de poder crear un cortafuegos legal que impida que los malos actos realizados por el delincuente que ha usurpado nuestra identidad no nos afecten.

PARA LECTORES AVANZADOS. EL CONCEPTO LEGAL DE ULTRAFALSIFICACIÓN

El **Artículo 50 del Reglamento Europeo de Inteligencia Artificial** establece en su párrafo 4 lo siguiente:

> *4. Los responsables del despliegue de un sistema de IA que genere o manipule imágenes o contenidos de audio o vídeo que constituyan una ultrafalsificación harán público que estos contenidos o imágenes han sido generados o manipulados de manera artificial. Esta obligación no se aplicará cuando la ley autorice su uso para para detectar, prevenir, investigar o enjuiciar infracciones penales. Cuando el contenido forme parte de una obra o programa manifiestamente creativos, satíricos, artísticos o de ficción, las obligaciones de transparencia establecidas en el presente apartado se limitarán a la obligación de hacer pública la existencia de dicho contenido generado o manipulado artificialmente de una manera adecuada que no dificulte la exhibición o el disfrute de la obra. ...*
>
> *5. La información a que se refieren los apartados 1 a 4 se facilitará a las personas físicas de que se trate de manera clara y distinguible a más tardar con ocasión de la primera interacción o exposición. La información se ajustará a los requisitos de accesibilidad aplicables.*

Esta prevención legal se hace precisamente para evitar que las personas se vean manipuladas por estos "clones digitales" de la imagen, la voz, o su combinación.

En la práctica, esta tecnología la encuadra el legislador entre las tecnologías de ALTO RIESGO del art. 6 del Reglamento y tal y como determina el párrafo final del mencionado artículo 50:

> *Los apartados 1 a 4 no afectarán a los requisitos y obligaciones establecidos en el capítulo III y se entenderán sin perjuicio de otras obligaciones de transparencia establecidas en el Derecho nacional o de la Unión para los responsables del despliegue de sistemas de IA.*

En definitiva, que los responsables de gestionar este tipo de tecnologías **deberán cumplir con todo el catálogo de medidas de seguridad y reducción de riesgos** inherentes a las mismas establecido en los **artículos 8 y siguientes** del Reglamento de Inteligencia Artificial.

Lo que a partir de este artículo se regula en el Capítulo 2 del Título I del Reglamento Europeo de IA, **en sus artículos 9 y siguientes**, es la obligación por parte de los desarrolladores y /o comercializadores de este tipo de tecnologías de implantar una serie de medidas de seguridad que reduzcan al máximo los riesgos inherentes que se puedan identificar por el uso indebido de las mismas.

La falta de diligencia en la implantación de esas medidas de seguridad, o simplemente su ausencia, puede acarrear muy graves consecuencias para la empresa u organización que desarrolle y/o comercialice esta tecnología. **El artículo 99 del Reglamento** describe el régimen de sanciones por el incumplimiento de estas medidas de seguridad y en su apartado 4º describe **multas administrativas de hasta 15 millones de € o el equivalente en el porcentaje de facturación del ejercicio financiero anterior del 3%.**

A este catálogo de multas debemos sumar las consecuencias legales que subsidiariamente tuviera que afrontar la empresa u organización desarrolladora y/o comercializadora de estas tecnologías y catálogos de voces sintetizadas por los delitos que se hayan podido cometer usando estas tecnologías sin un debido control.

Consecuencias legales que en nuestra legislación, en virtud del artículo 31 bis del Código Penal, se extenderían eventualmente a la propia empresa y sus directivos, con las mismas penas a las que se enfrentaría los autores materiales de dichos delitos, o como poco, con las consecuencias económicas (reparación de daños y perjuicios económicos) y reputacionales que pudiera acarrear, **llegando en los casos más graves al eventual cierre obligatorio del negocio.**

Y todo ello por no **implantar un modelo que reduzca los riesgos** que puedan identificarse y que faciliten al usuario la información veraz y transparente sobre la naturaleza de estas tecnologías y su uso, tal y como se describe en los **artículos 9 a 15 del Reglamento Europeo de IA para los desarrolladores** de este tipo de tecnología. **Y los artículos 16 a 26 del Reglamento** sobre las medidas a implantar por **proveedores, distribuidores y representantes comercializadores de esta tecnología** en los diversos mercados de la Unión Europea.

A ello debemos sumar, tal y como hemos descrito anteriormente, la necesidad en estos casos, dada la naturaleza de la actividad desarrollada, del deber de **implantar un modelo de Compliance corporativo** (art. 31 bs Código Penal) que sirva de "cortafuegos legal", en la medida de lo posible, a las eventuales consecuencias que para las empresas pudiera tener el uso indebido de su tecnología, ya sea por empleados, por distribuidores o por terceros usuarios.

4.3 CONCLUSIONES: MUCHAS OPORTUNIDADES PARA UN MAL USO DE ESTA TECNOLOGÍA

Está claro que la proliferación de sistemas de síntesis y clonado de voz e imagen obliga a las empresas desarrolladoras y distribuidoras de estas tecnologías.

Esta obligación comienza por establecer lo que se denomina en la técnica de cumplimiento normativo UN MAPA DE RIESGOS, tal y como vimos en el capítulo 2. Es decir, identificar las amenazas potenciales por el uso no controlado o supervisado de esta tecnología que muchos desarrolladores están poniendo a disposición de los ciudadanos.

Este mapa de riesgos se identifica obviamente por los **riesgos de estafas digitales,** tal y como hemos visto en los ejemplos descritos al comienzo de este artículo, pero también otros usos ilegítimos como los que hemos descubierto en los apartados anteriores.

PARA LECTORES AVANZADOS. QUÉ ES LA SÍNTESIS DE VOZ

En la actualidad la tecnología ha evolucionado de tal manera que pueden clonarse nuestras voces. Y esa clonación se puede hacer de muy diversas maneras. Podemos ir a un estudio de grabación y grabar durante unas horas diferentes frases con distintos tonos, expresiones y múltiples palabras. De esta forma, utilizando la Inteligencia Artificial, obtendremos una síntesis artificial de nuestra voz clonada.

Pero hay otras formas, como es la de buscar vídeos o audios que estén colgados en las diferentes redes y foros de Internet, y utilizando diversos programas de IA que están disponibles incluso en modo de acceso gratuito o de prueba en el mercado, y gracias a los mismos podemos llegar a clonar la voz de esas personas.

A partir de aquí hay varias tecnologías de tratamiento y reproducción de voz sintetizada con el contenido que queramos, y en el idioma que queramos, veamos algunas de las más extendidas:

- **TTS (Text To Speech).** Con esta tecnología usamos la voz clonada o sintetizada para que lea el contenido de un texto escrito. Nosotros escribimos el texto, elegimos la voz deseada desde un catálogo de voces. Podemos introducir incluso parámetros como velocidad de locución, tono... Y damos al play: se reproducirá la voz elegida diciendo lo escrito previamente.

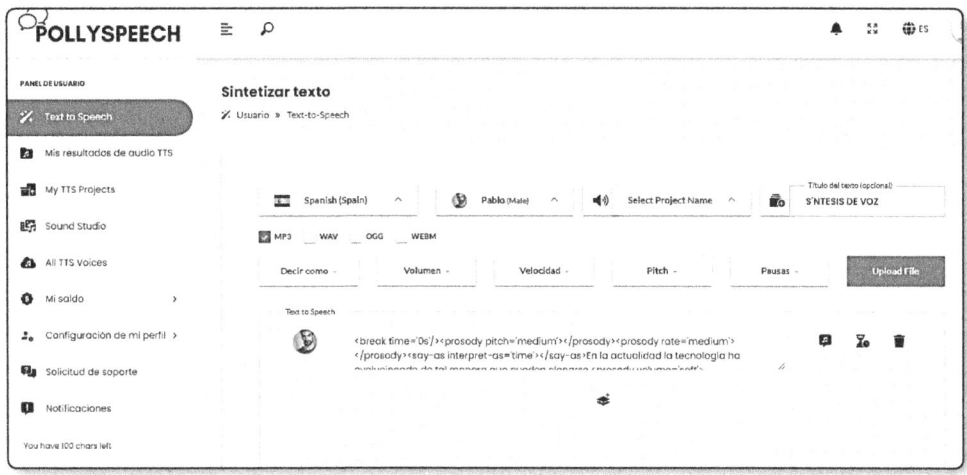

Polly Speech. Uno de los variados sistemas síntesis de voz y uso en base a un modelo TTS que en la actualidad están disponibles para cualquier usuario no experto.

- **STS (Speech To Speech).** Con esta tecnología conservamos el timbre, tono, inflexión, e incluso características específicas de una voz original, como suspiros o respiración, para hacerla hablar en cualquier idioma, el contenido que sea.

- **SSML (Speech Synthesis Markup Lenguage).** Es un sintetizador de voz que se puede incorporar a aplicaciones como navegadores o páginas web, intentando que la voz sea lo más natural, enfatizando la pronunciación, dar pautas al diálogo o reproducir sonidos. Muchas compañías, como Amazon la han incorporado ya a su tecnología. Utiliza modelos de Deep Learning (Aprendizaje Profundo) para ir perfeccionando sus resultados con el uso y el paso del tiempo.

Gracias a estas tecnologías, y con el apoyo de la Inteligencia Artificial, podemos utilizar voces pertenecientes a personas naturales de una forma que parece que estamos dialogando con las mismas. O que las estamos escuchando hacer recomendaciones comerciales, declaraciones y afirmaciones sobre los temas más variopintos, aunque en la práctica sea un sistema digital o un sistema de Inteligencia Artificial el que esté gestionando esa voz.

5

EL USO DE LA INTELIGENCIA ARTIFICIAL EN EL TRABAJO

5.1 ¿LA INTELIGENCIA ARTIFICIAL AMENAZA EL EMPLEO DE LOS TRABAJADORES?

Este es uno de los temas recurrentes en las tertulias y debates cuando se habla de la Inteligencia Artificial. Y es natural. Tal como vimos en su momento, como en el caso de los agricultores franceses que saboteaban con sus zuecos las primeras máquinas de vapor que se usaban en el campo, en el siglo XIX, el miedo a que las máquinas sustituyan a las personas y pierdan su puesto de trabajo ha sido algo frecuente en los últimos ciento cincuenta años, cada vez que se introducía una nueva tecnología.

Parece que hay un temor como si todos tuviéramos a nuestra espalda un robot o un programa de Inteligencia Artificial esperando para quitarnos el puesto de trabajo...

Casi a diario aparecen noticias en la prensa planteando la posibilidad de que se destruyan muchos empleos que actualmente se realizan con el trabajo humano, al ser sustituidos por las máquinas, ya sean robots más o menos inteligentes, o por sistemas informáticos de IA.

Es obvio que la automatización de procesos burocráticos y administrativos que están muy pautados, muy procedimentados[26], y en donde la supervisión del trabajo humano no aportada mucho valor añadido sea inevitable. Pero eso va en favor del ciudadano y del propio empleado que puede liberarse de tareas rutinarias para dedicar sus esfuerzos a trabajos de mayor complejidad e interés.

Lo mismo ocurre con tareas manuales repetitivas, incluso peligrosas, en donde los robots pueden sustituir con ventaja al ser humano y evitar exponer a los

---

26 Un trabajo muy procedimentado se refiere a que está estrictamente regulado o definido por un conjunto de procedimientos, normas o reglas formales que deben seguirse detalladamente. Este término se utiliza a menudo en contextos donde hay una fuerte dependencia de procesos estructurados para llevar a cabo tareas, tomar decisiones o gestionar actividades. Precisamente esta claridad y detalle en las reglas y pasos a seguir en un trabajo es lo que facilita su automatización y gestión por parte de sistemas de IA.

trabajadores a riesgos físicos que pudieran poner en peligro su salud. En estos casos la introducción de la robotización y la Inteligencia Artificial es un gran avance.

El uso de herramientas como la IA Generativa puede ayudar a mejorar la productividad de los trabajadores intelectuales y de oficina, al ser ayudantes digitales que facilitan tareas de acceso a información, consulta, diseño, asistencia a la programación informática o elaboración de borradores de documentos técnicos o ideas para la creación de contenidos gráficos.

En ese sentido, al igual que pasó con la informática de gestión en los años 80´y 90´del siglo pasado, estas herramientas no destruyen puestos de trabajo, sino que ayudan a mejorar la productividad de los trabajadores. Las hojas de cálculo y los programas informáticos de contabilidad no acabaron en su momento con la profesión de contables y auditores, de la misma manera que las aplicaciones de IA Generativa no acabarán con el trabajo de programadores informáticos, escritores o diseñadores de contenidos.

Muy al contrario, soy de la opinión de que, al igual que con la denominada "tercera ola"[27], cuando sobrevino a las sociedades postindustriales de finales de los años 70 del siglo XX y sobre todo en las dos décadas posteriores, lo que supuso fue la creación de multitud de nuevos puestos de trabajo asociados a las nuevas tecnologías que se estaban introduciendo.

En los años 80´del siglo XX también se dijo que los ordenadores personales acabarían con el trabajo administrativo y con funciones como las de secretariado; y como es obvio, treinta y cinco o cuarenta años más tarde, sigue existiendo el trabajo administrativo y de secretariado, que, muy al contrario, se ha vuelto más productivo que en el siglo XX, al abandonar las máquinas de escribir, el papel autocopiativo y el corrector blanco de las erratas que dejábamos en los textos en papel.

Sí es verdad que en la actualidad determinadas profesiones parece que se ven amenazadas por la expansión de la inteligencia artificial y algunas de sus aplicaciones concretas. Veamos algunos ejemplos:

▶ **Locutores y dobladores:** los programas de clonación y síntesis de voz que vimos en el capítulo anterior pueden amenazar determinadas tareas que en la actualidad hacen, pero lo que se demuestra es que, por ahora, por

---

27 Alvin Toffler es un autor del siglo XX que escribió el libro "La tercera ola" en 1980. Con este nombre que se refería al advenimiento de la sociedad postindustrial basada en una economía informatizada y digitalizada. La primera ola había sido la de las sociedades agrícolas. La segunda ola vino con la revolución industrial; y la tercera ola, en la que estamos actualmente, es la de las sociedades tecnológicas, de la información y el conocimiento.

muy buena clonación que se haga de una voz, ésta no sustituye con ventaja los matices e inflexiones, el color de la voz natural de una persona. Y considero que, pasada esta primera oleada de uso de voces sintéticas en la producción de anuncios o en el doblaje de voces destinadas por ejemplo a la información en aeropuertos, centros comerciales o transportes públicos; los locutores y los actores de doblaje seguirán teniendo su espacio.

▶ **Actores:** una variante del caso anterior es el de los actores, que pueden ver amenazada parte de su actividad por la clonación y creación de avatares basados a su vez en actores reales. Hasta la fecha los experimentos que se han hecho en películas y series no han tenido un resultado realmente brillante. Su uso efectivo se limita a secuencias muy breves y concretas en donde es sencillo enmascarar el uso de una ultra falsificación dentro de una escena.

▶ Otra cosa es su uso en anuncios o para generar contenidos en donde un clon sintetizado, que no tiene que responder a una imagen de un actor real, sino que puede ser una síntesis de varias imágenes de personas, como ocurre con las voces, se utilice como avatar o guía virtual de un contenido, como puede ser un tutorial o un curso.

▶ **Conductores de trenes, tranvías y metros:** estamos ante otro ejemplo en donde la IA está avanzando rápidamente en combinación con la sensórica[28] y los sistemas de seguridad avanzados, que se desarrollaron en su momento para desplegar la alta velocidad. Éste es uno de los campos en donde puede haber una sustitución real de funciones. Lo que no supone que la combinación del tren quede ausente de cualquier trabajador o supervisor humano. Siempre tendrá que haber un trabajador del ferrocarril que supervise, vigile y en caso de necesidad ayude a resolver los problemas que un eventual mal funcionamiento del tren pudiera acaecer en el trayecto.

▶ **Funcionarios:** se ha mencionado esta posibilidad en los últimos años, sobre todo la desaparición de los puestos asociados a las tareas más

---

28 La "sensórica" en el contexto de sistemas robóticos e inteligencia artificial se refiere al uso de sensores para captar datos del entorno físico, los cuales se utilizan para alimentar algoritmos que permiten a estos sistemas percibir, interpretar y actuar sobre el entorno. Estos sensores pueden incluir cámaras, micrófonos, sensores táctiles, termómetros, entre otros, que recogen información diversa como imágenes, sonidos, temperatura, y fuerza. La sensórica es esencial para desarrollar capacidades autónomas en la robótica y la IA, permitiendo que estas tecnologías realicen tareas de forma más efectiva, como la navegación autónoma, el reconocimiento de objetos y personas, y la interacción con el entorno de manera precisa y segura.

sencillas y burocratizadas. Que están claramente reguladas y pautadas por procedimientos de trabajo y tramitación administrativa claros. Es posible que se de esa sustitución de tareas. Pero ello no supondrá la desaparición de la figura del trabajador público, incluso los destinados a servicios generales. Siempre deberá aplicarse el criterio humano para determinar muchos casos de tramitación administrativa de documentos, dado que detrás de esas solicitudes siempre hay ciudadanos o empresas con sus circunstancias especiales que deben ponderarse desde el juicio humano. Y por otra poderosa razón: los funcionarios como tales son en muchos casos fedatarios de los intereses públicos. De todos. Responsables de las actuaciones que se hacen con los recursos que son de todos los ciudadanos. Y esa responsabilidad no puede legalmente recaer en una máquina o un programa de IA.

▼ **Chóferes de coches y camiones:** otra de las profesiones que, eventualmente, en el futuro, podrán verse amenazadas. Los experimentos sobre la conducción autónoma van avanzado a pasos agigantados, aunque en la actualidad queda aún mucho recorrido para poder garantizar una respuesta totalmente fiable de los sistemas de conducción autónomos en todos los entornos que pueden darse a lo largo de una ruta en carretera.

▼ **Mozos de almacén:** en este caso, la automatización de la logística lleva décadas de experiencia de implantación con éxito. La introducción de la IA en estas actividades no ha hecho más que dar un mayor impulso a la automatización total o casi total de muchos sistemas logísticos. Esto afecta de lleno a las perspectivas de empleo para muchos trabajadores en el sector. Por ahora, los procesos de automatización se han centrado en bloques logísticos que manejan mercancías de formatos y tamaños estandarizados. No hay aún sistemas robotizados lo suficientemente flexibles como para hacer frente a una polivalencia de bultos, paquetes, palés y cajas con una única solución de robotización asociada a un sistema de IA. Ello hace que hasta la fecha los procesos de automatización de los almacenes y demás bloques logísticos son aún limitados. Pero en el momento en que se desarrollen modelos de IA más polivalentes la incidencia de dicha robotización en el sector será masiva. Y por lo tanto el impacto en la empleabilidad de los trabajadores humanos será muy grave.

▼ **Personal auxiliar y administrativo de gestión:** otro de los perfiles laborales que se ha destacado como posible "víctima" de la automatización de procesos es el de los trabajos vinculados a tareas administrativas y auxiliares de carácter general. Como en el caso de los funcionarios, determinados procesos de trabajo relativamente sencillos y pautados serán con bastante probabilidad sustituidos por programas que desarrollen esas mismas tareas con ventaja. Ello no permite decir que estos puestos de apoyo desaparezcan. Como en el caso de los puestos de secretariado, cambiarán sus roles y en muchos casos se verán potenciados por el uso de herramientas digitales asociadas a sistemas de IA.

▶ **Trabajos en el ámbito del comercio mayorista y minorista:** es otro de los campos en donde se está avanzado de forma acelerada en la automatización de procesos. Un ejemplo llamativo son los supermercados automatizados que se están abriendo recientemente. En estos establecimientos el cliente coge de los lineales y muebles de la tienda los productos y queda registrada la compra, de tal forma que al pasar por una caja automatizada ya están inventariados y contabilizados todos los productos del carrito y simplemente hay que pasar la tarjeta de crédito o débito y pagar. Cadenas y modelos de este nuevo tipo de supermercados son:

- *Amazon Go:* este es probablemente el ejemplo más conocido. Los supermercados Amazon Go permiten a los clientes entrar, tomar los productos que desean y salir sin pasar por una caja registradora tradicional. La tienda utiliza una combinación de cámaras y sensores para rastrear lo que los clientes toman de los estantes y automáticamente les cobra a través de su cuenta de Amazon cuando salen de la tienda.

- *BingoBox en China:* estos son supermercados sin personal que operan principalmente en China. Los clientes escanean un código QR para entrar en la tienda, seleccionan sus productos y pagan utilizando pagos móviles, todo sin intervención humana.

- *Supermercados completamente automatizados en Japón:* Algunas tiendas en Japón utilizan sistemas de reconocimiento facial y de objetos para automatizar todo el proceso de compra, desde la entrada hasta el pago.

- **En Europa hay un ejemplo muy llamativo en la ciudad de Utrecht,** en Países Bajos, en donde hay un **supermercado completamente automatizado operado por Aldi Nord**. Este supermercado, situado en Lange Viestraat, **utiliza la tecnología de Trigo** para ofrecer una experiencia de compra autónoma. Este sistema permite a los clientes seleccionar productos y salir sin pasar por cajas registradoras convencionales, con todo el proceso de pago gestionado de manera automática a través de tecnología de visión por computadora.

PARA LECTORES AVANZADOS: LA AUTOMATIZACIÓN DE LOS SUPERMERCADOS

La tecnología de Trigo[29] es un magnífico ejemplo de **plataforma avanzada de inteligencia artificial (IA) diseñada para transformar tiendas físicas en espacios completamente autónomos**, permitiendo *experiencias de compra sin fricciones*. En el contexto de un supermercado, una experiencia de compra sin fricciones se refiere a la creación de un entorno donde los clientes puedan realizar sus compras de la manera más eficiente y agradable posible, sin contratiempos ni demoras innecesarias.

Esta tecnología utiliza una combinación de cámaras montadas en el techo y algoritmos de visión por computadora para capturar y analizar en tiempo real todo lo que sucede dentro de la tienda.

El sistema identifica y registra los productos que los clientes toman o devuelven a los estantes, facilitando un proceso de pago completamente automatizado sin necesidad de pasar por cajas registradoras. Los clientes simplemente entran, toman lo que necesitan y salen, y el total de sus compras se carga automáticamente a su cuenta asociada. Esta tecnología también permite la gestión de inventarios en tiempo real y la optimización de la disposición de los productos en la tienda para mejorar la experiencia del cliente y la eficiencia operativa.

Esta solución no solo mejora la experiencia de compra, haciendo que sea más rápida y cómoda, sino que también ayuda a reducir las pérdidas por robos y errores en el inventario, aumenta la eficiencia operativa y reduce los costos laborales. **Y ahí está el reto: en la posibilidad de que se reduzcan aún más las personas encargadas de cada tienda y se las sobre explote laboralmente.**

Lo ideal sería que, al prescindir de determinadas funciones en la tienda, como la de cajero, no se redujera el número de empleados por tienda, sino que se destinase esa fuerza de trabajo a mejorar otros aspectos de la misma, pero la tendencia de toda empresa es la de obtener los mayores beneficios y reducir los costes en la medida en que esta reducción no afecte al negocio; y mucho me temo que la realidad llevará a una destrucción de puestos de trabajo y su sustitución por este tipo de tecnologías.

Se puede ver el supermercado de Aldi en funcionamiento en el siguiente vídeo: *https://www.trigoretail.com/customer-stories/aldi-nord-utrecht/*

---

29 TRIGO es una de las compañías que en la actualidad desarrolla la tecnología de automatización de tiendas. *https://www.trigoretail.com/*

Desde la perspectiva del impacto de la IA sobre el trabajo a nivel global, **el informe de la OCDE** que estudia este reto afirma que le mismo será (o está siendo ya) relevante en muchos de los sectores, habiendo una amenaza de sustitución de la mano de obra humana por las máquinas y la IA que va del 27 al 40% de riesgo de sustitución dependiendo de las actividades laborales.

¿Llegará el día en el que un trabajador en el paro, a resultas de la sustitución de su puesto de trabajo por un robot, acuda a su oficina de empleo y sea atendido a su vez por otro robot? Paradójico… pero no lo debemos descartar.

El informe "Future Jobs" del Foro Económico Mundial (WEF, World Economic Forum en sus siglas en inglés) nos presenta unas estimaciones que apuntan a un 23% de los puestos de trabajo afectados por la IA en los próximos cinco años, incluyendo tanto la creación de nuevos puestos como la renovación de los existentes. En concreto, tomando en cuenta 673 millones de trabajadores de 45 economías, se prevé una creación de 69 millones de empleos, la reducción de 83 millones y, **por lo tanto, un saldo neto con una destrucción de 14 millones de empleos.**

El informe de Randstad sobre el impacto de la IA en el mercado laboral español diferencia cuatro efectos distintos de la IA sobre el empleo:

Automatización	Es decir, empleos que pueden verse sustituidos por la automatización de las tareas.
Aumento de productividad	En este caso la IA impacta positivamente, convirtiéndose en un complemento y apoyo de las actividades ya desarrolladas, y, por lo tanto, ayudando a mejorar su productividad..
Poco o nulo efecto	Son empleos que no se verán afectados en la próxima década por la IA
Creación	Empleos que se crean para dar cobertura a las nuevas oportunidades que ofrece la implantación de la IA.

Pues bien, el resumen de este cuadro es el siguiente:

Automatización	En España, en la actualidad cerca de un 10% de los empleos estarían en riesgo de verse sustituidos por sistemas de IA o robots. Es decir, unos 2 millones de puestos de trabajo.
Aumento de productividad	En este caso, más del 15 % de los puestos de trabajo actuales se verán beneficiados por la incorporación de la IA, mejorando su productividad y competitividad. Esto equivale a unos 3,5 millones de trabajadores.
Poco o nulo efecto	Algo más de 15 millones de puestos de trabajo actuales no ven amenazado su futuro en la próxima década por la introducción de la IA en los procesos de trabajo. Es decir, 3 de cada cuatro puestos de trabajo actuales.
Creación	Sin embargo, hay grandes oportunidades para 1.610.000 nuevos empleos que la del uso de la IA generará en el mercado de trabajo español en la próxima década.

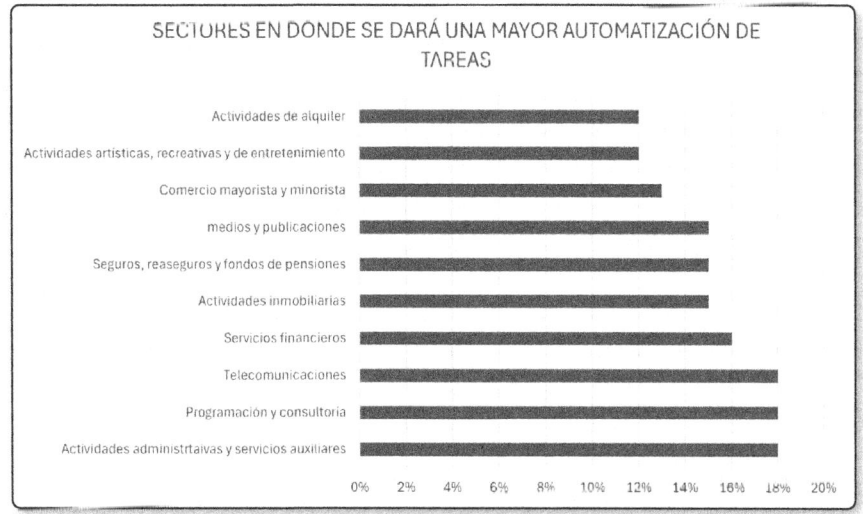

Datos referidos al mercado de trabajo español. Proyecciones para los próximos 10 años. Fuente: informe Randstad "IA y mercado de trabajo en España"

En definitiva, la estimación es que el balance de la introducción de la IA sobre el mercado de trabajo español es **la pérdida de unos 403.000 empleos** en los próximos 10 años.

Los sectores que este informe prevén tendrán un mayor impacto en la sustitución de trabajadores por sistemas robotizados o IA, y, por lo tanto, por la destrucción de puestos de trabajo son los siguientes:

DESTRUCCIÓN Y CREACIÓN DE EMPLEO POR LA INTRODUCCIÓN DE LA IA DE 2023 A 2033				
Principales sectores de actividad	Destruidos	Potenciados	Nuevos	Saldo
Comercio mayorista y minorista	411.879	475.245	253.464	-158.415
Hostelería	225.540	263.130	112.770	-112.770
Tareas administrativas y auxiliares	177.498	138.054	29.583	-147.915
Logística	142.320	184.180	94.880	-47.440
Industria	124.308	124.308	110.496	-13.812
Educación	123.102	300.916	136.780	13.678
Actividades profesionales, científicas y técnicas	122.040	329.508	170.856	48.816
Actividades sanitarias y de servicios sociales	102.035	306.105	163.256	61.221
Industria alimentaria, textil y calzado	86.892	65.169	65.169	-21.723
Programación y consultoría	80.856	179.680	157.220	76.364
Construcción	68.925	137.850	27.570	-41.355
Actividades artísticas y recreativas	53.772	103.063	35.848	-17.924
Administración pública y defensa	29.230	219.225	43.845	14.615
Agricultura, ganadería y pesca	28.076	35.095	7.019	-21.057
Servicios de cuidado, bienestar y reparación	18.355	44.052	18.355	0
SALDO TOTAL	*1.794.828*	*2.905.580*	*1.427.111*	*-367.717*

CONCLUSIONES

▶ Inevitablemente la introducción de la IA en todos los ámbitos de la actividad diaria **supondrá en el corto-medio plazo una sustitución de los puestos de trabajo que sean automatizables**, ya sean trabajos manuales (cuello azul o cuello rojo) o perfiles vinculados a puestos de trabajo de servicios u oficina (cuello blanco).

▶ **Los puestos más vulnerables no siempre serán los más "sencillos".** Dependerá de la **polivalencia del puesto de trabajo o el perfil.** Cuantas más funciones diferentes haga, menor probabilidad de sustitución por un robot o un sistema de IA tendrá.

▶ Frente a lo que pudiera parecer, **los puestos de trabajo en donde hay un uso intensivo del lenguaje, del idioma, pueden ser los más vulnerables:** perfiles como traductores o locutores, redactores o incluso programadores pueden verse muy amenazados.

▶ Sin embargo, la introducción de la IA potenciará y dará una mayor productividad a la mayor parte de los trabajos actuales.

▶ Igualmente creará nuevos perfiles profesionales, nuevos empleos que ahora ni siquiera prevemos.

▶ Aunque el saldo total de empleos creados frente a empleos destruidos en la próxima década sea negativo; éste será consecuencia del ajuste del mercado de trabajo a una nueva revolución tecnológica. Sin embargo, **la aportación al crecimiento del producto interior bruto de estas nuevas tecnologías permite ser optimistas sobre la capacidad de absorber población temporalmente desempleada.**

▶ El reto de los servicios de empleo y recolocación de los trabajadores desempleados, ya sean públicos o privados, se centra en esas poblaciones vulnerables a este cambio tecnológico, creando itinerarios individualizados que permitan una reorientación laboral consensuada con las personas desempleadas, recualificación que acompañe ese proceso de transición laboral, y una reintegración en el mercado de trabajo que posibilite el acceso a puestos de trabajo dignos.

5.2 LA SUSTITUCIÓN DE TRABAJADORES POR SISTEMAS AUTOMATIZADOS (ROBOTS E IA). ¿QUÉ DERECHOS LES ASISTEN?

5.2.1 Caso 1: la reconversión de un almacén en un bloque logístico[30] automatizado

Situémonos en un almacén mayorista de distribución alimentaria, perteneciente a una multinacional con gran presencia en el mercado local, y a la vez en el mercado internacional. Y que obtiene grandes beneficios todos los años.

La situación económica es estable. La empresa propietaria del almacén no se enfrenta a problemas económicos o de competitividad en el corto o medio plazo.

El número de personas que trabajan en el almacén es de 120. La mayor parte de los perfiles son de mozos de almacén y manipuladores de productos. Solamente 20 corresponden a los responsables por turno de trabajo (hay tres turnos, de mañana, tarde y noche), y al personal de mantenimiento y técnico adscrito.

La empresa se plantea la automatización completa del almacén y la sustitución de los 100 trabajadores de los perfiles de mozos y manipuladores, por un sistema robotizado gestionado por un complejo modelo de IA.

Aborda el proyecto por secciones de almacén, y paulatinamente, cuando se van abriendo las nuevas secciones automatizadas, se aborda una reestructuración de la plantilla a través de un *Expediente de Regulación de Empleo de carácter extintivo* por causas técnicas y organizativas.

Al final de todo el proceso de automatización la empresa ha despedido a 110 de los 120 trabajadores, y ha creado 10 puestos de trabajo nuevos asociados al mantenimiento y supervisión del funcionamiento del almacén robotizado.

El principio legal fundamental que ampara a la empresa para abordar este proceso masivo de extinción de puestos de trabajo está en el artículo 47 de la Ley del Estatuto de los Trabajadores española:

---

30 Un bloque logístico es una estructura organizativa dentro de la cadena de suministro que agrupa todas las actividades relacionadas con la logística y el manejo de productos en un lugar centralizado o en varios sitios interconectados. En un bloque logístico, se pueden incluir instalaciones como almacenes, centros de distribución, áreas de carga y descarga, y otros servicios logísticos integrados. La idea es que todas estas funciones trabajen de manera sincronizada para mejorar el flujo de productos desde el punto de origen hasta el consumidor final. Además, un bloque logístico puede estar equipado con tecnología avanzada para la gestión de inventarios, sistemas de seguimiento y control, y soluciones de automatización, lo que permite una mejor planificación y respuesta a las demandas del mercado.

Artículo 47.2. párrafo 2º Reducción de jornada o suspensión del contrato por causas económicas, técnicas, organizativas o de producción o derivadas de fuerza mayor.

*Se entiende que concurren **causas técnicas** cuando se produzcan **cambios**, entre otros, en el ámbito de los **medios o instrumentos de producción**; **causas organizativas** cuando se produzcan **cambios**, entre otros, **en el ámbito de los sistemas y métodos de trabajo del personal o en el modo de organizar la producción**; y causas productivas cuando se produzcan cambios, entre otros, en la demanda de los productos o servicios que la empresa pretende colocar en el mercado.*

MATRIZ DE SITUACIÓN

IDENTIFICACIÓN DEL CASO: Aplicación de un Expediente de Regulación de Empleo extintivo masivo amparado por la normativa laboral de despido por criterios de causas técnicas y organizativas.	PARTES INVOLUCRADAS: • Empresa multinacional. • Representantes de los trabajadores. • Inspección de Trabajo.
TECNOLOGÍA DE IA UTILIZADA: • Automatización de tareas. • Robotización. • Sensórica avanzada. • Sistemas de IA que gestionan todo el bloque logístico automatizado.	NATURALEZA DEL PROBLEMA: • Laboral. • Derecho de información previa a los trabajadores sobre el proyecto de automatización del almacén. • Derecho de información previa sobre el impacto en los trabajos. • Calificación del Expediente de Regulación de Empleo como objetivo.
MARCO LEGAL APLICABLE (en España): • Ley del Estatuto de los Trabajadores. Artículos 47 a 51. • Real Decreto 608/2023, de 11 de julio, por el que se desarrolla el Mecanismo RED de Flexibilidad y Estabilización del Empleo. • Real Decreto-ley 32/2021, de 28 de diciembre, de medidas urgentes para la reforma laboral, la garantía de la estabilidad en el empleo y la transformación del mercado de trabajo. • Real Decreto-ley 18/2021, de 28 de septiembre, de medidas urgentes para la protección del empleo, la recuperación económica y la mejora del mercado de trabajo. • Real Decreto 1484/2012, de 29 de octubre, sobre las aportaciones económicas a realizar por las empresas con beneficios que realicen despidos colectivos que afecten a trabajadores de cincuenta o más años. • Real Decreto 1483/2012, de 29 de octubre, por el que se aprueba el Reglamento de los procedimientos de despido colectivo y de suspensión de contratos y reducción de jornada.	RESPONSABLES: • Administradores y responsables de recursos humanos de la empresa multinacional. • Representantes de los trabajadores. • Inspección de Trabajo.

5.2.2 ¿Qué derechos asisten a los trabajadores/as? ¿Dónde y cómo pueden reclamar?

MATRIZ DE SOLUCIONES	
OBLIGACIONES DE LA EMPRESA:	ACTUACIONES / SOLUCIONES POSIBLES:
• Informar a los trabajadores del proyecto de automatización del almacén. Detallar el mismo e indicar si ello va a suponer impacto sobre el empleo. • Comunicar a los representantes de los trabajadores de la intención de abordar un despido colectivo (ERE extintivo). El plazo es de 15 días previos al inicio de la mesa de negociación. • Comunicar a la autoridad del Ministerio de Trabajo dicho proyecto y solicitar su autorización. • Negociar con los representantes de los trabajadores los términos del ERE (plazos, número de trabajadores/as afectados/as, cuantía de la indemnización) y otras alternativas como pudiera ser la reducción de la jornada de trabajo en vez de la extinción de los puestos. • Integrar a los trabajadores afectados en un Plan de Recolocación[31].	• Negociar para la recolocación de parte de la plantilla en otras plataformas logísticas. • Negociar para reducir la plantilla sometida a el ERE[32] y pasar parte de esta a un ERTE[33] a fin de reducir el impacto de la destrucción de los puestos de trabajo, • La inspección de trabajo podría llegar a poner objeciones ante una regulación de empleo masiva y no autorizarla al no cumplir con alguno de los requisitos establecidos en la legislación, como pudiera ser, por ejemplo: no haber cumplido con las obligaciones de comunicación a los representantes de los trabajadores, o no ajustarse a alguna de las causas para afrontar un ERE o no cumplir con el mínimo de puestos de trabajo a regularizar (al menos el 10 % de la plantilla). • Los trabajadores, ya sea individual o colectivamente, a través de sus representantes pueden impugnar el ERE ante la autoridad laboral.

---

31 Es un programa destinado al acompañamiento de trabajadores afectados por despidos colectivos por causas económicas, organizativas, técnicas o de producción. Regulado por primera vez en España a raíz de la recesión económica iniciada en 2008 a través del Real Decreto-ley 3/2012, de 10 de febrero. Estos programas o planes de recolocación deben ser organizados por la empresa que aborda un despido colectivo y consisten en el acompañamiento a los trabajadores despedidos con asesoramiento, apoyo a la búsqueda activa de empleo y formación, a fin de acelerar su proceso de tránsito laboral desde el desempleo a un nuevo puesto de trabajo.

32 ERE: expediente de regulación de empleo. Aunque su categorización administrativa es más amplia, de forma habitual y coloquial se identifica este acrónico con lo que comúnmente se conoce como despido colectivo.

33 ERTE: expediente de regulación temporal de empleo. En este caso lo que se realiza es un cese temporal de la actividad, o alternativamente una reducción en las horas de trabajo realizadas por la plantilla.

MATRIZ DE SOLUCIONES (2)

DERECHOS DE LOS TRABAJADORES:	AUTORIDADES COMPETENTES:
• A informarse cuando la empresa tenga previsto iniciar el plan de automatización del almacén, • A informarse al menos con 15 días de antelación cuando la empresa tenga previsto regularizar los puestos de trabajo, siempre y cuando el número de trabajadores alcance al menos el 10% de la plantilla. • A negociar con la empresa el Plan de regulación de la plantilla y los términos de los despidos: aspectos como calendario, número de trabajadores a despedir, posibilidad de recolocación de parte de la plantilla a reducir, indemnización a cobrar por parte de los trabajadores despedidos, posibilidad de acogerse a prejubilaciones, posibilidad de trasladar trabajadores a otros centros de trabajo de la empresa, etc. • A recibir el apoyo para una transición laboral lo más rápida y menos traumática posible a través de un Plan de Recolocación.[34] • A percibir una indemnización por despido: 20 días (mínimo legal) de salario por año trabajado por un límite máximo de una anualidad. Esta indemnización podrá ser superior en función de las negociaciones que se alcancen con la empresa. • A percibir la prestación por desempleo que le corresponda en función de cada caso.	• Inspección de trabajo. • Tribunales de lo laboral. • Servicio de Mediación, Arbitraje y Conciliación. • Servicio Público de Empleo estatal.

---

34 Como vimos en el anterior pie de página, un Plan de Recolocación es un servicio de apoyo a la reincorporación de los trabajadores al mercado de trabajo que la empresa que pone en práctica un ERE tiene que ofrecer obligatoriamente a los trabajadores afectados por ese despido colectivo. Ese servicio se concreta en una serie de características mínimas: 1º.- Debe durar al menos seis meses. 2º.- Debe plantear un itinerario individualizado para cada trabajador orientado a su reincorporación al mercado de trabajo. 3º.- Debe plantear un plan de formación profesional para los trabajadores orientado a mejorar sus posibilidades reales de empleabilidad. 4º.- Debe tener incorporado un servicio de mediación laboral; es decir, de búsqueda de empleo para esos trabajadores.

CONCLUSIONES

▸ Como podemos apreciar en el análisis de este caso, los trabajadores tienen las de perder frente a la máquina y la IA.

▸ La introducción de la robótica y la IA para sustituir a los trabajadores en sus funciones está perfectamente amparada por la legalidad en virtud del artículo 47 de la Ley del Estatuto de los Trabajadores y la legislación que desde 2012 ha ido regulando sucesivamente el despido colectivo en España. En este caso por causas organizativas o técnicas.

▸ Aparte de los derechos de protección legal por desempleo, los trabajadores podrían reclamar a través de sus representantes un derecho (no consagrado actualmente en ningún ordenamiento) de información previa sobre las inversiones en robotización y el impacto potencial que sobre el empleo pudiera tener.

▸ El derecho de información previa se limita a un plazo de 15 días antes del inicio del proceso de despido colectivo.

En el momento en el que la tecnología de sensórica y robótica, combinada con modelos de reconocimiento de productos sea lo suficientemente polivalente para identificar múltiples productos, tamaños y formatos a la vez, con fiabilidad, los procesos de automatización de la logística vinculada a la distribución comercial e industrial serán rápidos y masivos, y consecuentemente afectarán a los perfiles de puestos de trabajo de menor cualificación.

5.3 EL USO DE SISTEMAS AUTOMATIZADOS DE TOMA DE DECISIONES EN EL TRABAJO

En este apartado vamos a analizar tres casos de uso de sistemas de IA que ya ha sucedido o que diariamente se producen en todo el mundo, afectando a los derechos laborales de los trabajadores.

Algunas de las situaciones que vamos a describir han impulsado regulaciones específicas del uso de la Inteligencia Artificial en el trabajo, alguna de las cuales la hemos analizado en el capítulo 1 como la denominada Ley de "Riders", en España, que volveremos a mencionar de nuevo.

Veámoslo.

5.3.1 Caso 2: despido improcedente automático

Imagine que hace seis meses entró a trabajar en una empresa multinacional. La misma está situada en el sector financiero de una gran ciudad, en un moderno edificio de oficinas.

Han creado su perfil como empleado y le han facilitado una tarjeta electrónica con la que puede acceder al edificio, ya sea por la entrada principal, a través de los tornos del gran "hall" de entrada como en la barrera de entrada a través del garaje. Porque, además, Vd. tiene derecho a una plaza de garaje para su automóvil.

Ese mismo perfil automático le permite acceder a su puesto de trabajo a través del ascensor inteligente que le lleva hasta la planta donde están situadas las oficinas de su empresa.

Y ese mismo perfil, a través de su tarjeta electrónica, su huella dactilar o su cara le permite acceder a los dispositivos electrónicos (ordenador y teléfono móvil) que utiliza en su trabajo.

Tras seis meses de estimulante trabajo, empieza a tener raros incidentes: dos días seguidos no le funciona la tarjeta cuando intenta entrar en el aparcamiento del edificio. La barrera no reconoce la matrícula de su coche y la tarjeta electrónica no funciona bien. Tiene que llamar al encargado de la entrada del aparcamiento para que le levante la barrera al entrar y al salir.

Lo mismo ocurre con los tornos de entrada al edificio, o con el ascensor o la puerta de acceso a las oficinas en la planta donde trabaja.

Será un mal funcionamiento pasajero de los sistemas. Esa misma semana, al tercer día de incidentes, cuando consigue llegar a su puesto de trabajo y acceder con su perfil al escritorio electrónico del ordenador, lo primero que aparece es la alerta de un correo interno para Vd.

Abre el mensaje y le aparece una comunicación de que Vd. ya no trabaja en esa empresa y que su perfil de acceso y autorizaciones se han cancelado. Que entregue su tarjeta electrónica y abandone el edificio.

Se presenta ante el despacho de su inmediata superiora, y le informa de lo que está pasando. Junto con ella suben a la planta siguiente, donde están los departamentos de dirección de la compañía, entre ellos el de Recursos Humanos. Uno de los técnicos responsables consulta en el ordenador y, efectivamente, su perfil aparece como exempleado: ya no trabaja en la empresa. Ese estatus explica todas las cosas raras que le han ido pasando desde el lunes de esa semana.

Está oficialmente despedido.

¡Nadie le ha comunicado nada! No ha recibido ningún correo previo. ¿Quién ha tomado la decisión de despedirle? Mira fijamente a la que ya no es su jefa y esta, igual de sorprendida encoje los hombros como diciendo *"¡A mí no me mires!"*.

Le jura y perjura que ella no ha tenido nada que ver y que no sabe qué está pasando. Piden hablar con el Director de Recursos Humanos. El Director entra en el programa general de gestión de personal y ve que efectivamente todo está correcto y que Vd. ya no trabaja en esa empresa según el sistema.

Pero ¿Quién ha tomado la decisión de despedirle? ¿Cuál ha sido la causa? Su jefa repite una y otra vez que ella está contenta con su trabajo y que no ha tenido nada que ver. El Director de Recursos Humanos dice que como ya no es empleado de la compañía debe abandonar las oficinas, y no presentarse en las mismas hasta que se aclare qué ha pasado.

Vd. empieza a sentir un enorme sofoco seguido de un zumbido en los oídos, muy parecido al de la estática de un aparato de radio o tv. El zumbido de los oídos va creciendo rápidamente hasta hacerse insoportable, empieza a marearse, todo le da vueltas, pierde el sentido y se cae de bruces sobre mesa de reuniones del despacho del Director de Recursos Humanos.

¿Qué ha pasado?, ¿qué puede hacer?

MATRIZ DE SITUACIÓN

IDENTIFICACIÓN DEL CASO: El trabajador se ve despedido de la empresa sin previo aviso y sin que su jefa inmediata haya intervenido en esa decisión. Nadie sabe la causa del despido, pero la situación práctica y real es que ya no puede acceder a su puesto de trabajo y ha dejado desde ese instante de tener derechos como trabajador.	PARTES INVOLUCRADAS: • Trabajador despedido. • Jefa inmediata del trabajador. • Dirección del Recursos Humanos. • Eventualmente: representante de los trabajadores en la empresa o representante sindical. • Autoridad laboral.
TECNOLOGÍA DE IA UTILIZADA: Sistema experto de gestión de los recursos humanos de la empresa que gestiona todos los aspectos de dichas tareas: • Alta y baja de trabajadores ante las autoridades laborales. • Tramitación de contratos. • Tramitación de ceses. • Perfiles de acceso de los trabajadores. • Perfiles de usuario. • Gestión de la nómina. • Gestión de las vacaciones, días de asuntos propios. • Ascensos, promociones internas, bonus. • Formación interna. • Ayudas y ventajas sociales de la empresa, etc.	NATURALEZA DEL INCIDENTE: Estamos ante un despido sin conocimiento de la causa y sin comunicación de este al trabajador. Por lo tanto, en principio, el despido incumple con las reglas mínimas de información previa al trabajador, las causas de este y su naturaleza: procedente o improcedente.
MARCO LEGAL APLICABLE (en España): • Legislación laboral. En España la Ley del Estatuto de los Trabajadores. En concreto en los artículos correspondientes a la regulación del despido, regulada en los artículos 49 (extinción del contrato) y 56 (despido improcedente). • Real Decreto-ley 9/2021, de 11 de mayo (Ley de *"Riders"*) que modifica el art. 64.4.d) del Estatuto de los Trabajadores. • Reglamento Europeo de Inteligencia Artificial. En concreto se aplica el artículo 6.2(sistemas de IA de alto Riesgo) a su vez referido al ANEXO III apartado 4 (Sistemas de IA de alto Riesgo aplicados al empleo, gestión de los trabajadores y acceso al autoempleo. • Reglamento Europeo de Protección de Datos.	RESPONSABLES: • La empresa. En concreto se centra en dos tipos de responsabilidades: la referida a la realización de un despido sin cumplir ninguno de los requisitos de preaviso y de comunicar al trabajar las causas de este. Por otra parte, está la responsabilidad asociada a la utilización de sistemas expertos y tecnología que integra sistemas de IA para la gestión del personal de su empresa. En este caso la responsabilidad se centra en la necesidad de controlar el buen funcionamiento de estos sistemas de gestión.

Como podemos ver en la matriz de situación **estamos ante un caso de despido automático**, realizado de forma autónoma por el sistema de gestión de personal de la compañía. En apariencia, este despido se puede calificar, según la legislación laboral española como despido improcedente. **El artículo 49 de la Ley del Estatuto de los Trabajadores** que describe las formas de extinción de contrato de trabajo, determina que un contrato se puede extinguir por acuerdo de ambas partes, por las causas establecidas en el propio contrato o por que sea un contrato temporal.

Más adelante enumera otras causas como la muerte del trabajador, por su jubilación, por la dimisión de este o por sufrir una invalidez que le incapacite para desempeñar sus funciones. Otras causas que menciona son las vinculadas a despidos colectivos, que hemos visto en el apartado anterior, por tener que abandonar su puesto de trabajo a causa de ser víctima de violencia de género o por el simple despido del trabajador. También, existe el despido disciplinario, regulado en el artículo 54; pero éste tiene un procedimiento de resolución, debe estar motivado y se debe comunicar al trabajador.

Como podemos observar, ninguna de estas causas acontece en nuestro caso. **El artículo 56 regula el despido improcedente**, categoría que, a primera vista podría encajar. En este caso el trabajador podría optar por solicitar la readmisión o recibir una indemnización que es superior a la del despido por causas objetivas. **En este caso es de 30 días por año de trabajo** con un máximo de dos anualidades.

Pero ¿este caso es de verdad un despido improcedente? Parece que nadie tenía pensado despedir a nuestro protagonista.

LA CAUSA REAL DEL DESPIDO. UN ERROR EN EL DISEÑO DE LA APLICACIÓN DE GESTIÓN DE RECURSOS HUMANOS.

La automatización de procesos puede tener el riesgo de relajar a su vez el deber de supervisión y control que los humanos debemos ejercer sobre las máquinas, ya sean programas informáticos o robots. Y este es un ejemplo de libro. El contrato de nuestro protagonista era un contrato temporal de seis meses. Para su renovación el responsable del departamento debía pulsar un botón de renovación. Pero era viernes, tenía prisa por irse de fin de semana con su familia y se olvidó de dar al botón.

Por eso nuestro protagonista empezó a tener problemas desde el lunes siguiente y para el miércoles el propio programa le reiteró que no debía permanecer en su puesto de trabajo. Como todos los responsables de la empresa habían descargado la responsabilidad de realizar todas las tareas de gestión administrativa y renovación de los contratos a los sistemas de gestión, no tenían información alguna sobre el problema ni criterio para resolverlo.

> Por ello, no podemos calificar este despido como improcedente, dado que no había voluntad de despedir al trabajador, sino como un descuido con unas desagradables consecuencias no deseadas.

Bien es cierto que el contrato finalizaba ese viernes, y, por lo tanto, **en estricto sentido legal, ya no existía relación laboral.**

> En la legislación española, los contratos temporales tienen obligación de preaviso de 15 días naturales siempre que el contrato tenga una duración superior a un año. **Si el contrato es inferior a esa duración no hay obligación por parte de la empresa de preaviso.**
>
> *Artículo 49 Ley del Estatuto de los Trabajadores*
>
> *Si el contrato de trabajo de duración determinada es superior a un año, la parte del contrato que formule la denuncia está obligada a notificar a la otra la terminación de este con una antelación mínima de quince días*

CONCLUSIONES

▶ El despido fue traumático y poco considerado, pero era legal, dado que nuestro protagonista tenía un contrato temporal con una duración inferior a seis meses, que no obligaba a la empresa a realizar un preaviso de finalización del contrato.

▶ Sin embargo, nadie pretendía despedir al trabajador. En realidad, fue un fallo en el uso del sistema de gestión de recursos humanos. Por todo ello lo procedente es la restitución del trabajador a su puesto y la renovación del contrato.

▶ Prueba de esta falta de voluntad de despido está en el hecho de que el trabajador acudió desde el viernes, fecha en la que, terminada su contrato inicial, durante tres jornadas sin que sus superiores dijeran nada sobre su presencia o trabajo.

▶ **En este caso, el contrato se entendería prorrogado de forma tácita si el trabajador sigue acudiendo a su puesto de trabajo sin que ninguno**

de sus responsables denuncien esta circunstancia, tal y como el mismo artículo 49 determina: *"Los contratos de duración determinada que tengan establecido plazo máximo de duración, incluidos los contratos formativos, concertados por una duración inferior a la máxima legalmente establecida, se entenderán prorrogados automáticamente hasta dicho plazo cuando no medie denuncia o prórroga expresa y el trabajador continúe prestando servicios".*

▶ Más allá de la anécdota, la gravedad de la situación en este caso la debemos centrar en el **fallo de diseño del programa de gestión.** Este fallo de diseño provoca que entren en juego otras leyes que, hasta hace bien poco ni existían: el artículo 64.4.d del Estatuto de los Trabajadores y el Reglamento Europeo de Inteligencia Artificial.

Las decisiones automatizadas de los sistemas informáticos ponen el ciudadano ante una situación de total incomprensión de la realidad. Y nos hace vulnerables, dado que nadie ha controlado dichos procesos de toma de decisiones. Y nadie se hace en un primer momento, responsable de las consecuencias de esas decisiones automáticas. **La SUPERVISIÓN HUMANA será en el futuro un factor clave en la gestión de los sistemas de IA.**

La aplicación de la nueva legislación de inteligencia artificial a este caso

MATRIZ DE SOLUCIONES	
OBLIGACIONES DE LOS RESPONSABLES: • **Informar a los trabajadores o sus representantes** de si la empresa utiliza sistemas automatizados de toma de decisiones o algoritmos en los procesos de gestión del personal, incluidos los de contratación y despido, según lo establecido en el **art. 64.4.d) del Estatuto de los Trabajadores.** • **Incorporar un modelo de gestión del riesgo de los sistemas de IA que puedan ser categorizados como de ALTO RIESGO** según lo establecido en el **Anexo III apartado 4 del Reglamento Europeo de Inteligencia Artificial**, en relación con los **artículos 8 al 15** del Reglamento (Requisitos de los Sistemas de Alto Riesgo) y los establecidos para el caso en la **Sección 3 del mismo Reglamento** (Obligaciones de los proveedores y responsables del despliegue de sistema de IA de alto riesgo) en los artículos 16 y siguientes.	ACTUACIONES / SOLUCIONES POSIBLES: • Restituir al trabajador en su puesto de trabajo. • Realizar una auditoría algorítmica vinculada con el sistema de gestión de personal de la empresa. • Identificar qué sistemas de IA completos o que algoritmos asociados a programas de gestión pudieran afectar a los derechos de los trabajadores. • Hacer un mapa de riesgos identificados tras la auditoría. Determinar el impacto de dichos riesgos sobre los trabajadores. • Establecer un modelo de medidas preventivas y correctoras sobre los riesgos que se hayan identificado. • Elaborar un informe sobre el uso de sistemas de toma de decisiones automatizadas u algoritmos integrados en programas de gestión que estén en servicio y **tenerlo a disposición de los representantes de los trabajadores.** • Elaborar un informe asociado a los registros de tratamientos de datos personales en donde se identifique si se realiza elaboración de perfiles mediante sistemas automáticos (algoritmos) su finalidad y su impacto sobre los trabajadores. **Tener dicho informe a disposición de los trabajadores que lo soliciten.**
IDENTIFICACIÓN DE RIESGOS: • En este caso hay un **defecto de falta de supervisión humana** de las decisiones que de forma autónoma ha tomado el algoritmo del sistema de gestión de personal de la empresa.	AUTORIDADES COMPETENTES: • Ministerio de Trabajo. Inspección de trabajo. • En el futuro, la nueva autoridad de control de la Inteligencia Artificial. • Agencia española de protección de datos.

Como podemos observar este caso supone un marco de situaciones en donde la nueva legislación sobre Inteligencia Artificial entra de lleno para evitar precisamente la desagradable situación que se ha producido.

Como hemos visto, el fallo ha provenido de una falta de supervisión de los responsables de la empresa sobre el flujo de toma de decisiones del programa de gestión de personal. Lo conveniente en este caso es que el sistema hubiera presentado un aviso o alarma al responsable de la renovación del contrato, con tiempo suficiente para decidir si se renovaba o no dicha relación laboral.

Las consecuencias, como hemos visto, supusieron el despido no deseado por nadie de la persona, despido por otra parte, y aunque suene paradójico en este caso, totalmente legal.

Pero este fallo en el sistema de gestión de personal ha evidenciado a su vez una serie de incumplimientos asociados a las nuevas normas que regulan el uso de sistemas de IA. Veámoslo:

1º.- Desde 2021, en España, las empresas que utilicen sistemas de toma de decisiones automatizadas o algoritmos en los procesos de gestión de personal deben tener un informe que identifique esos sistemas, en qué procesos de gestión de personal se utilizan y cual sería el impacto de los posibles riesgos asociados a un mal funcionamiento de estos programas. Es lo que establece el artículo 64.4.d) del estatuto de los Trabajadores, tal y como vimos en el Capítulo 1.

2º.- Esa obligación de inventariar el uso de sistemas de IA para la gestión del personal obliga a su vez a documentar los mismos. Esa documentación supone a su vez describir su funcionamiento e identificar los elementos de ese sistema, y su relación con el resto de los procesos de gestión de personal, que pudieran ser potencialmente perjudiciales para los trabajadores en caso de que algo fallase.

3º.- Pero hay más. **El nuevo Reglamento Europeo de Inteligencia Artificial** obliga a las empresas que utilicen sistemas de IA vinculados con la gestión de los trabajadores en la empresa, en la medida de que estos sistemas puedan afectar a los derechos de estos trabajadores, a **cumplir con un modelo de gestión de riesgos que identifique las amenazas, la probabilidad de que se puedan suceder y el impacto de estas,** tal y como vimos en el capítulo 2. Esta obligación estará en vigor a los veinticuatro meses de la publicación en el Diario Oficial de la UA del Reglamento.

4º.- **No afrontar una tarea de auditoría algorítmica** que identifique los riesgos potenciales y no implantar un modelo de prevención de dichos riesgos, tal y como establece el Reglamento Europeo de IA, **puede suponer para la empresa el enfrentarse a sanciones administrativas**, que, dependiendo de cada caso pueden llegar a ser importantes.

CONCLUSIONES

▸ Aunque aún no se está insistiendo lo suficiente, los algoritmos y los sistemas de IA están lo suficientemente introducidos en muchos de los procesos de gestión de las personas en las empresas y organizaciones. Y todas estas tareas están vinculadas con un derecho fundamental que es el derecho al trabajo. Aparte de con otros principios como puede ser el de igualdad y no discriminación.

▸ Por ello el Reglamento Europeo de IA ha incluido el uso de este tipo de tecnologías en el ámbito del mundo del trabajo como **sistemas de Alto Riesgo.**

▸ Ello supone asumir **implantar un modelo de minimización de esos riesgos potenciales**, o de corrección rápida de los fallos que se produzca.

▸ La labor de control preventivo de los riesgos incluye a los procesos controlados directamente por el personal de la empresa responsable de las tareas de gestión de recursos humanos.

▸ Pero **se amplía a la supervisión de los proveedores tecnológicos**, que deben tener presente a su vez esos riesgos potenciales a la hora de diseñar, entrenar e implantar modelos de IA, o aplicaciones de gestión potenciadas por módulos de IA, dentro de los procesos de gestión de personal.

▸ **La transparencia hacia los trabajadores y sus representantes** laborales/ sindicales en esta materia es esencial y está consagrada en España por la modificación del art. 64.4.d) del Estatuto de los Trabajadores. La empresa tiene la obligación de informar sobre el uso de estas tecnologías, como un derecho colectivo.

▸ Pero además **los trabajadores, individualmente tienen un derecho de información sobre la creación de perfiles con sus datos personales y el uso de sistemas automatizados de toma de decisiones que pudieran afectarles**, según lo establecido en el Reglamento Europeo de Protección de datos, en su caso los artículos 13.2.f) y 22 del Reglamento, tal y como describimos en el capítulo 1.

5.3.2 Caso 3: la asignación de tareas y el reparto de cargas de trabajo entre la plantilla usando sistemas de IA

En una empresa de reparto, se implementa un sistema de IA para asignar las cargas de trabajo diarias a los repartidores. El objetivo del sistema es optimizar la eficiencia operativa asignando más entregas a aquellos empleados con mejores historiales de desempeño y características físicas que sugieren una mayor capacidad para manejar cargas pesadas y rutas extensas. Sin embargo, este enfoque, basado en criterios como la juventud y los resultados pasados, comienza a generar desigualdades y discriminación entre los empleados.

Problema de Impacto Negativo

El sistema de IA, **al priorizar a los empleados más jóvenes y con mejor desempeño histórico**, asigna consistentemente más y mejores rutas a estos trabajadores. Como resultado puede llegar a provocar los siguientes riesgos:

▼ *Desigualdad en la carga de trabajo:* empleados mayores o con desempeños históricamente situados en la media de los repartidores reciben menos trabajo, lo que afecta sus ingresos y oportunidades de desarrollo profesional.

▼ *Discriminación implícita:* la asignación desigual basada en la edad y el rendimiento puede verse como una forma de discriminación, contraviniendo las leyes de igualdad laboral.

▼ *Desmoralización del personal:* los empleados que se sienten discriminados o menospreciados pueden experimentar una disminución en su moral y motivación, lo que afecta la productividad general de la empresa.

▼ *Riesgo legal:* la empresa se expone a posibles demandas por discriminación y a sanciones por parte de organismos reguladores.

Veamos el caso en nuestra

MATRIZ DE SITUACIÓN	
IDENTIFICACIÓN DEL CASO: Uso de un sistema de IA para asignar las cargas de trabajo, rutas y portes de una empresa de reparto de proximidad a sus "riders"[35]. Estas plataformas utilizan algoritmos avanzados y sistemas de inteligencia artificial para gestionar y optimizar la asignación de pedidos a los repartidores.	PARTES INVOLUCRADAS: • Dirección de la empresa. • Trabajadores y sus representantes. • Sistema de IA que asigna los pedidos y rutas a la plantilla de repartidores.

---

35 El término "riders" (repartidores en castellano) se refiere a los trabajadores que se dedican a realizar entregas a domicilio, especialmente en el ámbito de las plataformas digitales como Glovo, Uber Eats, Deliveroo, entre otras. Estos trabajadores suelen utilizar bicicletas, motocicletas o scooters para realizar las entregas de comida, productos y otros bienes.

TECNOLOGÍA DE IA UTILIZADA:
- Algoritmos de Inteligencia Artificial (IA) y Machine Learning (ML): para la asignación de pedidos a cada repartidor y la optimización de las rutas de reparto.
- Sistemas de Información Geográfica (GIS) y GPS: para el seguimiento de los pedidos en tiempo real y la ayuda al mapeo y navegación para ayudar a los repartidores.
- Big Data y Análisis de Datos: destinada a prever la demanda analizando patrones de conducta de los consumidores y asignar los recursos adecuados. En algunos casos también puede ayudar a optimizar los inventarios de tiendas y restaurantes vinculados cada gran plataforma de reparto.
- Order Management Systems – OMS: los OMS permiten gestionar y coordinar los pedidos desde que se realizan hasta que se entregan, asegurando una comunicación fluida entre clientes, restaurantes y repartidores.
- Aplicaciones Móviles y Web: para hacer una interfaz con los clientes sencilla e intuitiva, y a la vez para ayudar a los repartidores en su trabajo.
- Blockchain (en algunos casos): algunas plataformas están explorando el uso de blockchain para mejorar la transparencia en la cadena de suministro y la seguridad de las transacciones.

NATURALEZA DEL INCIDENTE:
Este incidente se centra en la preferencia de asignación de pedidos y rutas a los repartidores que tienen una mejor puntuación, ya sea por razón de la rapidez en las entregas, o por una mejor forma física que permite llevar cargas más pesadas.
Por este motivo, los repartidores que tienen más edad o los que no poseen una forma física destacada se ven relegados en las preferencias de asignación de entregas, lo que a su vez repercute en los ingresos que perciben.

MARCO LEGAL APLICABLE:
- Real Decreto-ley 9/2021, de 11 de mayo (Ley de *"Riders"*) que modifica el art. 64.4.d) del Estatuto de los Trabajadores.
- Ley 15/2022, de 12 de julio, integral para la igualdad de trato y la no discriminación.
- Reglamento Europeo de Inteligencia Artificial. En concreto se aplica el artículo 6.2(sistemas de IA de alto Riesgo) a su vez referido al ANEXO III apartado 4 (Sistemas de IA de alto Riesgo aplicados al empleo, gestión de los trabajadores y acceso al autoempleo).

RESPONSABLES:
- Dirección de la empresa de reparto a domicilio.
- Responsables del diseño y entrenamiento de la aplicación que gestiona los repartos.

Como podemos ver, este es un caso de los que comúnmente se denominan "de libro". Y que además este tipo de incidentes fueron uno de los elementos de reflexión y motivos de redacción de la ya varias veces mencionada Ley de Riders.

En este caso, la programación del algoritmo primando una y otra vez a los repartidores con mejores "marcas" en cuanto a los tiempos de espera, o con mayores capacidades físicas para cargar más peso en los repartos, provoca la discriminación y el perjuicio económico del resto de la plantilla. **Y además como segundo efecto, sobrecarga peligrosamente el trabajo de los repartidores preferidos por el algoritmo**, poniendo, en definitiva, en riesgo su salud.

La aplicación de la Ley de Riders tiene dos efectos protectores:

1º. La empresa deberá informar a los trabajadores de los criterios de asignación de pedidos y rutas que utiliza el algoritmo, según lo establecido en el art. 64.4.d) del Estatuto de los trabajadores, y se determinará si dichos criterios impactan sobre los derechos laborales de los mismos.

2º. Hablamos de derechos laborales, dado que el apartado dos del artículo único de esta norma establece por defecto que los repartidores tienen la consideración de personal laboral. Y por lo tanto se les aplican las reglas generales de todo trabajador por cuenta ajena como son la limitación de horas de trabajo o los criterios sobre seguridad y salud laboral.

> *«Disposición adicional vigesimotercera.* ***Presunción de laboralidad en el ámbito de las plataformas digitales de reparto.***
>
> *Por aplicación de lo establecido en el artículo 8.1, se presume incluida en el ámbito de esta Ley la actividad de las personas que presten servicios retribuidos consistentes en el reparto o distribución de cualquier producto de consumo o mercancía, por parte de empleadoras que ejercen las facultades empresariales de organización, dirección y control de forma directa, indirecta o implícita, mediante la gestión algorítmica del servicio o de las condiciones de trabajo, a través de una plataforma digital.*

A estas normas le debemos sumar la aplicación la **Ley integral de igualdad de rato y no discriminación,** que ya hemos visto en el capítulo 1. La misma en su artículo 2 establece:

> *Se reconoce el* ***derecho de toda persona a la igualdad de trato y no discriminación*** *con independencia de su nacionalidad, de si son menores o mayores de edad o de si disfrutan o no de residencia legal.* ***Nadie podrá ser discriminado por razón de*** *nacimiento, origen racial o étnico, sexo, religión, convicción u opinión, edad, discapacidad, orientación o identidad sexual, expresión de género, enfermedad o* ***condición de salud****, estado serológico y/o predisposición genética a sufrir patologías y trastornos, lengua, situación socioeconómica,* ***o cualquier otra condición o circunstancia personal o social.***

Claramente, este artículo entra de lleno sobre el criterio de asignación de pedidos del algoritmo.

En el apartado 4 de este mismo artículo se determina su ámbito de aplicación:

4. *Las obligaciones establecidas en la presente Ley serán de aplicación al sector público.* **También, lo serán a las personas físicas o jurídicas de carácter privado** *que residan, se encuentren o actúen en territorio español, cualquiera que fuese su nacionalidad, domicilio o residencia, en los términos y con el alcance que se contemplan en la presente Ley y en el resto del ordenamiento jurídico.*

En su artículo 3 se detalla en que sectores o actividades se aplica esta ley:

1. *Esta Ley se aplicará en los siguientes ámbitos:*

a) **Empleo, por cuenta ajena y por cuenta propia,** *que comprende el acceso, las condiciones de trabajo, incluidas las retributivas y las de despido, la promoción profesional y la formación para el empleo.*

…

f) **Transporte.**

…

o) **Inteligencia Artificial y gestión masiva de datos**, *así como otras esferas de análoga significación.*

En definitiva, que en este caso la Ley entra de lleno.

Artículo 4.   El derecho a la igualdad de trato y no discriminación.

1. *El derecho protegido por la presente Ley implica la ausencia de toda discriminación por razón de las causas previstas en el apartado 1 del artículo 2.*

En consecuencia, queda prohibida toda disposición, conducta, acto, criterio o práctica que atente contra el derecho a la igualdad. Se consideran vulneraciones de este derecho la discriminación, directa o indirecta, por asociación y por error, *la discriminación múltiple o interseccional, la denegación de ajustes razonables, el acoso, la inducción, orden o instrucción de discriminar o de cometer una acción de intolerancia, las represalias o el incumplimiento de las medidas de acción positiva derivadas de obligaciones normativas o convencionales, la inacción, dejación de funciones, o incumplimiento de deberes.*

En este caso podríamos estar hablando de una discriminación INDIRECTA, que la Ley la define de esta forma:

Artículo 6.1.b)

*b) La discriminación indirecta se produce cuando una **disposición, criterio o práctica aparentemente neutros ocasiona o puede ocasionar a una o varias personas una desventaja particular** con respecto a otras por razón de las causas previstas en el apartado 1 del artículo 2.*

A estas normas unamos lo mencionado en el artículo 9.1. de esta misma Ley.

Artículo 9.   Derecho a la igualdad de trato y no discriminación en el empleo por cuenta ajena.

*1. **No podrán establecerse limitaciones, segregaciones o exclusiones** por razón de las causas previstas en esta Ley para el acceso al empleo por cuenta ajena, público o privado, incluidos los criterios de selección, en la formación para el empleo, **en la promoción profesional, en la retribución, en la jornada y demás condiciones de trabajo**, así como en la suspensión, el despido u otras causas de extinción del contrato de trabajo.*

*2. Se entenderán discriminatorios los criterios y sistemas de acceso al empleo, público o privado, **o en las condiciones de trabajo que produzcan situaciones de discriminación indirecta** por razón de las causas previstas en esta ley.*

...

Para rematar, esta Ley contiene el ya mencionado en el capítulo 1 artículo 23, que regula los aspectos de **discriminación de carácter algorítmico.**

*Artículo 23.   **Inteligencia Artificial y mecanismos de toma de decisión automatizados.***

....

*3. Las administraciones públicas y **las empresas promoverán el uso de una Inteligencia Artificial ética, confiable y respetuosa con los derechos fundamentales**, siguiendo especialmente las recomendaciones de la Unión Europea en este sentido.*

4. Se promoverá un sello de calidad de los algoritmos.

Aplicación del Reglamento Europeo de Inteligencia Artificial

Como vimos en el caso anterior con la situación de despido automático, en este caso se debe tener presente esta norma, y por los mismos motivos.

Estamos hablando de una aplicación que entre de lleno en la ordenación del trabajo de los repartidores, y por lo tanto en varios de sus derechos:

▧ Acceso al trabajo.

▧ Ingresos.

▧ Igualdad de trato y no discriminación en el ámbito laboral.

▧ Seguridad y salud laboral.

▧ Derecho al descanso.

> Por lo tanto, es una aplicación que debe considerarse dentro de las calificadas en el artículo 6 del Reglamento como de ALTO RIESGO, y, por lo tanto, debe asumir todos los controles y medidas de seguridad que el reglamento exige.

¿Qué actuaciones se deberían hacer en este caso? Veámoslo en nuestra matriz de soluciones.

MATRIZ DE SOLUCIONES	
OBLIGACIONES DE LOS RESPONSABLES: • Hacer una auditoría algorítmica e identificar los riesgos en el funcionamiento del sistema de gestión de pedidos. • Informar los trabajadores y sus representantes de los criterios de asignación de repartos y rutas del algoritmo y contrastar si existe alguna amenaza a los derechos laborales. • Establecer un modelo de gestión de riesgos, según lo determinado en los artículos 8 y ss. del Reglamento Europeo de IA.	**ACTUACIONES / SOLUCIONES POSIBLES:** • Modificar el algoritmo a fin de evitar la discriminación positiva sostenida hacia los repartidores con mayor capacidad física. • Establecer un sistema de supervisión continua y control de potenciales sesgos algorítmicos, que permita corregir tendencias del sistema de IA para generar situaciones de discriminación indirecta. • En caso de no aceptación por parte de la empresa de la necesidad de modificar el algoritmo denunciar ante la inspección de trabajo. • Igualmente denunciar ante la Autoridad de Control de IA por la negativa a aplicar las normas correspondientes, incluido el Reglamento Europeo de IA. • Denuncia ante la Agencia Española de Protección de datos por usar de forma no autorizada y para un fin discriminatorio los datos personales de los trabajadores, como son en este caso, las estadísticas de rendimiento en el trabajo. • Solicitar la mediación de la Autoridad Independiente para la Igualdad de Trato y no Discriminación. • Denuncia ante las autoridades competentes por poner en riesgo la salud y seguridad de los trabajadores en el puesto de trabajo, por sobrecargar de pedidos a los de mayor rendimiento físico.

IDENTIFICACIÓN DE RIESGOS:

- Claramente para la empresa hay una serie de riesgos legales que pueden llegar a ser riesgos penales, y no solamente sanciones administrativas:
- Riesgo por incumplimiento de la legislación de protección de datos, que puede dar lugar a multas por el uso no autorizado de los datos personales de los trabajadores, al usarlo para fines no previstos en el momento de la incorporación a la empresa, como puede ser las estadísticas de rendimiento físico.
- Riesgo por incumplimiento o no adaptación a la legislación de Inteligencia Artificial, tanto el art. 64.4.d) del estatuto de los Trabajadores, como al Reglamento Europeo de IA, lo que puede suponer cuantiosas sanciones económicas de carácter administrativo.
- Riesgo penal asociado al artículo 318 del Código Penal por un delito contra la salud de los trabajadores, que puede llegar a afectar a los administradores de la empresa.
- Riesgo de incumplimiento de la Ley Integral de Igualdad de Trato y no Discriminación.

AUTORIDADES COMPETENTES:

- Inspección de Trabajo.
- Autoridad española de Inteligencia Artificial.
- Agencia española de Protección de Datos.
- Autoridad Independiente para la Igualdad de Trato y no Discriminación.
- Eventualmente fiscalía en caso de que se evidencie un delito contra la salud de los trabajadores.

PARA LECTORES AVANZADOS. CÓMO FUNCIONAN LOS PROGRAMAS DE ASIGNACIÓN DE CARGAS DE TRABAJO A LOS REPARTIDORES EN EL CASO DE LAS GRANDES PLATAFORMAS DE ENTREGA A DOMICILIO

Estos sistemas funcionan de forma autónoma a fin de poder atender de manera más eficaz y rápida las órdenes de entrega de pedidos de los clientes. Se supone que minimizan los tiempos de espera, primero a los clientes que han hecho el pedido, pero también a los propios repartidores.

¿Cómo funcionan?

1º.- Recepción del pedido: cuando un cliente realiza un pedido a través de la aplicación, el sistema lo recibe y lo procesa automáticamente.

2º.- Asignación del repartidor: el algoritmo evalúa diversos factores para asignar el pedido al repartidor más adecuado. Estos factores pueden incluir la proximidad del repartidor al punto de recogida, su disponibilidad, su historial de entregas, y su capacidad actual (es decir, si ya está en medio de otra entrega).

3º.- Optimización de la ruta: una vez asignado el pedido, el sistema también calcula la ruta más eficiente para el repartidor, teniendo en cuenta el tráfico en tiempo real, la distancia, y las condiciones de la carretera.

4º.- Actualización en tiempo real: a lo largo del proceso de entrega, el sistema puede realizar ajustes en tiempo real para optimizar las rutas, gestionar cambios en el tráfico o asignar nuevos pedidos en función de la disponibilidad de los repartidores.

5º.- Interacción con el usuario: tanto el cliente como el repartidor reciben actualizaciones en tiempo real a través de la aplicación. El cliente puede ver el progreso de su pedido y el repartidor puede recibir instrucciones detalladas para la entrega.

Y todas estas tareas las realiza un sistema de IA.

¿Existe algún grado de supervisión humana de estos sistemas de IA?

Sí, aunque la mayoría de las tareas de asignación de rutas y portes en plataformas de entrega se gestionan de manera autónoma mediante algoritmos y sistemas de inteligencia artificial, todavía existe supervisión humana en varios niveles:

1º.- Configuración y mantenimiento del sistema: los algoritmos y sistemas de IA necesitan ser diseñados, configurados y mantenidos por ingenieros y técnicos. Esto incluye la programación inicial, ajustes periódicos y mejoras continuas basadas en el rendimiento y la retroalimentación.

2º.- Gestión de excepciones: los supervisores humanos intervienen en casos excepcionales donde el sistema automatizado no puede resolver un problema. Esto puede incluir situaciones como cancelaciones de pedidos, disputas entre repartidores y clientes, problemas técnicos, y otros incidentes no previstos por el algoritmo.

3º.- Control de calidad: las plataformas suelen tener equipos dedicados al control de calidad que monitorean el rendimiento del sistema y la satisfacción del cliente. Estos equipos analizan datos y patrones para identificar áreas de mejora y garantizar que los algoritmos funcionen de manera óptima.

4º.- Atención al cliente: cuando los clientes o repartidores tienen problemas o preguntas que el sistema automatizado no puede resolver, la atención al cliente es gestionada por humanos. Este equipo ayuda a resolver problemas, proporcionar soporte y asegurar una experiencia positiva.

5º.- Revisión de datos y retroalimentación: los datos recopilados por los sistemas automatizados son revisados por analistas humanos para identificar tendencias, problemas recurrentes y oportunidades de mejora. La retroalimentación de los usuarios (clientes y repartidores) también es crucial para ajustar y mejorar los algoritmos.

6º.- Política y regulación: los equipos humanos se aseguran de que los sistemas y procesos cumplan con las regulaciones locales y políticas internas de la empresa. Esto incluye la revisión de políticas laborales, de privacidad y de seguridad.

En resumen, aunque la automatización juega un papel clave en la eficiencia de estas plataformas, la supervisión humana es esencial para la gestión de excepciones, el mantenimiento del sistema, el control de calidad, la atención al cliente y el cumplimiento de regulaciones.

5.3.3 Caso 4: algoritmos que determinan las personas que se despiden en procesos de reestructuración empresarial

Una gran corporación decide reestructurar su fuerza laboral utilizando un sistema de IA. El sistema analiza datos de desempeño, costos, habilidades y potencial de cada empleado. La IA sugiere despidos basados en su análisis, priorizando aquellos empleados cuyo rendimiento y costo-beneficio son menores.

¿Cómo funcionan estos sistemas de IA?

Estos sistemas de IA analizan grandes volúmenes de datos relacionados con el desempeño de los empleados, sus habilidades, historial laboral, evaluaciones de desempeño, y otros factores relevantes. Veámoslo:

▼ *1°. Recopilación de datos:* los sistemas de IA recopilan datos de diversas fuentes internas como evaluaciones de desempeño, asistencia, habilidades, formación, historial de proyectos, y métricas de productividad. También, pueden incluir datos externos como tendencias del mercado laboral y benchmarks de la industria.

▼ *2°. Análisis y evaluación:* los algoritmos de IA analizan estos datos para identificar patrones y relaciones entre diversas métricas. Utilizan técnicas de aprendizaje automático para predecir el valor y el impacto de cada empleado en la organización.

▼ *3°. Criterios de decisión:* basándose en los análisis, el sistema de IA puede generar recomendaciones sobre qué empleados retener, reasignar o despedir. Los criterios pueden incluir desempeño laboral, costo-beneficio, potencial de crecimiento, y alineación con los objetivos estratégicos de la empresa.

▼ *4°. Automatización y transparencia:* en algunos casos, estos sistemas pueden automatizar el proceso de selección y generar listas de empleados a despedir, proporcionando justificaciones basadas en datos. Sin embargo, la transparencia de los criterios y la posibilidad de revisar y cuestionar las decisiones automáticas es fundamental para la ética y la legalidad del proceso.

Ejemplos de tecnologías que en estos momentos operan en el ámbito de la regulación de empleo

▸ **Workday:** es una plataforma de gestión del capital humano (HCM) que utiliza IA y machine learning para diversas funciones de recursos humanos, incluyendo la planificación de la fuerza laboral y las decisiones de reestructuración. *https://www.workday.com/es-es/homepage.html*

▸ **SAP SuccessFactors:** es un conjunto de herramientas de gestión de talento que ofrece herramientas de IA para analizar el desempeño de los empleados y optimizar la planificación de la fuerza laboral, incluyendo la identificación de posibles despidos. Tecnología utilizada: algoritmos de machine learning, análisis de datos en la nube, IA para recursos humanos. *https://www.sap.com/spain/ products/hcm/request-a-demo.html?campaigncode=crm-ya22-int-1517073&source=ppc-es-googleads-search-71700000104590096-58700008223232864-hxm_hxm-x-x-x&dfa=1&gad_source=1&gclid= CjwKCAjwr7ayBhAPEiwA6EIGxANqzgQodVwHLz6BdIS93jUxougbSi fs-BAh9AhsIIuRwQP8dMq1lBoCtEQQAvD_BwE&gclsrc=aw.ds*

▸ **Oracle HCM Cloud:** proporciona soluciones integrales para la gestión del capital humano, utilizando IA para mejorar la toma de decisiones en la reestructuración y gestión de talento. Tecnología utilizada: machine learning, análisis predictivo, inteligencia artificial en la nube. *https:// www.oracle.com/es/human-capital-management/hr/*

▸ **Cornerstone OnDemand:** ofrece soluciones de gestión del talento que utilizan IA para la planificación de la fuerza laboral, evaluaciones de desempeño y reestructuraciones. Tecnología utilizada: machine learning, análisis de big data, inteligencia artificial para recursos humanos. *https:// www.cornerstoneondemand.com/es/platform/ai-innovation/*

▸ **Visier:** es una plataforma de análisis de personas que ayuda a las empresas a tomar decisiones basadas en datos, incluyendo la identificación de empleados para despidos durante reestructuraciones. Tecnología utilizada: análisis de datos, machine learning, inteligencia artificial para análisis de personas. *https://www.visier.com/*

Consideraciones sobre el uso de estas tecnologías en los procesos de reestructuración de plantillas

a) **Supervisión humana:** lo primero que debemos tener claro es que estos programas pueden orientar o facilitar una primera labor de selección de personas, pero que la decisión última debe estar en los responsables de la empresa, que deben supervisar caso por caso las recomendaciones o selección de personal a despedir sugeridas por el programa de IA. Dependiendo de qué legislaciones no sería aceptable un proceso de reestructuración en donde la elección de los trabajadores/as a despedir haya dependido solamente de un algoritmo.

b) **Sesgo algorítmico:** los sistemas de IA pueden perpetuar o amplificar sesgos presentes en los datos históricos, llevando a decisiones injustas o discriminatorias. Más adelante veremos una serie de ejemplos concretos.

c) **Transparencia y explicabilidad:** los empleados y sus representantes legales deben tener acceso a explicaciones claras sobre cómo se tomaron las decisiones.

d) **Impacto en la moral de la plantilla y en cultura empresarial:** la percepción de que las decisiones de despido son tomadas por máquinas puede afectar negativamente la moral de los empleados y la cultura corporativa, de la empresa u organización. Es crucial complementar el uso de IA con un enfoque humano y considerar el impacto emocional y psicológico en los empleados.

EJEMPLOS DE SESGO ALGORÍTMICO EN LA TOMA DE DECISIONES AUTOMATIZADAS PARA ELEGIR A LAS PERSONAS QUE SE DEBEN DESPEDIR DE UNA EMPRESA	
Sesgo de edad.	• *Descripción:* un algoritmo puede identificar incorrectamente que los empleados más jóvenes tienen un mejor desempeño o mayor potencial de desarrollo simplemente porque han trabajado menos tiempo en la empresa o porque los datos históricos favorecen a trabajadores jóvenes. • *Impacto:* Esto podría llevar a la discriminación contra empleados mayores, quienes podrían seleccionarse desproporcionadamente para despidos. • *Ejemplo real:* un estudio sobre una de las grandes corporaciones de compra venta online reveló que su sistema de contratación basado en IA desfavorecía a las mujeres al evaluar currículos, lo que podría extrapolarse a decisiones de despido basadas en sesgos de edad o género.
Sesgo de género.	• *Descripción:* los algoritmos entrenados en datos históricos pueden reflejar y perpetuar sesgos de género, por ejemplo, si históricamente se han promovido más hombres que mujeres, el algoritmo puede interpretar que los hombres son más adecuados para roles de liderazgo. • *Impacto:* Esto puede resultar en un mayor número de despidos de mujeres en situaciones de reestructuración. • *Ejemplo real:* un sistema de IA utilizado por una gran corporación para evaluar el desempeño mostró una tendencia a valorar menos las contribuciones de las mujeres en roles técnicos debido a datos históricos sesgados.
Sesgo racial.	• *Descripción:* si los datos de desempeño incluyen variables que están correlacionadas con la raza (por ejemplo, evaluaciones de desempeño subjetivas, historial de promociones), el algoritmo puede aprender a perpetuar esos sesgos. • *Impacto:* los empleados de minorías raciales podrían ser injustamente seleccionados para despidos a un ritmo más alto que sus contrapartes. • *Ejemplo real:* un informe de ProPublica[36] encontró que los algoritmos de recidivismo[37] utilizados en el sistema judicial estadounidense eran más propensos a predecir falsamente que los acusados afroamericanos volverían a cometer delitos, mostrando cómo los sesgos pueden infiltrarse en los sistemas automatizados.

---

36   *https://www.propublica.org/datastore/dataset/compas-recidivism-risk-score-data-and-analysis*

37   El recidivismo es el término que se utiliza para describir la tendencia de una persona previamente condenada por un delito a cometer otro delito después de haber sido liberada o haberse cumplido su pena. Es una medida clave en el sistema de justicia penal, utilizada para evaluar la efectividad de las políticas penales, programas de reinserción y sistemas de rehabilitación.

Sesgo de desempeño histórico.	• *Descripción:* los algoritmos que priorizan el desempeño histórico pueden penalizar a empleados que tuvieron periodos de bajo rendimiento debido a circunstancias temporales, como problemas de salud o responsabilidades familiares. • *Impacto:* esto puede llevar a despidos injustos de empleados que han tenido altos y bajos en su rendimiento, pero que son valiosos a largo plazo. • *Ejemplo real:* en una empresa que implementó un sistema de IA para evaluar el desempeño, los empleados que tomaron bajas laborales temporales por maternidad o paternidad se evaluaron negativamente debido a la reducción temporal de su productividad.
Sesgo de ubicación geográfica.	• *Descripción:* si el algoritmo tiene en cuenta la ubicación geográfica y los costos asociados, podría sesgarse en contra de empleados que trabajan en regiones con mayores costos de vida. • *Impacto*: los empleados en áreas de alto costo de vida podrían ser más propensos a ser despedidos simplemente por ser más caros de mantener para la empresa. • *Ejemplo real:* un análisis de sistemas de evaluación de empleados en una empresa multinacional mostró que los empleados en oficinas ubicadas en ciudades caras recibían evaluaciones de costo-beneficio menos favorables.

¿Qué soluciones hay frente a estos riesgos?

Como en el caso anterior, la misma legislación que se ha mencionado en el caso de los repartidores se aplicaría plenamente en este caso. La empresa debería vigilar que el programa de IA que ayude a determinar la lista de trabajadores/as elegidos/as para el despido no haya sido afectada por alguno de estos riesgos. Y, en cualquier caso, los representantes de los trabajadores deberían tener un derecho de información detallada sobre si se han usado o no este tipo de tecnologías en la decisión de la lista de personas que deben desvincularse de la empresa, y los detalles de su funcionamiento y cómo toman las decisiones.

5.4 EL USO DE SISTEMAS DE IA EN LOS PROCESOS DE PRESELECCIÓN DE CANDIDATOS A UN PUESTO DE TRABAJO

Desde el inicio del siglo XXI las plataformas digitales de búsqueda y selección de candidatos han ido creciendo en su uso, tanto por parte de las personas en búsqueda de empleo como por parte de los responsables de reclutamiento de las empresas y organizaciones.

En general, se puede decir que entre el 50% y el 70% de las contrataciones en los países desarrollados se realizan actualmente a través de plataformas digitales. Esta tendencia continúa creciendo a medida que más empresas adoptan tecnologías basadas en IA para optimizar sus procesos de reclutamiento y selección.

Estos porcentajes pueden variar según la industria y el tamaño de la empresa, pero es evidente que las plataformas digitales están desempeñando un papel crucial en la transformación del proceso de contratación en el mundo desarrollado.

- **En Estados Unidos**, según un informe de la Society for Human Resource Management (SHRM), aproximadamente el 70% de los empleadores en EE. UU. utilizan plataformas digitales como parte de su proceso de contratación. LinkedIn, Indeed y Glassdoor son algunas de las más populares.

- **En Reino Unido,** un estudio de la Chartered Institute of Personnel and Development (CIPD) encontró que alrededor del 60% de las contrataciones en el Reino Unido se realizan a través de plataformas digitales, destacando el uso de portales de empleo y redes sociales profesionales.

- **En Francia**, aproximadamente el 55% de las empresas utilizan plataformas digitales para sus procesos de contratación, con una inclinación notable hacia el uso de LinkedIn y portales de empleo especializados.

- **En España**, hasta la pandemia, informes de organizaciones como la Asociación Española de Directores de Recursos Humanos (AEDRH) y Randstad indicaban que aproximadamente el 60-70% de las contrataciones en España se realizaban a través de plataformas digitales. Esta cifra variaba dependiendo del sector y del tipo de puesto. La COVID-19 ha acelerado la adopción de herramientas digitales en el proceso de contratación, con muchas empresas trasladando sus procesos de selección a plataformas online.

Plataformas como InfoJobs o LinkedIn son las más populares en España.

Ejemplos de Plataformas Digitales

- *LinkedIn:* utiliza IA para sugerir trabajos a los candidatos y, a su vez, candidatos a los reclutadores basándose en el análisis de perfiles.

- *Indeed:* emplea algoritmos para clasificar y recomendar currículums y ofertas de trabajo.

- *Glassdoor:* ofrece evaluaciones de empresas y su cultura, ayudando a los candidatos a tomar decisiones informadas.

- *HireVue:* usa análisis de video y IA para evaluar entrevistas de candidatos, analizando el lenguaje corporal y las respuestas.

¿Podemos fiarnos del funcionamiento de estas plataformas?

¿Son eficientes a la hora de preseleccionar candidatos?

¿Son eficaces para buscar ofertas de empleo?

Tengamos presente que, en la mayor parte de los casos, estas plataformas proveen a los responsables finales de la selección de candidatos de la única fuente de historiales profesionales. Y en los casos en los que el puesto requiere de otros canales de preselección de candidatos, las plataformas siguen tenido un peso muy importante en el número de currículo vitae[38] que se manejan en dicha tarea de cubrir un puesto.

Sin embargo, la decisión final sobre el candidato o candidata a elegir recae siempre sobre una persona. El reto es saber qué peso ha tenido el proceso de preselección en la toma de decisiones final.

▸ **Ejemplo 1:** si en un proceso de selección la única fuente de candidatos es una plataforma digital y ésta tiene un defecto de sesgo en la preselección

---

38   "Currículum vitae" es un latinismo que ha pervivido hasta nuestros días y que literalmente significa "carrera de vida", traduciéndose más correctamente como *carrera o trayectoria profesional*. El plural en latín de "currículum" es "currícula" por lo que si nos referimos a varios historiales profesionales a la vez debemos usar el término en plural, es decir "currícula vitae".

de candidatos, el proceso de selección estará viciado y el o la responsable que recurre a esta tecnología no estará teniendo en cuenta otros muchos potenciales candidatos que no han llegado a ser siquiera identificados por eses defecto en el funcionamiento del algoritmo que gestiona el proceso de selección.

▶ **Ejemplo 2:** si nosotros estamos dados de alta en una red profesional a fin de buscar oportunidades laborales o profesionales, y el algoritmo que regula esta red establece una plantilla de afinidades de nuestra experiencia profesional previa o competencias que hemos introducido en nuestro perfil profesional, el algoritmo tenderá a mostrarnos en la pantalla las ofertas de empleo u oportunidades profesionales que haya determinado tienen un porcentaje superior de afinidad con dicha experiencia previa, estudios o competencias y destrezas declaradas, sin analizar las funciones o tareas realmente desempeñadas y descartando otras ofertas de empleo que pudieran ser potencialmente interesantes para el usuario.

Se podrá decir que el algoritmo actúa en este caso de forma neutra, dado que solamente toma en consideración los datos que nosotros, como usuarios subimos a la red. Pero también es verdad que el algoritmo puede tener un criterio de interpretación muy limitado.

Veamos qué leyes se puede llegar a aplicar en estas circunstancias en los siguientes casos.

5.4.1 Caso 1: algoritmos que elaboran perfiles con datos de trabajadores sin su consentimiento y que afectan a su carrera profesional

Existen programas y plataformas de preselección de candidatos que utilizan algoritmos avanzados para elaborar perfiles y hacer recomendaciones basadas en una variedad de fuentes de información, más allá de los datos proporcionados directamente por los candidatos en sus formularios de preselección. Estos algoritmos pueden recopilar información externa de redes sociales, sitios web y otras fuentes públicas para crear un perfil más completo de los candidatos.

Ejemplos de tecnologías y plataformas

Plataformas de Inteligencia Artificial y Machine Learning:

▶ *HireVue:* utiliza análisis de vídeo y IA para evaluar a los candidatos. Además, de las respuestas y el lenguaje corporal, también puede integrar datos externos para mejorar el perfil del candidato. *https://www.hirevue.com/*

▼ *Pymetrics:* usa juegos neurocientíficos y análisis de datos para evaluar habilidades cognitivas y emocionales, complementando con información adicional disponible en línea. *https://www.pymetrics.ai/candidates*

Herramientas de Análisis de Redes Sociales:

▼ *LinkedIn Recruiter:* aunque LinkedIn es una plataforma profesional, los algoritmos pueden considerar la actividad en redes, conexiones y publicaciones para sugerir candidatos.

▼ *Entelo:* ofrece análisis predictivo utilizando datos de redes sociales y otras fuentes públicas para identificar candidatos pasivos. *https://www.entelo.com/*

La pregunta clave es la siguiente:

¿Es legal -y ético-, el uso de información personal no facilitada por el propio candidato y usarla en un proceso de preselección de personal?

Tengamos presente que el uso de algoritmos que hagan búsqueda en redes sociales o en la web sobre nuestras aficiones, opiniones políticas, gustos culturales, origen social, creencias u orientación sexual; y combinar esta información con el perfil curricular, puede conllevar que un candidato o candidata que objetivamente, por sus conocimientos, habilidades y experiencia, es adecuada a un puesto de trabajo, se vea descartada del proceso de selección, precisamente por entrar en juego esas otras informaciones que, en puridad, no deberían haber sido utilizadas por los responsables de selección.

Analicemos el caso:

MATRIZ DE SITUACIÓN	
IDENTIFICACIÓN DEL CASO: Uso de información personal sobre candidatos de un proceso de selección obtenida de fuentes externas al propio historial profesional facilitado por el candidato a través de la plataforma digital de búsqueda de empleo. Estos datos pueden incluso entrar en la categoría de datos especialmente protegidos como pueden ser opiniones políticas, salud u orientación sexual o creencias. Los datos se han obtenido sin informar previamente al candidato de que se va a realizar esta búsqueda, utilizando algoritmos que rastrean cualquier información sobre el mismo en redes sociales, noticias en páginas webs, salas de chat o plataformas similares.	PARTES INVOLUCRADAS: • Empresa que usa la plataforma para la obtención de precandidatos a una posición laboral a cubrir. • Plataforma de preselección de personal. • Algoritmos utilizados complementariamente para hacer ese "rastreo digital" de cada candidato en Internet. • Candidato/a que ve vulnerado su derecho a la privacidad. • Candidato/a que se ve excluido/a de un proceso de selección laboral por el uso de esos datos obtenidos sin su consentimiento ni conocimiento, pero que han influido en la decisión de prescindir de su candidatura.

TECNOLOGÍA DE IA UTILIZADA:
- Herramientas de web scraping: estas herramientas recopilan datos de páginas web de manera automatizada.
- APIs de redes sociales: las APIs proporcionadas por las plataformas de redes sociales permiten acceder a datos de usuarios de manera estructurada.
- Tecnologías de big data: el análisis de grandes volúmenes de datos en redes sociales requiere tecnologías de Big Data que puedan procesar y analizar información de manera eficiente.
- Análisis de sentimientos y procesamiento de lenguaje natural (NLP): estas tecnologías analizan el contenido textual de las publicaciones en redes sociales para extraer información sobre emociones, opiniones y sentimientos.
- Machine learning e inteligencia artificial: los algoritmos de machine learning e IA se utilizan para identificar patrones, realizar predicciones y clasificar datos de redes sociales.
- Herramientas de visualización de datos: las herramientas de visualización ayudan a interpretar y presentar los datos de redes sociales de manera comprensible.
- Tecnologías de analítica y monitoreo: estas herramientas permiten monitorear y analizar el tráfico en redes sociales, así como la influencia y el alcance de las publicaciones.

NATURALEZA DEL INCIDENTE:
- Imposibilidad de acceso al empleo por el uso de sistemas de Inteligencia Artificial que hacen recopilación de datos personales no autorizada.
- Acceso a datos personales de los candidatos sin su cometimiento. Uso de estos datos en perjuicio de los propios interesados.
- Vulneración de la igualdad de oportunidades de acceso al empleo por el uso indebido de datos personales y el uso de sistemas de IA que provocan discriminación directa.

MARCO LEGAL APLICABLE:
- Reglamento General de Protección de Datos 679/2016 de la UE.
- En España: Ley Orgánica 3/2018 de Protección de datos Personales.
- En España: Ley 15/2022, de 12 de julio, integral para la igualdad de trato y la no discriminación.
- Reglamento Europeo de Inteligencia Artificial.

RESPONSABLES:
- Empresa que usa los datos recabados sin consentimiento de los candidatos.
- Trabajadores y directivos que acceden a dichos datos personales sin autorización.
- Empresa que discrimina de forma directa a unos candidatos frente a otros en función de esos datos no autorizados para su uso, de carácter subjetivo.
- Empresa que ha desarrollado el sistema de IA que permite la obtención de datos en Internet sin el consentimiento de los interesados.
- Empresa que comercializa dicho sistema de IA.

MATRIZ DE SOLUCIONES

OBLIGACIONES DE LOS RESPONSABLES:
- No utilizar este tipo de tecnología en los procesos de captación y selección de candidatos.
- Como alternativa, solicitar de los candidatos la autorización previa expresa para obtener esta información explicando la finalidad de dichos tratamientos e indicando cual sería el impacto o posible repercusión en su proceso de acceso a un puesto de trabajo.
- No utilizar datos personales en los procesos de selección que pudieran provocar una discriminación directa o indirecta de alguno de los candidatos al utilizar criterios subjetivos y sesgados.
- Ceñir las decisiones de selección de los candidatos/as a criterios objetivos de adecuación al puesto: conocimientos, experiencia, destrezas...
- Suprimir inmediatamente los datos personales obtenidos de todos los candidatos, una vez finalizado el proceso de preselección.

ACTUACIONES / SOLUCIONES POSIBLES:
- Denunciar a la empresa que desarrolla el proceso de selección y ha utilizado esta tecnología, en caso de que las personas afectadas conozcan el uso indebido de dichos datos personales. La denuncia se haría ante la Agencia Española de Protección de Datos.
- Denunciar solidaria o subsidiariamente a la empresa que ha desarrollado esta tecnología y/o a la empresa que la comercializa por la misma causa ante la Agencia Española de Protección de Datos.
- Denunciar a la empresa ante la Autoridad Independiente para la igualdad de Trato y no Discriminación. O a los organismos delegados en cada Comunidad Autónoma.
- Previsiblemente, en el futuro, denunciar a la empresa ante la Agencia Española de Supervisión de la Inteligencia Artificial.

IDENTIFICACIÓN DE RIESGOS:
Riesgos legales asociados al uso indebido de datos personales:
- Sanciones que pudieran tipificarse de graves o muy graves según el Reglamento General de protección de datos y la Ley orgánica 3/2018.
- Sanciones asociadas a una infracción grave de la Ley Integral de Igualdad.
- Sanciones asociadas a infracciones por el incumplimiento de las obligaciones establecidas en el Reglamento Europeo de Inteligencia Artificial para los sistemas de IA de alto riesgo que pueden ser del 1% del volumen de facturación del año anterior o de 7,5 millones de €. Estas sanciones se ajustarán al tamaño de la empresa infractora. Sobre todo, si no es gran empresa. Artículo 99.
- Multas administrativas, que se regularán por cada Estado. Artículo 99.

AUTORIDADES COMPETENTES:
- Autoridad española de Inteligencia Artificial.
- Agencia española de Protección de Datos.
- Autoridad Independiente para la Igualdad de Trato y no Discriminación.

5.4.2 Caso 2: uso de plataformas de preselección de candidatos. Sesgos en el algoritmo

Otro de los problemas a los que se enfrentan los usuarios de las plataformas digitales de selección de personal, a fin de hacer el reclutamiento de candidatos para ofertas de empleo es el de un mal funcionamiento de estas plataformas ya sea por motivos muy diversos:

▶ *Sesgos en el entrenamiento o funcionamiento de la plataforma.* Que determinan que se den preferencias a unos perfiles frente a otros, ya sea por sesgos implícitos o por haber usado datos en exceso o en defecto sobre determinados perfiles y características en el entrenamiento del algoritmo de selección, que tiende a discriminar por edad, raza, género u origen geográfico, por ejemplo.

▶ *Efecto Eco*: también conocido como "echo chamber" en inglés, se refiere a una situación en la que la información, creencias o ideas se amplifican y refuerzan mediante la repetición dentro de un sistema cerrado, aislado de opiniones disidentes o diferentes. En el contexto de las plataformas digitales de selección de personal, el efecto eco puede tener varias implicaciones negativas. Las veremos más adelante.

▶ *Falta de transparencia y explicabilidad:* muchas plataformas y algoritmos de IA son cajas negras, donde las decisiones tomadas no son fácilmente comprensibles para los usuarios finales. Por otra parte, la dificultad para explicar por qué un candidato se seleccionó o rechazado puede generar desconfianza y problemas legales.

▶ *Errores en el procesamiento de datos:* los algoritmos pueden tomar decisiones basadas en datos incorrectos o desactualizados, afectando la precisión de la selección. Igualmente, Los algoritmos pueden identificar incorrectamente a candidatos adecuados como inadecuados (falsos negativos) y viceversa (falsos positivos).

▶ *Impacto en la diversidad y la inclusión:* los algoritmos pueden favorecer perfiles similares a los existentes en la empresa, reduciendo la diversidad y la inclusión.

▶ *Efecto de retroalimentación negativa:* la continua retroalimentación de datos sesgados puede perpetuar y amplificar los prejuicios.

▶ *Dependencia excesiva en la tecnología:* se corre el riesgo de deshumanizar el proceso de selección de personal, al dejarlo en gran medida a los sistemas automáticos, afectando a la experiencia del/la candidato/a. Por otra parte, uno de los mayores riesgos es que se incurra en una **falta de juicio humano:** los algoritmos no pueden reemplazar completamente el juicio y la intuición humana, que son cruciales en la evaluación de candidatos.

▼ *Manipulación y fraude:* **manipulación de perfiles:** los candidatos pueden manipular sus perfiles en redes sociales para parecer más atractivos a los algoritmos. **Identidades falsas:** existe el riesgo de que se presenten identidades falsas o información fraudulenta que los algoritmos puedan no detectar.

PARA LECTORES AVANZADOS.
EL "EFECTO ECO" EN LAS PLATAFORMAS DE SELECCIÓN DE PERSONAL

Como decíamos más arriba, el efecto eco puede tener varias implicaciones negativas sobre los resultados del funcionamiento de las plataformas de selección de personal:

1º. Refuerzo de sesgos existentes

- *Algoritmos sesgados:* si los algoritmos de selección están entrenados con datos históricos que contienen sesgos, estos sesgos se perpetúan y refuerzan a medida que los algoritmos continúan aprendiendo de los mismos tipos de datos. Por ejemplo, si históricamente se han contratado más hombres que mujeres para ciertos roles, el algoritmo puede continuar favoreciendo a los hombres.

- *Falta de diversidad:* el sistema tiende a seleccionar candidatos que son similares a los empleados actuales, lo que refuerza la homogeneidad y reduce la diversidad en la fuerza laboral.

2º. Círculo de retroalimentación negativa

- *Preferencias implícitas:* las plataformas pueden favorecer inconscientemente a candidatos con perfiles similares a aquellos que han tenido éxito anteriormente, lo que crea un círculo vicioso donde solo ciertos tipos de candidatos son considerados.

- *Reducción de oportunidades:* los candidatos que no encajan en el molde "ideal" predefinido por los datos históricos tienen menos oportunidades de seleccionarse, incluso si son altamente cualificados.

3º. Ampliación de la Desigualdad

- *Acceso a oportunidades:* los candidatos de ciertos orígenes, géneros o grupos étnicos pueden ser sistemáticamente excluidos de las oportunidades de empleo si el sistema favorece a un grupo demográfico particular.

- *Impacto en la cultura corporativa:* la falta de diversidad puede afectar negativamente la cultura corporativa, la innovación y la creatividad dentro de la organización.

Ejemplos Prácticos del Efecto Eco

- **Preferencias algorítmicas:** un algoritmo entrenado con datos de empleados anteriores puede aprender a asociar ciertas características (como una universidad específica, una empresa anterior, o incluso un conjunto de habilidades muy específico) con el éxito, ignorando a candidatos igualmente capacitados, pero con antecedentes diferentes.

- **Recomendaciones de candidatos:** las plataformas que recomiendan candidatos basándose en los perfiles de los empleados actuales pueden perpetuar el sesgo si esos empleados actuales no son representativos de una fuerza laboral diversa.

Estrategias para Mitigar el Efecto Eco

1. *Diversificación de datos de entrenamiento:* asegurarse de que los datos utilizados para entrenar algoritmos de selección sean diversos y representen una amplia gama de experiencias y antecedentes.

2. *Auditorías regulares:* realizar auditorías periódicas de los sistemas de selección para identificar y corregir sesgos y efectos eco.

3. *Intervención humana:* complementar el análisis algorítmico con la revisión humana para asegurar que se consideren candidatos diversos.

4. *Transparencia y rendición de cuentas:* asegurar que las decisiones algorítmicas sean transparentes y que se pueda rendir cuentas de cómo y por qué se toman ciertas decisiones.

5. *Educación y sensibilización:* capacitar a los responsables de la contratación sobre los sesgos inconscientes y el impacto del efecto eco, promoviendo prácticas de contratación más inclusivas.

Veamos unos ejemplos de esta lista:

Sesgo de Afinidad

▶ *Ejemplo:* algoritmos que valoran similitudes con los empleados actuales pueden perpetuar la falta de diversidad al preferir candidatos con características, antecedentes o intereses similares a los de los empleados existentes.

▶ *Consecuencia:* la diversidad y la innovación dentro de la empresa pueden verse afectadas negativamente.

Sesgo de Preferencias Personales

▶ *Ejemplo:* algoritmos que utilizan datos de redes sociales para evaluar candidatos pueden discriminar basándose en opiniones políticas, intereses personales o actividades recreativas.

▶ *Consecuencia:* se pueden tomar decisiones de contratación basadas en información irrelevante para el desempeño laboral.

Sesgo de Preferencia de Empresas Anteriores

▼ *Ejemplo:* un algoritmo que prioriza candidatos con experiencia en empresas reconocidas puede ignorar a aquellos que han trabajado en empresas más pequeñas o startups.

▼ *Consecuencia:* se pierde la oportunidad de contratar talento valioso con experiencia diversa.

Sesgo de Edad

▼ *Ejemplo:* un sistema que aprende que la mayoría de los empleados contratados son jóvenes puede preferir a candidatos más jóvenes, descartando a candidatos mayores, independientemente de su experiencia.

▼ *Consecuencia:* candidatos más experimentados pueden ser excluidos injustamente del proceso de selección.

Sesgo de Clase Social

▼ *Ejemplo:* algoritmos que consideran la universidad de procedencia pueden favorecer a candidatos que asistieron a instituciones de élite, ignorando a aquellos que pueden haber tenido un excelente rendimiento en universidades menos conocidas.

▼ *Consecuencia:* candidatos igualmente calificados de diferentes contextos socioeconómicos pueden subvalorarse.

¿PODEMOS RECLAMAR SI CONSIDERAMOS QUE HEMOS SIDO DISCRIMINADOS EN UN PROCESO DE SELECCIÓN?

Es difícil dado que se debería acreditar que la decisión final de rechazar o de no tener presente una solicitud de empleo o a un candidato para un puesto de trabajo ha sido tomada por el sistema de IA y no ha sido una decisión final del departamento de recursos humanos o los responsables de selección.

Lo que sí podemos llegar a solicitar es saber si nuestra solicitud entró dentro de las preseleccionadas inicialmente para esa oferta de empleo. Si consideramos que nuestro perfil encajaba entre los requisitos descritos en la oferta, y aun así el algoritmo no preseleccionó nuestro currículo, podemos solicitar saber cuál o cuáles han sido las causas para que el sistema de IA no nos haya tenido en cuenta.

Si descubrimos que alguna de las causas pudiera ser estimada como una vulneración de alguno de nuestros derechos como ciudadanos, como el ejemplo del apartado anterior, al haber usado datos personales recabados de fuentes ajenas a los facilitados por nosotros en la plataforma, o que se evidenciase una causa de discriminación por alguno de los sesgos que hemos visto, como pudiera ser la edad o la discapacidad, sí sería causa de reclamación, tal y como hemos visto, ya fuera ante la Agencia Española de Protección de datos como por la vulneración de la Ley Integral de Igualdad.

Una de las paradojas del efecto Eco en el uso de plataformas digitales de selección de personal se basa en los criterios de preselección y filtros de búsqueda usados. A fin de evitar caer en criterios discriminatorios, por género, edad, discapacidad o cualquiera de los otros que hemos visto en las listas anteriores, se termina definiendo de forma muy pobre, con muy pocos elementos, los perfiles deseados. Esto tiene como efecto paradójico que el algoritmo tiende a escoger perfiles siempre similares, asociados a los que históricamente han tenido un mayor éxito en la elección definitiva. Por lo que al final se empobrece la muestra de candidatos y todos salen perdiendo.

6

LA DIFICULTAD DE ACCEDER A LA FINANCIACIÓN Y LA INTELIGENCIA ARTIFICIAL

¿Los bancos y las entidades aseguradoras usan tecnologías de IA para valorar el riesgo financiero de sus clientes?

¿Los resultados de esas valoraciones pueden condicionar el acceso a la financiación de los ciudadanos?

¿Las aseguradoras utilizan sistemas de Inteligencia Artificial para ajustar los precios de sus coberturas en función de cada cliente?

A las tres preguntas y otras más que vamos a plantearnos en este capítulo hay que responder que *sí*.

De hecho, el sector financiero, y en concreto el sector de banca y seguros, han sido pioneros en el uso de modelos de IA predictivos destinados a realizar las siguientes tareas:

1. Identificación de posibles fraudes financieros, o riesgo de que suceda.

2. Análisis de la solvencia financiera de los solicitantes de préstamos.

3. Análisis del riesgo a asegurar y adaptación de la prima de riesgo.

4. Mejor adaptación de la oferta de productos financieros a cada cliente en función del perfil de sus necesidades.

Como podemos ver, el uso de la IA en el sector financiero está orientado de forma muy eficaz a mejorar la calidad del servicio a los clientes. Ello no quiere decir que, eventualmente, los modelos de análisis de datos sean susceptibles de caer en el error o tener un mal funcionamiento, ya sea por defectos en el entrenamiento de dichos sistemas de Inteligencia Artificial, o en el diseño del propio modelo, al establecer una escala de criterios y su peso que eventualmente pudiera dar lugar a decisiones que perjudicasen o discriminasen grupos de población.

Vamos a centrarnos en analizar los tres primeros puntos. El punto número 4 lo veremos más pormenorizadamente en otro capítulo correspondiente a la publicidad y el uso de Inteligencia Artificial.

6.1 IDENTIFICACIÓN DE POSIBLES FRAUDES FINANCIEROS, O RIESGO DE QUE SUCEDA

La Inteligencia Artificial (IA) se utiliza por los bancos y aseguradoras para identificar posibles fraudes financieros a través del **análisis de grandes volúmenes de datos y la detección de patrones anómalos.** A continuación, se detallan las técnicas y herramientas utilizadas, así como los tipos de fraudes que pueden identificarse:

TÉCNICAS Y HERRAMIENTAS UTILIZADAS:	TIPOS DE FRAUDES IDENTIFICADOS:
1º.- Machine Learning (Aprendizaje Automático): • Modelos supervisados: utilizan datos etiquetados para entrenar modelos que pueden predecir la probabilidad de fraude basándose en transacciones anteriores. • Modelos no supervisados: identifican patrones inusuales en los datos sin etiquetas previas, ayudando a detectar comportamientos anómalos que podrían indicar fraude.	1º.- Fraude en transacciones con tarjetas de crédito/débito: • Descripción: transacciones no autorizadas realizadas con tarjetas de crédito o débito robadas o clonadas. • Detección: análisis de patrones de gasto inusuales, ubicaciones geográficas atípicas y tiempos de transacción inusuales.

2º.- Deep Learning (Aprendizaje Profundo): • Redes Neuronales Convolucionales (CNNs): utilizadas principalmente para analizar patrones complejos en datos no estructurados, como imágenes o datos transaccionales complejos. • Redes Neuronales Recurrentes (RNNs): eficientes en el análisis de series temporales, como secuencias de transacciones, para detectar irregularidades a lo largo del tiempo.	2º.- Fraude de identidad: • Descripción: uso de información personal robada para abrir cuentas fraudulentas o realizar transacciones no autorizadas. • Detección: verificación de la coherencia de la información proporcionada, comparaciones con bases de datos de identidades robadas y análisis de patrones de comportamiento.
3º.- Análisis de anomalías: • Algoritmos de Clustering: como K-means y DBSCAN, para agrupar datos similares y detectar desviaciones que podrían indicar fraude. • Sistemas de detección de anomalías: utilizan técnicas estadísticas y de machine learning para identificar comportamientos atípicos en tiempo real.	3º.- Fraude en seguros: • Descripción: presentación de reclamaciones falsas o exageradas para obtener pagos de seguros de manera indebida. • Detección: comparación de reclamaciones con datos históricos, análisis de inconsistencias en la documentación y evaluación de patrones sospechosos en las reclamaciones.
4º.- Natural Language Processing (NLP): • Análisis de sentimiento: evaluar comunicaciones de clientes para detectar signos de fraude en correos electrónicos o mensajes. • Procesamiento de documentos: identificación de fraudes en documentos legales y contractuales mediante la extracción de información relevante y su análisis.	4º.- Lavado de dinero: • Descripción: proceso de hacer que el dinero obtenido de actividades ilegales parezca legítimo. • Detección: monitoreo de transacciones financieras para detectar grandes movimientos de dinero, transferencias a países con regulación laxa y patrones complejos de transacciones.
5º.- Big Data Analytics: • Procesamiento de grandes volúmenes de datos: herramientas como Hadoop y Spark permiten a las instituciones financieras manejar y analizar grandes conjuntos de datos en tiempo real para la detección de fraude.	5º.- Fraude en préstamos: • Descripción: obtención de préstamos mediante el uso de información falsa o manipulada. • Detección: verificación cruzada de la información proporcionada, análisis de la coherencia de los datos financieros y evaluación de comportamientos inusuales en las solicitudes de préstamos.

Para lectores avanzados. ¿Qué es un patrón anómalo?

Un patrón anómalo en el contexto de análisis de datos para detectar posibles fraudes financieros es una secuencia de datos o comportamiento que se desvía significativamente de los patrones normales o esperados en un conjunto de datos. Estas anomalías pueden indicar actividades inusuales o sospechosas, como transacciones no autorizadas, movimientos de dinero atípicos, o inconsistencias en la información financiera, que pueden ser indicativos de fraude.

Ejemplos de patrones anómalos serían los siguientes:

1º. Transacciones financieras:

- Volumen inusual: transacciones que exceden significativamente el volumen típico para una cuenta específica.

- Frecuencia anómala: aumento repentino en la frecuencia de transacciones, especialmente si ocurre en un corto período.

- Ubicación geográfica: transacciones realizadas desde ubicaciones geográficas atípicas o distantes de las ubicaciones habituales del usuario.

2º. Patrones de comportamiento:

- Cambio de hábitos: cambios abruptos en los hábitos de gasto o retirada de efectivo de un cliente.

- Acceso a cuentas: accesos inusuales a cuentas desde dispositivos o IPs no reconocidos.

3º. Datos personales y demográficos:

- Inconsistencias en la información: discrepancias en los datos personales proporcionados por el cliente en diferentes solicitudes o registros.

- Duplicación de información: uso de la misma información personal en múltiples solicitudes de préstamo o cuentas.

4º. Interacciones y comunicaciones:

- Mensajes sospechosos: comunicaciones con contenido sospechoso o inconsistente con el perfil habitual del usuario.

- Reclamaciones de seguros: reclamaciones con patrones o detalles que no coinciden con los registros históricos.

Unos ejemplos

- **Transacción internacional repentina**: un cliente que normalmente realiza transacciones locales de repente realiza una transferencia grande a un país con alto riesgo de fraude.

- **Retiradas de efectivo frecuentes y de poca cantidad**: un patrón de múltiples retiros de efectivo pequeños en un corto período especialmente fuera del horario normal de transacciones.

- **Compras elevadas de bienes de lujo**: un cliente con historial de gastos moderados comienza a realizar compras elevadas de bienes de lujo sin un cambio aparente en sus ingresos.

- **Actividad nocturna**: transacciones realizadas durante horas inusuales, como a medianoche, cuando el cliente normalmente no realiza actividades bancarias.

- **Dirección cambiante**: un cliente que cambia frecuentemente su dirección de correspondencia, lo que podría indicar un intento de ocultar su ubicación real.

- **Múltiples solicitudes**: solicitudes de crédito repetidas utilizando variaciones leves de la misma información personal.

- **Reclamaciones duplicadas**: reclamaciones de seguros similares presentadas desde múltiples cuentas, sugiriendo un posible intento de fraude.

- **Correo electrónico sospechoso**: mensajes de correo electrónico con enlaces o solicitudes inusuales que no coinciden con el comportamiento previo del cliente.

Ejemplos de algoritmos y otras herramientas digitales que se utilizan para realizar estas tareas de detección de fraudes

1. **Isolation Forest** es un algoritmo de detección de anomalías que funciona creando árboles de aislamiento (isolation trees), que se basa en el concepto de aislamiento de puntos de datos y es particularmente

efectiva para identificar comportamientos anómalos en grandes volúmenes de datos.

2. **Local Outlier Factor (LOF)** es una técnica poderosa para la detección de anomalías que se basa en la comparación de la densidad local de un punto de datos con la de sus vecinos, permitiendo identificar desviaciones significativas que indican posibles anomalías.

3. **Hadoop** es una estructura de software que facilita el procesamiento de grandes volúmenes de datos distribuidos a través de "clusters"[39] de computadoras utilizando un modelo de programación simple. Hadoop es ampliamente utilizado para analizar grandes volúmenes de datos en industrias como finanzas, telecomunicaciones, sanidad, y comercio. *https://hadoop.apache.org/*

4. **Apache Spark** es una plataforma de código abierto para el procesamiento de datos a gran escala. Desarrollada por la Apache Software Foundation, Spark ofrece un motor unificado para procesar grandes volúmenes de datos de manera rápida y eficiente, utilizando un modelo de programación simple. *https://spark.apache.org/*

6.2 ANÁLISIS DE LA SOLVENCIA FINANCIERA DE LOS SOLICITANTES DE PRÉSTAMOS

Los algoritmos de IA analizan una amplia gama de datos para evaluar la solvencia de los solicitantes de crédito. Utilizan, entre otros, modelos de *"Machine Learning"* para predecir la probabilidad de incumplimiento.

Como vimos en el apartado anterior utilizan las tecnologías de análisis de datos para recabar la mayor información posible de un cliente que solicite un préstamo a fin de evaluar su solvencia, su capacidad de reembolso y el histórico de comportamiento financiero y crediticio, ya sea con el banco al que solicita el préstamo, como con otras entidades financieras.

---

39 Un "clúster de computadoras" es un conjunto de varias computadoras que trabajan juntas como si fueran una sola unidad. Estas computadoras, conocidas como nodos, están conectadas entre sí y colaboran para realizar tareas complejas y procesar grandes volúmenes de datos de manera más rápida y eficiente que una sola computadora.

Para ello se recurre a multitud de fuentes de información, ya sean las propias del banco o del sistema financiero, como puede ser información facilitada por el Banco Central de cada nación.

O en otros casos bases de datos que registren la actividad crediticia del solicitante del préstamo y su histórico de cumplimiento o incumplimiento de sus deberes financieros, como pudieran ser en España RAI[40] o ASNEF[41].

Pero estas son las fuentes más "tradicionales" a las que recurre una entidad financiera. En la actualidad, gracias a las tecnologías digitales, el Big Data y los modelos de IA las entidades financieras pueden hacer unos análisis más completos sobre la solvencia financiera de sus usuarios y la capacidad real para devolver el dinero prestado con sus intereses. En definitiva, evaluar predictivamente el riesgo que un cliente de no poder hacer frente a la amortización de un préstamo solicitado, y en función de ese riesgo establecer una serie de premisas para su concesión, como pueden ser, por ejemplo, solicitar garantías reforzadas, que le avalen, o incluso, eventualmente, determinar que no va a tener esa capacidad financiera y llegar a denegar el préstamo solicitado.

ⓘ NOTA IMPORTANTE

Todas estas tecnologías ayudan, apoyan la labor que finalmente desarrollan profesionales que trabajan en las oficinas de las entidades financieras. **En definitiva, la decisión final de conceder un préstamo y sus condiciones** *es una decisión humana*, tomada por profesionales especializados en evaluar el riesgo de cada operación, y que trabajan en dichas entidades. Los algoritmos, bases de datos y demás tecnologías a las que se recurre para elaborar el perfil de solvencia financiera de un solicitante de un préstamo no hacen más (ni menos) que facilitar información relevante para determinar el riesgo de la operación. Pero **la decisión final de autorizar o no una operación financiera y sus condiciones las establecen personas; no máquinas.**

Este elemento es fundamental, tal y como veremos a lo largo de este capítulo, para determinar las obligaciones legales que, sobre el uso de estas tecnologías, deberá asumir la entidad financiera.

Igualmente es importante porque **será la normativa específica que regula la actividad bancaria la que regirá** *el marco de las relaciones comerciales* **entre un cliente y su Banco**, y no, como veremos, el Reglamento Europeo de IA.

---

40   Siglas del Registro de Aceptaciones Impagadas. Un registro que recoge los morosos.

41   Siglas de Asociación Nacional de Establecimientos Financieros de Crédito. Posee igualmente otro fichero de morosos.

Como decíamos, las fuentes de información que habitualmente utilizan las entidades financieras para hacer un perfil de la solvencia de un cliente son las siguientes:

- ⚑ *Datos internos*: historial de transacciones, comportamientos de pago, y relaciones con la entidad.

- ⚑ *Bases de datos externas*: datos de agencias de crédito, informes de riesgo financiero, y registros de morosos.

- ⚑ *Fuentes no convencionales*: análisis de redes sociales, actividad en Internet, y otras fuentes de datos alternativos pueden utilizarse, aunque esto plantea serios problemas éticos y legales.

Es esta tercera categoría de fuentes de información la que puede llevar a problemas de uso autorizado o no autorizado de datos personales de los clientes. En este sentido, el acceso a datos del cliente a través de fuentes de terceros para las que el banco no tenga autorización podría conllevar una vulneración del Reglamento General de Protección de Datos, y en el caso de España, de nuestra Ley Orgánica 3/2018 que regula la misma materia.

En este sentido, **el cliente va a tener derecho**, tal y como hemos visto en otros capítulos, **a informarse de si se elaboran perfiles con sus datos personales**, qué tipos de datos se utilizan, cual es el origen de estos y de qué forma se ponderan, se valoran, esos datos. En definitiva, **el impacto que esa elaboración de perfil particular sobre su solvencia y riesgo, recabando datos externos** a los facilitados por el cliente, **obtenidos de esas fuentes no convencionales**, haya tenido en la decisión final de aprobar o no una operación de crédito, y sus términos.

Ejemplos de programas y tecnologías que se usan para evaluar riesgos financieros

1. **ZestFinance:** ZestFinance utiliza machine learning para evaluar la solvencia crediticia de individuos que tradicionalmente no tienen acceso a crédito. Su plataforma ZAML (Zest Automated Machine Learning) se centra en el análisis de big data para mejorar la precisión de las decisiones de crédito. Se usa para evaluar solicitudes de préstamos y líneas de crédito.

2. **Kensho:** Kensho, una empresa adquirida por S&P Global, ofrece herramientas de análisis predictivo y procesamiento de lenguaje natural para la evaluación de riesgos financieros. Se usa en las labores de análisis de mercados financieros y evaluación de riesgos macroeconómicos.

3. **Upstart**: Upstart utiliza modelos de machine learning para evaluar la solvencia crediticia utilizando datos alternativos como educación, historial laboral y otros factores no tradicionales. Su uso se centra en la solicitud de préstamos personales y evaluación de crédito.

4. **Underwrite.ai**: Underwrite.ai emplea Inteligencia Artificial para analizar datos de crédito y prever el riesgo de incumplimiento. Utiliza datos tradicionales y alternativos para mejorar la precisión de sus modelos. Su uso es la evaluación de riesgos crediticios y de préstamos.

5. **Kabbage:** Kabbage, ahora parte de American Express, utiliza machine learning para evaluar la solvencia de pequeñas empresas, analizando datos de transacciones en tiempo real. Se usa para préstamos a pequeñas empresas y líneas de crédito.

6. **DataRobot**: DataRobot ofrece una plataforma de aprendizaje automático automatizado que permite a los usuarios crear y desplegar modelos predictivos rápidamente. Es ampliamente utilizado en el sector financiero para la evaluación de riesgos, la detección de fraude y optimización de carteras.

7. **Ayasdi**: Ayasdi utiliza técnicas avanzadas de topología matemática[42] y machine learning para detectar patrones en grandes conjuntos de datos financieros. Su plataforma ayuda a las instituciones financieras a comprender y gestionar el riesgo.

8. **IBM Watson**: IBM Watson ofrece diversas herramientas de Inteligencia Artificial y machine learning para el análisis de riesgos y la toma de decisiones financieras. Watson puede procesar grandes volúmenes de datos estructurados y no estructurados.

9. **FICO Falcon Fraud Manager**: este sistema utiliza machine learning para detectar y prevenir fraudes en transacciones financieras. Aunque su principal enfoque es la detección de fraudes, también ayuda en la gestión del riesgo financiero.

:underwrite.ai   HOME   ABOUT   PRICING   FREE TRIAL   FAQ   PRESS   CONTACT

Underwrite.ai applies advances in artificial intelligence derived from genomics and particle physics to provide lenders with nonlinear, dynamic models of credit risk which radically outperform traditional approaches.

---

42 Topología matemática: esta técnica permite agrupar datos similares, detectar patrones complejos y anomalías, y visualizar la conectividad entre variables financieras, lo que ayuda a mejorar los modelos de solvencia y predicción de riesgos financieros.

Lo normal es que muchas entidades financieras combinen desarrollos propios, realizados a la medida de cada banco o aseguradora, con alguna de las utilidades que empresas como las que hemos visto más arriba ofrecen.

¿Existen riesgos para los clientes por un funcionamiento defectuoso o un sesgo en el diseño o entrenamiento de estas tecnologías?

Sin duda, y tanto en la banca nacional como internacional se han dado diversos casos en los que un diseño o un entrenamiento defectuoso de alguno de estos algoritmos han repercutido negativamente en los clientes.

Sesgo de género.	Los algoritmos pueden reflejar prejuicios históricos y culturales contra ciertos géneros, especialmente si los datos de entrenamiento contienen tales sesgos. **Ejemplo**: un estudio encontró que los algoritmos de crédito tendían a calificar a las mujeres con peores puntuaciones de solvencia que a los hombres con características crediticias similares, debido a que las mujeres históricamente tienen menos acceso al crédito y, por lo tanto, un historial crediticio menos extenso.
Sesgo racial y étnico.	Los modelos de IA pueden perpetuar disparidades raciales si los datos de entrenamiento reflejan prácticas discriminatorias pasadas. **Ejemplo**: un análisis reveló que las solicitudes de préstamos de individuos de minorías étnicas eran más frecuentemente rechazadas o aprobadas con términos menos favorables que las de individuos blancos, incluso cuando sus perfiles financieros eran comparables.
Sesgo geográfico.	La ubicación geográfica de un solicitante puede influir en la evaluación de riesgo si el algoritmo considera zonas específicas como de alto riesgo basándose en datos históricos. **Ejemplo**: residentes de ciertas áreas urbanas o rurales pueden recibir puntuaciones de riesgo más altas debido a la asociación de esas áreas con mayores tasas de morosidad, sin tener en cuenta la solvencia individual de los solicitantes.
Sesgo socioeconómico.	Los solicitantes de entornos socioeconómicos desfavorecidos pueden penalizarse debido a factores como ingresos bajos o empleo inestable. **Ejemplo**: personas con empleos en sectores de baja remuneración o con historial laboral no continuo pueden recibir puntuaciones de crédito más bajas, independientemente de su historial de pagos consistente.
Sesgo de datos alternativos	El uso de datos alternativos, como la actividad en redes sociales o el comportamiento en línea, puede introducir sesgos no relacionados directamente con la solvencia financiera. **Ejemplo**: un modelo que utiliza la actividad en redes sociales puede discriminar a individuos que no son activos en estas plataformas o que pertenecen a comunidades con menor acceso a Internet.

PARA LECTORES AVANZADOS. EL "CREDIT SCORING" BANCARIO. ¿QUÉ ES?

El "credit scoring[43]" bancario es un sistema utilizado por las instituciones financieras para evaluar la solvencia crediticia de los solicitantes de préstamos. Esencialmente, es una herramienta que ayuda a los bancos y otras entidades de crédito a decidir si conceder un préstamo y en qué condiciones. Es un método cuantitativo que utiliza modelos estadísticos y algoritmos de machine learning para **calcular una puntuación (score) que representa la probabilidad de que un individuo cumpla con sus obligaciones de pago.**

Componentes del Credit Scoring

Datos históricos:

- *Historial de crédito*: información sobre el historial de pagos del solicitante, incluyendo pagos puntuales, retrasos, morosidad, y la duración del historial crediticio.

- *Deudas actuales*: monto total de deudas que el solicitante tiene actualmente, incluyendo préstamos, tarjetas de crédito y otras obligaciones financieras.

Datos financieros:

- *Ingresos*: información sobre los ingresos del solicitante, tanto salariales como de otras fuentes.

- *Gastos:* gastos recurrentes que pueden afectar la capacidad del solicitante para cumplir con sus obligaciones de pago.

Datos personales del / la solicitante:

- *Edad*: puede influir en la puntuación debido a la relación entre la edad y la estabilidad financiera.

- *Estado civil y dependientes*: información sobre dependientes financieros puede afectar la capacidad de pago.

- *Actividad profesional*: determinadas actividades profesionales, por la eventualidad de los trabajos, o por el riesgo que esa actividad supone, pueden entrar en esa valoración.

- *Propiedades y activos*: información sobre activos que pueden servir como garantía.

---

43   Calificación o puntuación crediticia.

Cómo funciona el Credit Scoring

1. *Recopilación de datos*: se recopilan datos del solicitante a través de formularios de solicitud y fuentes externas como agencias de crédito.

2. *Análisis y modelado*: los datos se introducen en un modelo estadístico que se ha entrenado con datos históricos para predecir la probabilidad de incumplimiento.

3. *Cálculo de la puntuación*: el modelo genera una puntuación que refleja el riesgo crediticio del solicitante. Las puntuaciones suelen oscilar en un rango específico (por ejemplo, de 300 a 850 puntos en algunos sistemas).

4. *Decisión:* basado en la puntuación, la entidad financiera decide si aprueba el préstamo, qué cantidad se puede prestar y en qué condiciones (tipo de interés, plazos, etc.).

Ejemplos de modelos de puntuación del credit scoring

Fico score.	Desarrollado por Fair Isaac Corporation, el FICO Score es uno de los modelos de puntuación más utilizados en el mundo. Se basa en cinco factores principales: **historial de pagos** (35%), **cantidades adeudadas** (30%), **longitud del historial crediticio** (15%), **nuevo crédito** (10%) **y tipos de crédito en uso** (10%). Utilizado ampliamente en Estados Unidos y otros países para la evaluación de solicitudes de crédito, hipotecas y tarjetas de crédito.
Vantagescore.	Desarrollado conjuntamente por las tres principales agencias de crédito en Estados Unidos (Equifax, Experian y TransUnion), VantageScore **utiliza un modelo que considera factores similares al FICO**, pero con algunas diferencias en la ponderación y el tratamiento de la información crediticia.
Equifax risk score.	Un modelo de puntuación desarrollado por Equifax que **evalúa el riesgo crediticio de un individuo basado en su historial crediticio, comportamiento de pago y otros datos financieros**. Utilizado por bancos y entidades financieras para la evaluación de riesgo de préstamos y productos crediticios.
Zestfinance zaml (zest automated machine learning).	**Un modelo de puntuación basado en machine learning que utiliza datos alternativos y tradicionales** para evaluar la solvencia crediticia. Considera **factores como el historial de empleo, educación y comportamiento en línea.** Utilizado para evaluar la solvencia de individuos con poca o ninguna historia crediticia, especialmente en mercados emergentes.

Los modelos de puntuación modernos utilizan técnicas avanzadas de análisis de datos y machine learning para mejorar la precisión en la evaluación de solvencia. Incorporan datos alternativos que permiten evaluar mejor a los solicitantes con poca o ninguna información crediticia tradicional.

Hemos visto hasta ahora el riesgo asociado al sesgo en el funcionamiento de este tipo de algoritmos. Pero existen otros riesgos para los clientes en caso de un mal funcionamiento o uso de estas tecnologías, veámoslo:

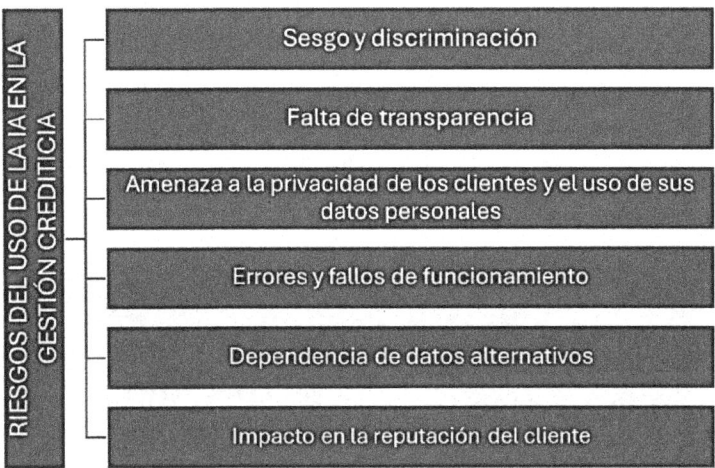

Sesgo y discriminación.	Los algoritmos de IA pueden heredar y amplificar sesgos presentes en los datos de entrenamiento, lo que puede derivar en decisiones injustas y discriminatorias. Hemos visto varios ejemplos anteriormente.
Falta de transparencia.	Los modelos de IA, especialmente los de aprendizaje profundo, pueden ser complejos y difíciles de interpretar, lo que se conoce como "caja negra". En este contexto, los clientes pueden no entender cómo se toman las decisiones sobre sus solicitudes de crédito, lo que dificulta la identificación y corrección de errores o injusticias.
Amenazas a la privacidad.	La recopilación y análisis de grandes volúmenes de datos personales y financieros plantea riesgos significativos para la privacidad. Existen posibilidades de violaciones de datos, uso indebido de la información y falta de consentimiento informado de los clientes sobre cómo se utilizan sus datos.

Errores. Fallos de funcionamiento.	Los modelos de IA no son infalibles y pueden cometer errores en la evaluación de la solvencia financiera. Como consecuencia, un mal funcionamiento del sistema puede llevar a la denegación de créditos a clientes solventes o la aprobación de créditos a clientes con alto riesgo de incumplimiento, afectando la estabilidad financiera tanto del cliente como de la entidad financiera.
Dependencia de datos alternativos.	Como hemos visto anteriormente, algunos modelos de IA utilizan datos alternativos como la actividad en redes sociales o el historial de navegación, que pueden no ser indicativos de la solvencia real del cliente. La utilización de datos no tradicionales puede llevar a evaluaciones injustas y decisiones basadas en información irrelevante o no confiable.Igualmente, puede conllevar la violación de la legislación sobre tratamiento y protección de datos al usar datos relativos a un particular sin su conocimiento, consentimiento o recabados de fuentes que los obtuvieron para fines diferentes a los finalmente utilizados.
Impacto en la reputación del cliente.	Una evaluación incorrecta o sesgada puede dañar la reputación crediticia de un cliente, dificultando su acceso a productos financieros en el futuro. Este es un aspecto que no suele mencionarse frecuentemente, pero que sin embargo tiene una gran importancia.

Entidades financieras y aseguradoras utilizan múltiples fuentes de información
para recabar datos financieros y no financieros de cada uno de nosotros a
fin de establecer valoraciones sobre nuestra solvencia y riesgo.

PARA LECTORES AVANZADOS. EL CONCEPTO DE REPUTACIÓN FINANCIERA

La reputación financiera de los clientes es un concepto crucial en el sistema financiero y tiene un papel destacado en el proceso de contratación crediticia. A continuación, te explico en detalle:

En qué consiste

La reputación financiera se refiere a la evaluación general de la solvencia y el comportamiento financiero de una persona o entidad, basada en su historial de pagos, nivel de endeudamiento, y otras conductas financieras. Se obtiene a través de la recopilación y análisis de datos sobre el comportamiento crediticio pasado y presente.

La reputación financiera está ampliamente reconocida e identificada en el sistema financiero. Esta reputación se refleja en el historial crediticio de los clientes, el cual es recopilado por agencias de crédito y otros organismos financieros.

La reputación financiera juega un papel fundamental en el proceso de contratación de créditos. Las instituciones financieras **la utilizan para evaluar el riesgo asociado con otorgar un préstamo a un cliente.** Un buen historial crediticio suele facilitar la obtención de créditos con mejores condiciones (menores tasas de interés, mayores cantidades a financiar, plazos más largos), mientras que un mal historial puede resultar en la denegación del crédito o en condiciones menos favorables.

Cuerpos normativos que afectan a la reputación financiera de los clientes.

Normativa sobre protección de datos: estas leyes aseguran que la información financiera de los clientes sea manejada de manera confidencial y solo sea utilizada con su consentimiento.

Normativa sobre relación con los clientes y las entidades de crédito: estas normativas garantizan que las prácticas de evaluación crediticia sean justas y transparentes. Protegen a los consumidores de prácticas abusivas por parte de las agencias de crédito y las instituciones financieras.

Normas específicas sobre la evaluación de la solvencia crediticia: existen regulaciones que guían cómo las instituciones financieras deben manejar la información crediticia y evaluar el riesgo. En muchos países, los bancos y las instituciones financieras están obligados a seguir normas específicas para la evaluación de la solvencia crediticia de los clientes.

¿QUÉ NORMATIVA PROTEGE A LOS CLIENTES EN EL CASO DE LA VALORACIÓN CREDITICIA?

En este caso debemos tener presente los que dicen tres cuerpos normativos:

▸ El Reglamento de Inteligencia Artificial, en lo referente al uso de sistemas de IA en el análisis de la solvencia financiera de los clientes.

▸ El Reglamento General de Protección de datos, y en España su Ley Orgánica correspondiente, en todo lo referente al uso de los datos personales para elaborar perfiles y valoraciones y los derechos de los clientes para conocer qué datos se han utilizado y cómo se han valorado.

▸ La normativa bancaria que regula la actividad crediticia en cada nación, que abarca desde leyes y reglamento hasta directrices de funcionamiento de cada Banco Central, y en España, del Banco de España.

Veámoslo.

¿Qué dice el Reglamento Europeo de IA sobre el uso de esta tecnología en sus relaciones con los clientes?

En el caso de los servicios financieros, el Reglamento Europeo busca evitar solapamientos con una muy nutrida normativa europea de Reglamentos y Directivas que se ha transpuesto a los ordenamientos de las naciones de la Unión, y que regulan de forma detallada los procesos de funcionamiento de las operaciones bancarias y las relaciones con los clientes. De hecho, explícitamente, aunque reconoce que los sistemas de IA que se utilicen para evaluar la capacidad financiera de los clientes pueden categorizarse como sistemas de alto riesgo, se remiten a la legislación específica sobre este sector, y solo, de forma subsidiaria, aconsejan seguir las reglas establecidas en el reglamento para evaluar los riesgos y el impacto de los sistemas de IA que se pongan en servicio. Así lo establece el artículo 17 del Reglamento:

Artículo 17

Sistema de gestión de la calidad

1.   Los proveedores de sistemas de IA de alto riesgo establecerán un sistema de gestión de la calidad que garantice el cumplimiento del presente Reglamento. Dicho sistema deberá consignarse de manera sistemática y ordenada en documentación en la que se recojan las políticas, los procedimientos y las instrucciones e incluirá, al menos, los siguientes aspectos...

*4.   **En el caso de los proveedores que sean entidades financieras** sujetas a requisitos relativos a su gobernanza, sus sistemas o sus procesos internos en virtud del Derecho de la Unión en materia de servicios financieros, se considerará que se ha cumplido la obligación de establecer un sistema de gestión de la calidad, salvo en relación con lo dispuesto en el apartado 1, letras g), h) e i), del presente artículo cuando se respeten las normas sobre los sistemas o procesos de gobernanza interna de acuerdo con el Derecho pertinente de la Unión en materia de servicios financieros. A tal fin, se tendrán en cuenta todas las normas armonizadas que se mencionan en el artículo 40.*

Y cuales son esos aspectos que sí deben cumplir:

g) el sistema de gestión de riesgos que se menciona en el artículo 9;

h) el establecimiento, aplicación y mantenimiento de un sistema de vigilancia poscomercialización de conformidad con el artículo 72;

i) los procedimientos asociados a la notificación de un incidente grave con arreglo al artículo 73;

Veremos posteriormente qué dicen estos artículos.

Con respecto a la **documentación técnica que deben conservar sobre el uso de sistemas de IA en sus procesos de trabajo, el artículo 18 del Reglamento** sí les obliga a cumplir con estas reglas:

Artículo 18

Conservación de la documentación

1.   Durante un período de diez años a contar desde la introducción en el mercado o la puesta en servicio del sistema de IA de alto riesgo, el proveedor mantendrá a disposición de las autoridades nacionales competentes: ...

3.   Los proveedores que sean entidades financieras sujetas a requisitos relativos a su gobernanza, sus sistemas o sus procesos internos en virtud del Derecho de la Unión en materia de servicios financieros mantendrán la documentación técnica como parte de la documentación conservada en virtud del Derecho pertinente de la Unión en materia de servicios financieros.

La regulación es la misma en el caso de los archivos de registro generados automáticamente por los sistemas de IA, según establece **el artículo 19.**

2.   Los proveedores que sean entidades financieras sujetas a requisitos relativos a su gobernanza, sus sistemas o sus procesos internos en virtud del Derecho de la Unión en materia de servicios financieros mantendrán los archivos de registro generados automáticamente por sus sistemas de IA de alto riesgo como parte de la documentación conservada en virtud del Derecho pertinente en materia de servicios financieros.

El mismo criterio se sigue en el artículo 26 con respecto a las obligaciones de los responsables del despliegue de sistemas de IA, remitiéndose a las normas específicas de regulación del sector financiero.

En esa remisión general a la normativa de regulación de las entidades financieras que hace el Reglamento de IA, incluso la autoridad de control no será la general destinada a la supervisión del uso de la IA en cada país, sino que serán las autoridades de supervisión bancaria.

Artículo 74.6)

En el caso de los sistemas de IA de alto riesgo introducidos en el mercado, puestos en servicio o utilizados por entidades financieras reguladas por el Derecho de la Unión en materia de servicios financieros, la autoridad de vigilancia del mercado a efectos del presente Reglamento será la autoridad nacional pertinente responsable de la supervisión financiera de dichas entidades con arreglo a la mencionada legislación, en la medida en que la introducción en el mercado, la puesta en servicio o la utilización del sistema de IA esté directamente relacionada con la prestación de dichos servicios financieros.

CONCLUSIONES

- Como podemos ver, salvo algún detalle específico, el Reglamento Europeo de Inteligencia Artificial no incluye en el régimen general de cumplimiento normativo que establece esta norma a un sector que está ya de sí muy regulado y controlado.
- El fin es evitar duplicidades normativas que entorpecerían los procedimientos de gestión financiera y crediticia, ya de por sí complejos.
- Por otra parte, no es de extrañar que no se sobre regule un sector económico ya de por sí hiperregulado, dado que el Compliance corporativo tuvo su origen precisamente hace más o menos un siglo en el propio sector financiero en Estados Unidos. Normas como la Federal Reserve Act de 1913, y sobre todo la Banking Act de 1933[44] pusieron las bases de los

44 La Banking Act de 1933, también conocida como la Ley Glass-Steagall, es una legislación crucial en la historia bancaria de Estados Unidos. Esta Ley se promulgó durante la Gran Depresión para restaurar la confianza pública en el sistema bancario y prevenir futuras crisis financieras. Los puntos clave de la Ley son los siguientes: separación de Bancos Comerciales y Bancos de Inversión. Establecimiento de la FDIC: la Ley creó la Federal Deposit Insurance Corporation (FDIC), que aseguraba los depósitos bancarios individuales hasta una cierta cantidad, tal y como ocurre en España en la actualidad. Regulación de Préstamos y Prácticas Bancarias: introdujo regulaciones más estrictas sobre la concesión de préstamos y la gestión de los bancos, para reducir el riesgo de prácticas bancarias imprudentes. Reforma del Sistema Bancario: implementó una serie de reformas para fortalecer el sistema bancario, incluyendo la supervisión y regulación más estricta de los bancos nacionales.

modelos de cumplimiento normativo y prevención de delito en el ámbito financiero. Regulaciones que sirvieron de modelo para las futuras reglas de compliance corporativo y penal actuales.

▼ Veremos más adelante qué dice nuestra regulación bancaria sobre los derechos de los clientes en este tipo de operaciones.

¿En qué medida nos ayuda el Reglamento General de Protección de Datos?

Como hemos reiterado en varias ocasiones, un sistema o un modelo de Inteligencia Artificial es en un cincuenta por ciento, al menos, datos. Datos que se han usado para entrenar el modelo, datos que utiliza e interpreta para poder tomar decisiones. Datos que provienen de múltiples fuentes de información. Pero que en el caso de los sistemas utilizados en el análisis de la solvencia financiera de los clientes son datos personales.

Como vimos en el capítulo 1, **los responsables del tratamiento de esos datos serán en este caso las entidades financieras que usan los mismos, a través de estas tecnologías de Inteligencia Artificial,** para obtener las primeras conclusiones sobre la capacidad de solvencia y·el riesgo financiero de cada operación analizada a las solicitudes de los clientes.

El capítulo III del Reglamento General de Protección de Datos, **en sus artículos 12 al 15** describe **la obligación de transparencia** que el responsable o el encargado de tratamiento deben tener frente al interesado a la hora de informar qué datos personales posee de esa persona. En este caso el denominado "interesado" por la norma no es otro sino el cliente que ha solicitado el préstamo o cualquier otro producto financiero.

El derecho que describe en esta sección es el DERECHO DE ACCESO, consagrado en concreto en el artículo 15. Como vimos en el capítulo 1, en concreto tenía derecho a saber si se habían tomado decisiones automatizadas usando sus datos personales.

Artículo 15. Derecho de acceso del interesado

1. El interesado tendrá derecho a obtener del responsable del tratamiento confirmación de si se están tratando o no datos personales que le conciernen y, en tal caso, derecho de acceso a los datos personales y a la siguiente información: ...

*h) **la existencia de decisiones automatizadas, incluida la elaboración de perfiles**, a que se refiere el artículo 22, apartados 1 y 4, y, al menos en tales casos, información significativa sobre la lógica aplicada, así como la importancia y las consecuencias previstas de dicho tratamiento para el interesado.*

Recordemos que el artículo 22 del Reglamento General de Protección de Datos dice lo siguiente:

> **Artículo 22. Decisiones individuales automatizadas, incluida la elaboración de perfiles.**
>
> 1. *Todo interesado **tendrá derecho a no ser objeto de una decisión basada únicamente en el tratamiento automatizado**, incluida la elaboración de perfiles, que produzca efectos jurídicos en él o le afecte significativamente de modo similar.*

Sobre el papel parecen dos artículos muy favorables a evitar que se nos apliquen de forma que nos pueda perjudicar este tipo de tecnologías. Ahora bien, el mismo artículo 22 pone una serie de excepciones a este derecho general:

> **2. El apartado 1 no se aplicará si la decisión:**
>
> *a) **es necesaria para la celebración o la ejecución de un contrato entre el interesado y un responsable del tratamiento;***
>
> *b) está autorizada por el Derecho de la Unión o de los Estados miembros que se aplique al responsable del tratamiento y que establezca asimismo medidas adecuadas para salvaguardar los derechos y libertades y los intereses legítimos del interesado o,*
>
> *c) **se basa en el consentimiento explícito del interesado.***

Como podemos observar, los párrafos a) y c) dan cobertura al uso de los datos de cualquier cliente con el fin de evaluar su solvencia financiera.

Tengamos presente que al final, la decisión la toma un equipo de analistas de riesgos. De personas humanas, no de máquinas, por lo que la entidad financiera cumpliría con lo establecido a su vez en el párrafo 3 de este mismo artículo:

> 3. *En los casos a que se refiere el apartado 2, letras a) y c), el responsable del tratamiento adoptará las medidas adecuadas para salvaguardar los derechos y libertades y los intereses legítimos del interesado, como mínimo **el derecho a obtener intervención humana por parte del responsable, a expresar su punto de vista y a impugnar la decisión.***

En definitiva, que tenemos el derecho a que al final la decisión de que nos den o no un préstamo y en qué condiciones haya sido una decisión humana. En todo caso podemos tener derecho a impugnar la misma y al menos a conocer qué datos se han usado para elaborar ese perfil previo de solvencia.

Para obtener esos datos, los artículos 13 y 14 del Reglamento describen qué información deben facilitar al interesado (el cliente bancario en nuestro caso). El artículo 13 describe qué información se debe facilitar de los datos que el propio cliente haya facilitado directamente. El artículo 14 describe qué información debe facilitar el responsable del tratamiento (en este caso el banco) en el supuesto de que haya utilizado datos obtenidos de fuentes que no haya sido el propio interesado (cliente).

En los dos artículos el responsable del tratamiento está obligado a facilitar toda la información sobre los datos que maneja y para qué fines. Igualmente si con ellos se van a tomar decisiones automatizadas o se van a elaborar perfiles.

¿Cómo nos deben facilitar esta información?

El artículo 12 del Reglamento General de Protección de Datos lo describe detalladamente.

> 1. El responsable del tratamiento tomará las medidas oportunas para facilitar al interesado toda información indicada en los artículos 13 y 14, así como cualquier comunicación con arreglo a los artículos 15 a 22 y 34 relativa al tratamiento, en forma concisa, transparente, inteligible y de fácil acceso, con un lenguaje claro y sencillo, en particular cualquier información dirigida específicamente a un niño. La información será facilitada por escrito o por otros medios, inclusive, si procede, por medios electrónicos. Cuando lo solicite el interesado, la información podrá facilitarse verbalmente siempre que se demuestre la identidad del interesado por otros medios.

Como describe el apartado 3 de este artículo, el responsable de tratamiento tiene un plazo de un mes para facilitar la información solicitada por el cliente. Ese plazo podrá prorrogarse como máximo dos meses más en el caso de que la solicitud sea muy compleja. Solamente en casos excepcionales, en los que la información sea extremadamente difícil de obtener, el responsable del tratamiento se podrá negar a dicha petición.

Por cierto, este derecho es gratuito. El responsable del tratamiento no podrá cobrar al cliente tasa alguna por el ejercicio de este:

> 5. La información facilitada en virtud de los artículos 13 y 14 así como toda comunicación y cualquier actuación realizada en virtud de los artículos 15 a 22 y 34 **serán a título gratuito**.
>
> Cuando las solicitudes sean manifiestamente infundadas o excesivas, especialmente debido a su carácter repetitivo, el responsable del tratamiento podrá:
>
> a) cobrar un canon razonable en función de los costes administrativos afrontados para facilitar la información o la comunicación o realizar la actuación solicitada, o
>
> b) negarse a actuar respecto de la solicitud.
>
> El responsable del tratamiento soportará la carga de demostrar el carácter manifiestamente infundado o excesivo de la solicitud.

CONCLUSIONES

▶ La normativa de protección de datos ofrece cierta cobertura a los clientes para conocer si se han realizado tratamientos automatizados con sus datos personales o si se han usado datos de fuentes de información ajenas al propio interesado en el proceso de elaboración de su perfil como cliente de la entidad financiera.

▶ Igualmente permite saber si ese tratamiento automatizado, en caso de que existan, ha podido influir en el proceso de acceso a un préstamo, o si finalmente ha sido la intervención humana la que ha determinado dicha decisión.

▶ **Puede ser de especial interés conocer los datos alternativos o las fuentes no convencionales** utilizadas para elaborar dicho perfil. Es decir, **los datos de carácter no financiero** que hayan intervenido en la elaboración del perfil y qué peso han tenido en la calificación de riesgo de nuestra solicitud. Es posible que en este caso fuera viable una reclamación por el uso indebido de datos personales.

▶ Pero el Reglamento General de Protección de Datos **no invalida esa elaboración de perfiles siempre que el cliente esté informado**, haya dado su consentimiento y **el mismo sea necesario para poder avanzar en la celebración de un contrato**; en este caso de préstamo.

¿Y qué dice la normativa bancaria?

La normativa es muy amplia en el caso de España, pero vamos a centrarnos en las normas que tratan específicamente los deberes de las entidades financieras a la hora de estudiar una solicitud de préstamo.

La Orden EHA/2899/2011, de 28 de octubre, de transparencia y protección del cliente de servicios bancarios. (BOE de 29) (Corrección de errores BOE de 3 de diciembre) describe detalladamente qué datos puede utilizar una entidad financiera para elaborar el estudio de solvencia de un cliente. En concreto en **su artículo 18 denominado "Evaluación de la solvencia".**

1. Las entidades, antes de que se celebre cualquier contrato de crédito o préstamo, deberán evaluar la capacidad del cliente para cumplir con las obligaciones derivadas del mismo, sobre la base de la información suficiente obtenida por medios adecuados a tal fin, entre ellos, la información facilitada por el propio cliente a solicitud de la entidad.

A estos efectos, las entidades deberán contar con procedimientos internos específicamente desarrollados para llevar a cabo la evaluación de solvencia mencionada en el párrafo anterior. Estos procedimientos serán revisados periódicamente por las propias entidades, que mantendrán registros actualizados de dichas revisiones.

A lo largo del contenido de este artículo describe las fuentes de información y datos que puede utilizar, entre las que están, lógicamente los facilitados por el cliente y otras vinculadas a bases de datos de información financiera:

- ▼ Historial crediticio del cliente.

- ▼ Nivel previsible de ingresos a percibir tras la jubilación.

- ▼ Ingresos, activos en propiedad ahorros.

- ▼ Otras deudas y obligaciones, gastos fijos. Otras posibles garantías ya existentes.

- ▼ Si el préstamo es a interés variable se deberá tener presente la capacidad real de poder hacer frente a las cuotas.

- ▼ Si el cliente pudiera entrar en riesgo de sobre endeudamiento.

A su vez el artículo 29 de la Ley 2/2011, de 4 de marzo, de Economía Sostenible, describe las fuentes de información que pueden utilizar las entidades financieras para elaborar sus informes de solvencia:

*Las entidades de crédito, antes de que se celebre el contrato de crédito o préstamo, deberán evaluar la solvencia del potencial prestatario, sobre la base de una información suficiente. A tal efecto, dicha información podrá incluir la facilitada por el solicitante, **así como la resultante de la consulta de ficheros automatizados de datos**, de acuerdo con la legislación vigente, especialmente en materia de protección de datos de carácter personal.*

Habitualmente se refiere a los ficheros vinculados al riesgo o solvencia financiera como los ficheros de morosos.

La Ley 16/2011, de 24 de junio, de contratos de crédito al consumo, que afecta también a las entidades de crédito, establece a su vez en su artículo 14 a la hora de evaluar la solvencia del consumidor...

Artículo 14. Obligación de evaluar la solvencia del consumidor.

*El prestamista, antes de que se celebre el contrato de crédito, deberá evaluar la solvencia del consumidor, sobre la base de **una información suficiente obtenida por los medios adecuados a tal fin, entre ellos, la información facilitada por el consumidor**, a solicitud del prestamista o intermediario en la concesión de crédito. Con igual finalidad, podrá consultar los ficheros de solvencia patrimonial y crédito,... En el caso de las entidades de crédito, para la evaluación de la solvencia del consumidor se tendrán en cuenta, además, las normas específicas sobre gestión de riesgos y control interno que les son aplicables según su legislación específica.*

CONCLUSIONES

▶ No hay en la normativa reguladora de la operativa bancaria una norma que prohíba expresamente la utilización de datos que hayan sido facilitados por el solicitante del préstamo.

▶ Al contrario, en varios artículos se hace referencia al uso de ficheros de morosos y otras fuentes de información sobre el riesgo financiero de los clientes.

▶ Igualmente, no hay ninguna norma que prohíba expresamente el uso de otros datos no convencionales para evaluar el riesgo de una operación, como pueden ser datos de historial laboral, salud o cualquier otro dato personal relevante para evaluar el riesgo, según el criterio de la entidad financiera.

▶ Si es cierto que los datos que utilice esa entidad deben haber sido recabados de fuentes de información en donde esos datos se hayan obtenido con el consentimiento del propio interesado (el cliente) aunque sean fuentes de información no convencionales y ajenas al ámbito financiero.

▶ Alternativamente, la entidad financiera puede solicitar la autorización del propio interesado (el cliente) para recabar dichos datos e informarle de la finalidad, es decir, para qué uso y con qué beneficio utilidad, se van a usar los mismos.

▶ Si no se cumple alguno de los requisitos descritos en los dos párrafos anteriores, la entidad financiera no podría usar esos datos no convencionales, en el proceso de evaluación del riesgo de la operación.

6.3 ANÁLISIS DEL RIESGO A ASEGURAR Y ADAPTACIÓN DE LA PRIMA DE RIESGO

El tercero de los apartados está vinculado a las actividades de las aseguradoras.

Como en los casos anteriores, las mismas utilizan tecnologías muy similares a las ya descritas para analizar el perfil del riesgo a asegurar y ajustar el precio de sus pólizas y el nivel de cobertura.

Las pólizas de seguro pueden variar significativamente en su precio para los clientes en función de la valoración del riesgo de cobertura realizada por sistemas de Inteligencia Artificial (IA). Estos sistemas permiten a las aseguradoras evaluar el riesgo de manera más precisa y personalizada, lo que se traduce en precios de primas más ajustados a las características individuales de cada asegurado.

¿Cómo afecta esta tecnología a la elaboración de una oferta de cobertura en el caso de los seguros?

1. *Haciendo una evaluación personalizada del riesgo:*

   - **Utilizando sistemas muy sofisticados de análisis de datos.** Los sistemas de IA analizan una amplia variedad de datos, incluyendo el historial de siniestros del cliente, su comportamiento en redes sociales, datos de salud, datos de vehículos y patrones de conducción, entre otros.

   - **Usando esos datos para desarrollar modelos predictivos**: utilizan modelos predictivos para estimar la probabilidad de que el asegurado presente una reclamación. Estos modelos consideran factores específicos que afectan el riesgo, como la edad, ubicación, historial médico, y hábitos de conducción, por ejemplo.

2. *Aplicando una política de precios dinámicos:*

   - **Primas ajustadas**: en función de la valoración del riesgo, las aseguradoras pueden ajustar las primas de manera dinámica. Un cliente con un perfil de bajo riesgo puede recibir una prima más baja, mientras que uno con un perfil de alto riesgo puede enfrentar una prima más alta.

   - **Descuentos personalizados**: las aseguradoras pueden ofrecer descuentos personalizados basados en comportamientos específicos. Por ejemplo, en seguros de automóvil, conductores con patrones de conducción seguros (monitoreados a través de dispositivos telemáticos) pueden recibir descuentos.

3. *Segmentado (categorizando) a los clientes:*

   - **Clustering**: la IA permite segmentar a los clientes en grupos homogéneos con características de riesgo similares. Esta segmentación ayuda a las aseguradoras a diseñar productos específicos y estrategias de precios para cada segmento.

   - **Productos a medida**: las aseguradoras pueden desarrollar productos a medida para diferentes segmentos de clientes, ofreciendo coberturas que se adapten mejor a sus necesidades específicas.

Ejemplos de usos de esta tecnología:

▸ **Telemática en seguros de automóvil**: algunas aseguradoras utilizan dispositivos telemáticos para monitorizar el comportamiento de conducción de sus clientes. Basado en estos datos, ajustan las primas de seguros de automóvil. Conductores que demuestran hábitos seguros que pueden recibir primas más bajas.

▸ **Salud y bienestar**: en este caso utilizan IA para analizar datos de salud y hábitos de vida de los asegurados. Los clientes que participan en programas de bienestar y mantienen hábitos saludables pueden beneficiarse de primas reducidas en sus seguros de salud.

▸ **Análisis de riesgos en seguros de hogar**: en el campo de los seguros del hogar, alguna aseguradora emplea algoritmos de IA para evaluar riesgos específicos relacionados con la ubicación del hogar, el tipo de construcción, y el historial de siniestros en la zona. Esto permite ajustar las primas en función del riesgo particular de cada vivienda.

Riesgos del uso de la IA en la elaboración de las ofertas de cobertura para los asegurados:

Aparte de los ya mencionados riesgos de sesgo en el entrenamiento previo de los algoritmos que se utilicen para analizar los datos recabados de cada caso; o del uso de datos recabados de fuentes terceras sin la autorización de los propios interesados y vulnerando por tanto sus derechos de protección de datos, existe un riesgo muy importante que es el denominado RIESGO DE EXCLUSIÓN. Clientes con altos riesgos podrían enfrentar primas prohibitivamente altas, limitando su acceso a ciertos productos de seguros. Y como consecuencia, impidiendo el desarrollo de alguna actividad, ya sea personal o profesional.

6.4 CONCLUSIONES

▸ El mayor riesgo para los usuarios a la hora de verse sometidos a una elaboración previa de perfiles de sus datos personales y una valoración automatizada de sus riesgos o solvencia está asociado al uso de datos no convencionales, a los que las entidades financieras o aseguradoras den un peso que pudiera ser excesivo.

▶ Existe un riesgo legal asociado a que dichos datos no convencionales hayan sido recabados de fuentes de terceros sin el debido consentimiento de los interesados (los clientes), lo que supondría que esa valoración del riesgo o solvencia financiera se realizaría con medios indebidos, y, por lo tanto, vulnerando la normativa general de protección de datos y la propia normativa del sector financiero y asegurador.

▶ Es evidente que, si dichos datos se obtienen con el consentimiento expreso de los interesados, el uso de estos, aunque sean datos no convencionales, es legal.

▶ Ahora bien, el cliente tiene derecho a su vez a acceder a esos datos utilizados en el perfil que de él o ella se haya elaborado por parte de la entidad financiera, y a saber cómo se han utilizado los mismos y qué peso han tenido en la oferta comercial que sobre un contrato de préstamo o sobre un seguro se le haya ofrecido.

▶ En caso de que no esté conforme con el tratamiento que se ha realizado de dichos datos, el cliente podrá utilizar los canales de reclamación que las entidades financieras ponen al servicio en este caso. Podrá elevar esa reclamación ante las autoridades estatales de supervisión bancaria.

▶ En caso de que el cliente haya detectado que algunos de los datos recabados o usados para la elaboración del perfil financiero no tienen su consentimiento, podrá denunciar esta circunstancia ante el propio responsable de protección de datos y/o cumplimiento normativo de la entidad financiera a fin de que tome las medidas correctivas correspondientes.

▶ Eventualmente podrá denunciar esta situación ante la autoridad nacional de control de protección de datos. La AEPD (Agencia Española de Protección de Datos) en el caso de España.

Anexo al capítulo 1

EL REGLAMENTO EUROPEO DE INTELIGENCIA ARTIFICIAL

Como comentamos en el apartado 1.4.1. del capítulo 1, el pasado 14 de marzo de 2024 se aprobó por el parlamento Europeo el Reglamento Europeo de Inteligencia Artificial, que entrará en vigor con una serie de plazos sucesivos que van de los seis a los 36 meses desde que se publique en el Diario de la Unión Europea.

A1.1 ¿CUÁL ES EL OBJETIVO DE ESTE REGLAMENTO?

Prioritario: dar seguridad jurídica y *garantías de protección de los derechos de los ciudadanos* frente al uso extensivo que se ha producido de las tecnologías que denominamos Inteligencia Artificial en las últimas.

▼ *Crear un mercado de desarrollo tecnológico que sea respetuoso* con los principios y valores que regulan el mercado Interior de la Unión Europea. Que combine a la vez el respeto a esas reglas del juego, pero que a la vez fomente un desarrollo tecnológico competitivo de las industrias digitales, de inteligencia artificial y de robótica europeas.

▼ *Fomentar el uso y diseño de sistemas de Inteligencia Artificial basados en la ética,* en donde el ciudadano, sus derechos y libertades estén en la base de dicho diseño y de su uso.

Como se dice en el Considerando n°. 1 de la norma:

El objetivo del presente Reglamento es mejorar el funcionamiento del mercado interior estableciendo un marco jurídico uniforme, en particular para el desarrollo, la comercialización, la puesta en servicio y el uso de sistemas de inteligencia artificial (sistemas de IA) en la Unión, de conformidad con los valores de la Unión, promover la adopción de la Inteligencia Artificial (IA) centrada en el ser humano y digna de confianza, garantizando al mismo tiempo un alto nivel de protección de la salud, la seguridad, los derechos fundamentales consagrados en la Carta de los Derechos Fundamentales de la Unión Europea (la "Carta"), ...

No debemos pensar que estas afirmaciones de los considerandos que preceden al cuerpo de artículos de la norma **son meras palabras huecas. Muy al contrario**, nos describen de forma detallada cual es el espíritu, el objetivo, la visión y la misión de esta norma, y **de qué manera se debe interpretar el complejo repertorio de ciento trece artículos, trece anexos y más de 460 páginas que componen esta norma.**

Y a qué afecta. ¿Afecta a todos los sistemas de IA?

No, como veremos más adelante, hace un acercamiento a la regulación en base a una **categorización de tipos de sistemas de Inteligencia Artificial en función de su finalidad,** de tal forma que **establece una graduación de obligaciones a cumplir** en función de esa categorización, siendo en algunos casos finalidades prohibidas por vulnerar derechos fundamentales especialmente protegidos, y en otros casos exigiendo un alto nivel de control, seguridad y transparencia para aquellos sistemas cuyos fines puedan afectar a derechos fundamentales de los ciudadanos, y rebajando esos niveles de exigencia y control para el resto de los sistemas.

A1.2 SU NATURALEZA DE REGLAMENTO

¿Por qué se ha elaborado un Reglamento y no una Directiva?
¿Qué importancia tiene que sea un Reglamento?

Tanto las Directivas como los Reglamentos son derecho vinculante de la Unión Europea, que debe ser aplicado en cada uno de los estados miembros. La diferencia estriba en que el Reglamento es de aplicación directa en cada uno de los estados, como si fuera legislación interna.

Por el contrario, la Directiva debe transponerse al derecho interno de cada una de las naciones miembros de la Unión. **A través de una norma propia de cada Estado miembro que recoja los principios y regulación que establezca la Directiva en cada caso.** El contenido de dicha transposición deberá respetar lo establecido en la Directiva, pero esta no es aplicable directamente por las autoridades de un Estado de la Unión, a diferencia del Reglamento que sí es aplicable directamente, sin necesidad de una ley que adapte su contenido al derecho local.

¿Qué ventajas tiene que sea un Reglamento?

1. **Homogeneidad en su interpretación y aplicación** en todo el territorio de la Unión Europea. Son las mismas normas, las mismas reglas y entran en vigor a la vez en todos los países de la Unión.

2. **Rapidez de su aplicación.** A diferencia de una Directiva, en donde los países miembros tienen un período para transponer su contenido a normativa local, los plazos de aplicación suelen ser más rápidos desde que un Reglamento se publica en el Diario de la Unión Europea. En este caso, los primeros efectos de su aplicación se darán a partir de los seis meses de su publicación.

Como dice el considerando n°. 3 de la norma:

… La existencia de normas nacionales divergentes puede conducir a la fragmentación del mercado interior y disminuir la seguridad jurídica de los operadores que desarrollan, importan o utilizan sistemas de IA. Por consiguiente, debe garantizarse un nivel de protección coherente y elevado en toda la Unión para lograr una IA digna de confianza, al tiempo que deben evitarse las divergencias que obstaculizan la libre circulación, la innovación, el despliegue y la adopción de sistemas de IA y productos y servicios relacionados dentro del mercado interior, estableciendo obligaciones uniformes para los operadores y garantizando la protección uniforme de las razones imperiosas de interés público y de los derechos de las personas en todo el mercado interior …

A1.3 ¿A QUÉ TECNOLOGÍAS AFECTA?

Esta es una pregunta clave. **¿Qué tecnologías de Inteligencia Artificial se ven afectadas por esta norma?**

El artículo 3 del Reglamento define de qué tecnologías estamos hablando al describir qué es un SISTEMA DE INTELIGENCIA ARTIFICIAL:

> "*«Sistema de IA»:* **un sistema basado en una máquina** *diseñado para funcionar con distintos niveles de autonomía, que puede mostrar capacidad de adaptación tras el despliegue y que, para objetivos explícitos o implícitos, infiere de la información de entrada que recibe la manera de generar información de salida, como predicciones, contenidos, recomendaciones o decisiones, que puede influir en entornos físicos o virtuales*".

Cuando el Reglamento define el concepto de sistema de IA con la característica de que está basado en máquinas lo que quiere decir es que un sistema de IA funciona o se ejecutan en máquinas, siendo el concepto de "máquina" en el Reglamento un concepto amplio, que abarca tanto servidores informáticos u ordenadores, como robots asistidos por sistemas de IA, infraestructuras industriales controladas total o parcialmente por ordenadores, coches autónomos, etc. En este sentido abarca tanto los sistemas de IA situada como no situada.

A partir de aquí, en los artículos 5 y 6 se describen los sistemas (o prácticas, como los denomina el Reglamento) que están prohibidas y las de alto riesgo (artículo 6 y anexos), que son el núcleo de la regulación del Reglamento.

A1.4 PRÁCTICAS DE INTELIGENCIA ARTIFICIAL PROHIBIDAS

Sistemas de IA que manipulen a las personas.	Artículo 5.1. a) La introducción en el mercado, la puesta en servicio o la utilización de un sistema de IA que se sirva de **técnicas subliminales que trasciendan la conciencia de una persona** o de técnicas **deliberadamente manipuladoras o engañosas** con el objetivo o el efecto de alterar de manera sustancial el comportamiento de una persona o un grupo de personas, mermando de manera apreciable su capacidad para tomar una decisión informada y haciendo que una persona tome una decisión que de otro modo no habría tomado, de un modo que provoque, o sea probable que provoque, perjuicios considerables a esa persona, a otra persona o a un grupo de personas.

Sistemas que se aprovechen de la vulnerabilidad de las personas.	Artículo 5.1.b) La introducción en el mercado, la puesta en servicio o la utilización de un **sistema de IA que explote alguna de las vulnerabilidades de una persona o un grupo específico de personas derivadas de su edad o discapacidad, o de una situación social o económica específica,** con el objetivo o el efecto de alterar de manera sustancial el comportamiento de dicha persona o de una persona que pertenezca a dicho grupo de un modo que provoque, o sea razonablemente probable que provoque, perjuicios considerables a esa persona o a otra.
Sistemas que clasifiquen o evalúen a grupos de personas en función a su grupo social, características personales o comportamiento social.	Artículo 5.1.c) … de forma que la puntuación ciudadana resultante provoque una o varias de las situaciones siguientes: • Un trato perjudicial o desfavorable hacia determinadas personas físicas o grupos enteros de personas en contextos sociales que no guarden relación con los contextos donde se generaron o recabaron los datos originalmente. • Un trato perjudicial o desfavorable hacia determinadas personas físicas o grupos de personas que sea injustificado o desproporcionado con respecto a su comportamiento social o la gravedad de este.
Sistemas para elaborar perfiles predictivos de actividad delictiva de personas.	El apartado d) del artículo 5.1. **tiene una excepción** en la que esta tecnología se puede utilizar: **esta prohibición no se aplicará** a los sistemas de IA utilizados para apoyar la evaluación humana de la implicación de una persona en una actividad delictiva **que ya se base en hechos objetivos y verificables** directamente relacionados con una actividad delictiva.
Sistemas de reconocimiento facial.	La introducción en el mercado, la puesta en servicio para este fin específico o el uso de sistemas de IA **que creen o amplíen bases de datos de reconocimiento facial mediante la extracción no selectiva de imágenes** faciales de Internet o de circuitos cerrados de televisión.
Sistemas de reconocimiento de emociones en lugares de trabajo o centros educativos.	**Aquí también se establece una excepción:** excepto cuando el sistema de IA esté destinado a ser instalado o introducido en el mercado por motivos médicos o de seguridad.
Sistemas de categorización biométrica con sesgos raciales, sociales, de orientación sexual, políticos o religiosos.	La introducción en el mercado, la puesta en servicio para este fin específico o el uso de sistemas de categorización biométrica **que clasifiquen individualmente a las personas físicas sobre la base de sus datos biométricos** para deducir o inferir su **raza, opiniones políticas, afiliación sindical, convicciones religiosas o filosóficas, vida u orientación sexuales.** EXCEPCIÓN: esta prohibición no abarca el etiquetado o filtrado de conjuntos de **datos biométricos adquiridos legalmente,** como imágenes, basado en datos biométricos ni la categorización de datos biométricos en el ámbito de la aplicación de la ley.

	EXCEPCIONES:
Uso de sistemas de identificación biométrica remota «en tiempo real» en espacios de acceso público con fines de aplicación de la Ley.	• La búsqueda selectiva de víctimas concretas de secuestro, trata de seres humanos o explotación sexual de seres humanos, así como la búsqueda de personas desaparecidas.
	• La prevención de una amenaza específica, importante e inminente para la vida o la seguridad física de las personas físicas o de una amenaza real y actual o real y previsible de un atentado terrorista.
	• La localización o identificación de una persona sospechosa de haber cometido una infracción penal a fin de llevar a cabo una investigación o un enjuiciamiento penales o de ejecutar una sanción penal.
	El uso del sistema de identificación biométrica remota «en tiempo real» en espacios de acceso público solo se autorizará si la autoridad encargada de la aplicación de la Ley ha completado una evaluación de impacto relativa a los derechos fundamentales. En el caso de España es el Ministerio del Interior el organismo competente de autorizar estos sistemas.

A1.5 SISTEMAS DE INTELIGENCIA ARTIFICIAL DE ALTO RIESGO

El artículo 6 del Reglamento define qué se debe considerar un sistema de IA de alto riesgo:

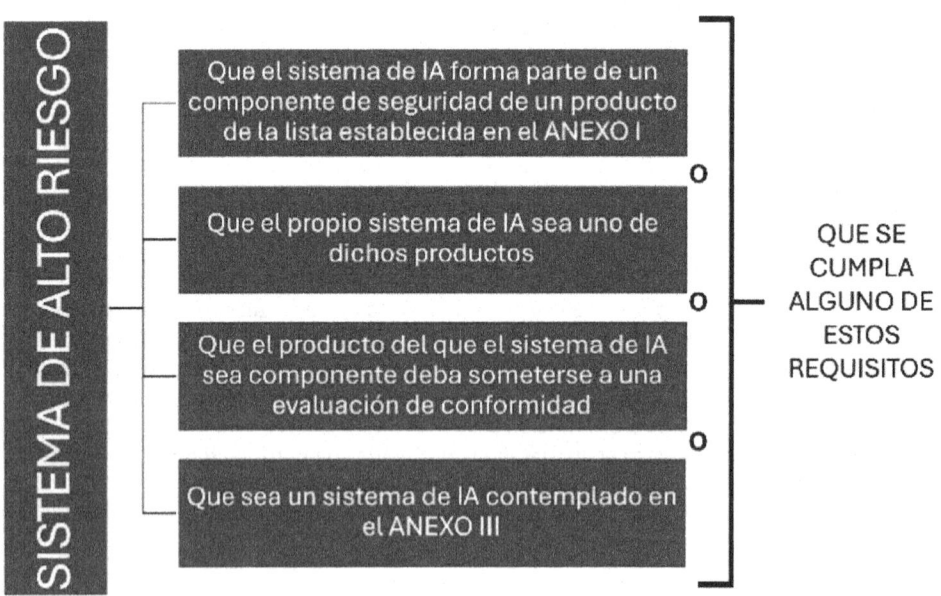

Como vemos, **son sistemas que no están prohibidos**, pero que requieren de una serie de **requisitos** de control de riesgos, seguridad en su funcionamiento, supervisión y transparencia sobre cómo funcionan, **que deben cumplirse previamente a su puesta en servicio.**

El ANEXO I establece este grupo de maquinaria e instalaciones en donde pueden estar integrados estos sistemas de IA y que podrían considerarse por su impacto sobre la seguridad y salud de los ciudadanos, de alto riesgo.

SISTEMAS DE IA QUE PUEDEN LLEGAR A CALIFICARSE DE ALTO RIESGO INCLUIDOS EN EL ANEXO I

El ANEXO I amplía el catálogo de sistemas de IA integrados de máquinas o instalaciones que pudieran ser considerados de alto riesgo en una segunda lista complementaria. Veámoslo.

SISTEMAS DE IA QUE PUEDEN LLEGAR A CALIFICARSE DE ALTO RIESGO INCLUIDOS EN EL ANEXO I (2)

A su vez, el ANEXO III establece esta lista clasificatoria de sistemas de IA de ALTO RIESGO:

LISTA DEL ANEXO III PARA SISTEMAS DE IA DE ALTO RIESGO (1)

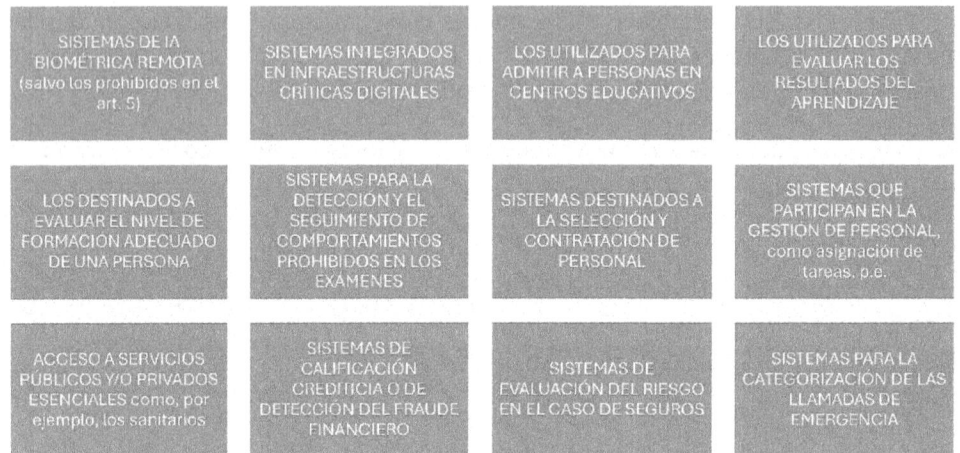

Como vemos, esta lista categoriza muchos de los sistemas de IA que evaluamos en los capítulos 1 a 6, como los destinados a filtrar el acceso al trabajo o a la educación. Pero también los que establecen criterios de triaje en los servicios de urgencia o en las llamadas a servicios de emergencia y policía.

El ANEXO III establece otra serie de listas de sistemas de IA de alto riesgo, en las que incluye como tal determinados usos (prácticas) **no permitidas en el anterior artículo 5, siempre y cuando se apliquen las salvaguardias de seguridad y garantía de los derechos fundamentales de los ciudadanos que se supone deben cumplir los poderes públicos.** En este caso con los sistemas de categorización e identificación biométrica, o como veremos a continuación, sistemas de análisis de contexto o situación social y personal y predicción de que dichas personas pudieran ser víctimas de infracciones penales.

Igualmente se incluyen otras tecnologías utilizadas por los cuerpos de seguridad o las autoridades judiciales como los polígrafos o sistemas predictivos de que una persona pueda ser reincidente en cometer una infracción. Sistemas estos últimos basados en características de comportamiento de personas físicas o grupos de personas.

El apartado 7 de este ANEXO III establece las siguientes excepciones del artículo 5, que pueden considerarse como sistemas de alto riesgo, y no prohibidos:

Control de la migración, asilo y fronteras.	Se permiten estos sistemas para los siguientes fines: • Sistemas de IA destinados a ser utilizados por las autoridades públicas competentes como polígrafos y herramientas similares. • Sistemas de IA destinados a ser utilizados por las autoridades públicas competentes, para evaluar un riesgo, por ejemplo, un riesgo para la seguridad, la salud o de migración irregular, que plantee una persona física que tenga la intención de entrar en el territorio de un Estado miembro o haya entrado en él. • Sistemas de IA destinados a ser utilizados por las autoridades públicas competentes, o en su nombre, o por las instituciones, órganos y organismos de la Unión para ayudar a las autoridades públicas competentes a examinar las solicitudes de asilo, visado o permiso de residencia y las reclamaciones conexas con el fin de determinar si las personas físicas solicitantes reúnen los requisitos necesarios para que se conceda su solicitud, con inclusión de la evaluación conexa de la fiabilidad de las pruebas. • Sistemas de IA destinados a ser utilizados por las autoridades públicas competentes, o en su nombre, incluidas las instituciones, órganos y organismos de la Unión, en el contexto de la migración, el asilo o la gestión del control fronterizo, con el fin de detectar, reconocer o identificar a personas físicas, con excepción de la verificación de documentos de viaje.
Administración de justicia y procesos democráticos.	• Sistemas de IA destinados a ser utilizados por una autoridad judicial, o en su nombre, para ayudar a una autoridad judicial en la investigación e interpretación de hechos y de la ley, así como en la aplicación de la Ley a un conjunto concreto de hechos, o a utilizarse de forma similar en una resolución alternativa de litigios. • Sistemas de IA destinados a utilizarse para influir en el resultado de una elección o referéndum o en el comportamiento electoral de personas físicas que ejerzan su derecho de voto en elecciones o referendos. Quedan excluidos (es decir, no son de alto riesgo) los sistemas de IA a cuya información de salida no estén directamente expuestas las personas físicas, como las herramientas utilizadas para organizar, optimizar o estructurar campañas políticas desde un punto de vista administrativo o logístico.

A1.6 REGLA DE EXCLUSIÓN DE SISTEMAS DE ALTO RIESGO

Tras esta enorme lista de sistemas de IA que se incluyen de esta categoría, el artículo 6 del Reglamento de IA introduce una excepción que permite que los sistemas incluidos en el ANEXO III queden fuera de la consideración de alto riesgo. Y es muy importante:

No obstante lo dispuesto en el apartado 2, (es decir, las listas del ANEXO III), un **sistema de IA no se considerará de alto riesgo si no plantea un riesgo importante de causar un perjuicio a la salud, la seguridad o los derechos fundamentales de las personas físicas,** *en particular al no influir sustancialmente en el resultado de la toma de decisiones. Así será cuando se cumplan una o varias de las condiciones siguientes:*

a) *a) que el sistema de IA tenga por objeto llevar a cabo una* **tarea de procedimiento limitada;**

b) *b) que el sistema de IA* **tenga por objeto mejorar el resultado de una actividad humana previamente realizada;**

c) *c) que el sistema de IA* **tenga por objeto detectar patrones de toma de decisiones o desviaciones con respecto a patrones de toma de decisiones anteriores** *y no esté destinado a sustituir la evaluación humana previamente realizada sin una revisión humana adecuada, ni a influir en ella;*

d) *d) que el sistema de IA tenga por objeto llevar a cabo una tarea preparatoria para una evaluación pertinente a efectos de los casos de uso enumerados en el anexo III.*

Como vemos, en los casos en donde el sistemas de IA no toma la decisión de forma totalmente autónoma o con un nivel de autonomía muy alto, y lo que hace realmente es ayudar a una toma de decisiones que es responsabilidad final de una persona, en estos casos quedarían fuera de esta categorización como de alto riesgo, y por lo tanto, las exigencias de control y seguridad que veremos posteriormente se reducen sustancialmente.

En todo caso, este apartado del artículo 6 plantea a su vez una excepción a la excepción, regalándonos un ejemplo de técnica legislativa abrumadoramente clara y sencilla:

No obstante lo dispuesto en el párrafo primero, los sistemas de IA a que se refiere el anexo III **siempre se considerarán de alto riesgo cuando el sistema de IA lleve a cabo la elaboración de perfiles de personas físicas.**

PARA LECTORES AVANZADOS.
¿QUÉ ES LA ELABORACIÓN DE PERFILES? ¿CÓMO SE UTILIZA?

Con el término "elaboración de perfiles" nos referimos al proceso de **recopilar, analizar y utilizar información detallada sobre individuos o grupos para identificar patrones, características, o comportamientos específicos.** Este concepto se aplica en varios contextos, como en marketing, seguridad, recursos humanos y análisis de datos. Como por ejemplo:

- ***Marketing:*** en este ámbito, la elaboración de perfiles permite a las empresas entender mejor a su público objetivo, creando perfiles detallados de clientes basados en sus comportamientos de compra, intereses y demografía. Esto ayuda a personalizar ofertas y campañas publicitarias.

- ***Seguridad:*** en la seguridad, especialmente en ciberseguridad, se utilizan perfiles para detectar y prevenir comportamientos sospechosos o delictivos. Las autoridades también usan perfiles para identificar y detener a criminales.

- ***Recursos humanos:*** aquí, se crean perfiles de candidatos a empleos para evaluar su idoneidad para ciertas posiciones. Esto puede incluir habilidades, experiencias previas y otros factores relevantes.

- ***Análisis de datos:*** en el análisis de grandes volúmenes de datos, la elaboración de perfiles permite identificar tendencias y patrones que no son evidentes a simple vista. Esto se utiliza en campos como la investigación de mercados, la salud pública y la economía.

PERFILADO DE INDIVIDUOS (1)

Recopilación de datos

Fuentes de datos como:
- Historial policial o judicial.
- Datos personales básicos (edad, género)
- Datos financieros.
- Actividad en redes sociales. Páginas web.
- Estudios.
- Historial laboral.
- Datos de salud.
- Viajes. Etc.

Análisis de los datos

Limpieza y Organización de los datos obtenidos:
- Elimina datos redundantes y corrige errores
- Organiza los datos para su análisis.

Técnicas de análisis:
- Estadísticas descriptivas
- Análisis de patrones.
- Modelos predictivos.

Creación del perfil

- Resumen de las características del sujeto resaltando los patrones clave de su comportamiento.
- Evaluando sus riesgos: desde riesgos económicos hasta riesgos de conducta delictiva pasando por riesgos de salud, por ejemplo.

Aplicación del perfil

- Para seguridad policial.
- Para personalizar los mensajes publicitarios.
- Para evaluar un candidato/a a un puesto de trabajo.
- Para conceder o no un préstamo.
- Para evaluar la cobertura de un seguro, etc.

Cuando nos centramos en la elaboración de perfiles de individuos concretos hablamos de PERFILADO DE INDIVIDUOS que es a lo que se refiere ese último párrafo visto más arriba del artículo 6 del Reglamento Europeo de IA. En este caso implica la **recopilación y análisis de datos detallados sobre una persona** para identificar patrones de comportamiento, características, y posibles riesgos o tendencias.

Veamos un EJEMPLO: Perfil de Riesgo Financiero

1. Recopilación de datos:

- Historial de crédito: puntuación de crédito, historial de pagos, deudas pendientes.

- Ingresos y gastos: salarios, fuentes de ingresos adicionales, patrones de gasto.

- Activos y pasivos: propiedad de bienes inmuebles, vehículos, inversiones, deudas pendientes.

2. Análisis de datos:

- Evaluación del historial de crédito: identificación de patrones de pagos retrasados, incumplimientos.

- Análisis de ingresos y gastos: comparación entre ingresos y gastos para evaluar estabilidad financiera.

- Cálculo de ratios financieros: ratio deuda/ingreso, liquidez, solvencia.

3. Creación del perfil:

- Resumen financiero: puntuación de riesgo financiero basada en la estabilidad de ingresos, historial de pagos y nivel de endeudamiento.

- Recomendaciones: sugerencias para mejorar la salud financiera, como consolidación de deudas o ajuste de patrones de gasto.

4. Aplicación del perfil:

- Aprobación de préstamos: decisiones informadas sobre la concesión de préstamos y créditos.

- Asesoramiento financiero: planes personalizados para mejorar la estabilidad financiera del individuo.

253 EL REGLAMENTO EUROPEO DE INTELIGENCIA ARTIFICIAL

Como podemos observar, un análisis tan detallado ayuda a los gestores financieros a realizar una labor más precisa y de calidad sobre las necesidades de un cliente o sus posibilidades reales de asumir una deuda, por ejemplo.

Tenemos una visión negativa de esta tarea y de estas tecnologías, **pero en muchos casos permiten ofrecer un servicio de mayor calidad y más adaptado a las necesidades de los clientes o usuarios,** al poner en manos de los profesionales responsables en última instancia de tomar una decisión importante, como la del ejemplo, de todos los datos necesarios para poder ofrecer una solución sensata y adaptada a la realidad de cada persona.

Volviendo a nuestro artículo 6, en estos casos del ANEXO III que un proveedor considere que es un sistema que no entra en la categoría de alto riesgo, aun así debe documentar ese sistema **cumpliendo con lo establecido a su vez en el artículo 49 del Reglamento, en su apartado 2. ¿Qué regula ese artículo?**

*Artículo 49.2. Antes de introducir en el mercado o poner en servicio un sistema de IA sobre el que el proveedor haya llegado a la conclusión de que no es de alto riesgo de conformidad con el artículo 6, apartado 3, dicho proveedor o, en su caso, **el representante autorizado registrarán ese sistema y a ellos mismos en la base de datos de la UE a que se refiere el artículo 71.***

Como podemos ver, el legislador, haciendo otro alarde de claridad y simplificación en cuanto a la técnica legislativa, nos ofrece otro salto, cual juego de la oca, de artículo en artículo. Ya hemos pasado del artículo 6 al 49 y ahora nos vamos al 71. Veamos qué dice a su vez, a ver si nos deja claro qué hay que hacer en estos casos, que serán la mayoría:

El artículo 71 describe la creación de una base de datos de registro de los sistemas de Inteligencia Artificial en Europa, para sistemas de alto riesgo.

A su vez este artículo nos remite al ANEXO VIII. Veámoslo:

En su sección B se indica la información que los responsables de desarrollo comercialización de sistemas de IA de alto riesgo, pero que a raíz de que se consideren que su toma de decisiones no es autónoma, sino que simplemente asisten a un humano, que es quien toma la decisión final; y por lo tanto no los categorizamos como de alto riesgo, deben ofrecer esta información en el registro:

1. El nombre, la dirección y los datos de contacto del proveedor.

2. Cuando sea otra persona la que presente la información en nombre del proveedor, el nombre, dirección y datos de contacto de dicha persona.

3. El nombre, la dirección y los datos de contacto del representante autorizado, en su caso.

4. El nombre comercial del sistema de IA y toda referencia inequívoca adicional que permita su identificación y trazabilidad.

5. La descripción de la finalidad prevista del sistema de IA.

6. La condición o condiciones previstas en el artículo 6, apartado 3, con arreglo a las cuales se considera que el sistema de IA no es de alto riesgo.

7. Un breve resumen de los motivos por los que se considera que el sistema de IA no es de alto riesgo en aplicación del procedimiento previsto en el artículo 6, apartado 3.

8. La situación del sistema de IA (comercializado o puesto en servicio, ha dejado de comercializarse o de estar en servicio, recuperado).

9. Todo Estado miembro en el que el sistema de IA se haya introducido en el mercado, puesto en servicio o comercializado en la Unión.

Los tres elementos críticos de esta descripción técnica y con los que hay que tener cuidado son los puntos 5, 6 y 7 resaltados en negrita.

Recapitulemos en el siguiente esquema los pasos lógicos que nos permiten sortear los requisitos exigidos a los sistemas de IA de alto riesgo, aunque estén incluidos en la clasificación del ANEXO III.

PROCESO PARA EVITAR LA CATEGORIZACIÓN PREVIA COMO SISTEMA DE IA DE ALTO RIESGO

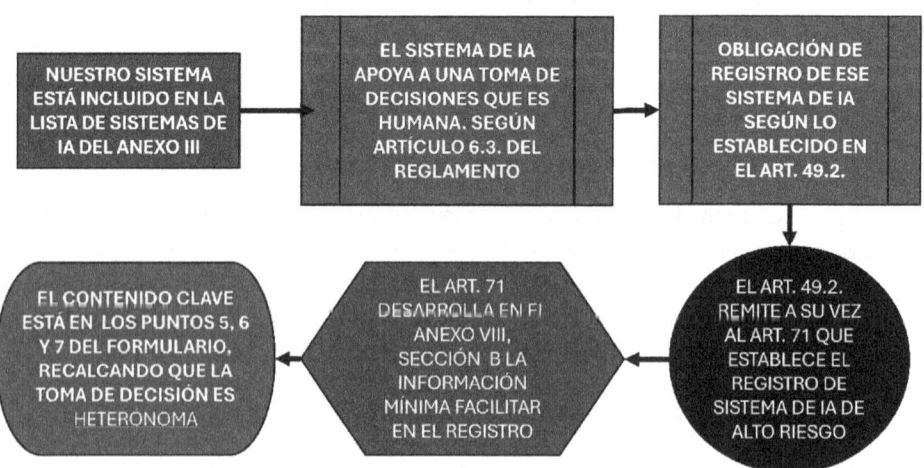

En el capítulo 3 verá el siguiente esquema que volvemos a reproducir inmediatamente:

MODELO DE TOMA DE DECISIONES

AUTÓNOMO	6. AUTÓNOMO	El sistema es capaz de gestionar e incluso modificar sus objetivos de uso y su dominio sin intervención externa.
	5. AUTOMATIZACIÓN TOTAL	El sistema es capaz de desarrollar toda su actividad sin intervención externa
	4. ALTA AUTOMATIZACIÓN.	El sistema realiza parte de su misión sin intervención externa
HETERÓNOMO	3. AUTOMATIZACIÓN CONDICIONAL	El sistema desarrolla una actividad específica con la posibilidad de que un agente externo tome el relevo cuando sea necesario.
	2. AUTOMATIZACIÓN PARCIAL	Algunas subrutinas o subfunciones de un sistema están totalmente automatizadas, pero el sistema está bajo el control de un agente externo.
	1. ASISTENTE	El sistema está asistido por un operador
	0. NO AUTOMATIZADO	El operador controla totalmente los mecanismos del sistema.

(*) FUENTE: ISO IEC JC1 / SC 42. Cotton, Paul; Patel, Milan; Wei, Wei.
Comentarios al concepto de IA. Normas ISO IEC 22989 y 23053

Es crucial que la descripción de los puntos 5 al 7 del formulario de registro de sistemas de IA se ajusten a una descripción del proceso de toma de decisiones del sistema de IA que no sobrepase el nivel 3 de automatización del esquema. Los niveles 4 a 6 supondrían que es un sistema de IA de ALTO RIESGO con la obligatoriedad de todos los requisitos de gobernanza y control de riesgos que exige la norma europea para su puesta en servicio.

A1.7 REQUISITOS QUE SE EXIGEN A LO SISTEMAS DE ALTO RIESGO

El corazón de la regulación del Reglamento europeo de IA está en el conjunto de reglas que describen, desde el artículo 8 en adelante, los requisitos que los responsables de comercialización o uso de un sistema de IA calificado como de alto riesgo, deben cumplir.

El Reglamento establece en el artículo 8 una obligación de carácter general de cumplir con los requisitos descritos en el artículo 9 y siguientes. Pero en su párrafo segundo se abre a la posibilidad de que en determinadas actividades, sobre todo las de sistemas robóticos y sistemas de IA vinculados a maquinaria o instalaciones industriales, es decir, los descritos en la sección primera del ANEXO I del propio Reglamento, **puedan seguir las normas específicas de control y seguridad, desarrolladas para este tipo de actividades, a fin de evitar duplicidades.**

Es el mismo criterio que, como veremos en el capítulo 6, se aplica a las actividades de finanzas y seguros que utilicen sistemas de IA.

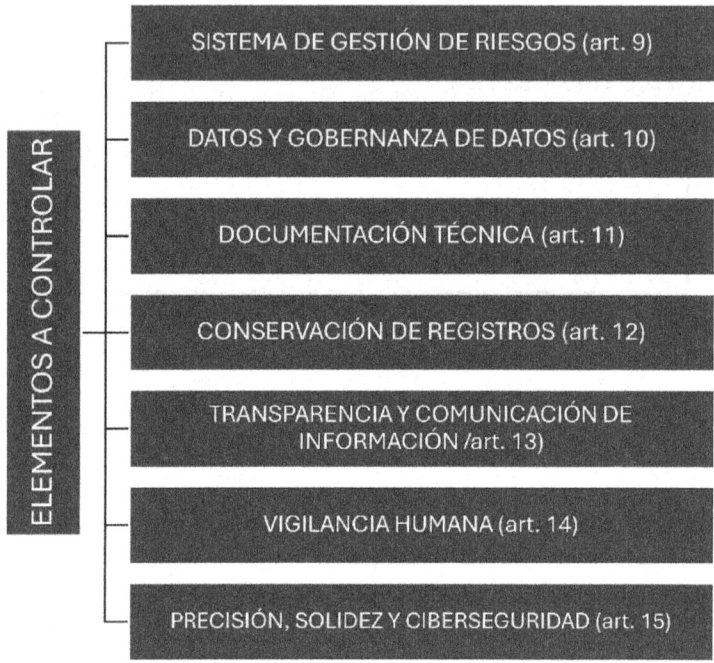

Como vemos en el esquema superior, el Reglamento, de los artículos 9 al 15 establece qué elementos deben controlarse de un sistema de IA calificado de alto riesgo. Este grupo de artículos son realmente las claves de todo el Reglamento. El resto de los procedimientos de registro, procedimientos de control, organismos que controlan el cumplimiento de estos procedimientos, obligaciones de información y régimen de sanciones giran entorno a estos elementos clave que definen la fiabilidad y confianza que deben tener un sistema de IA de alto riesgo, y que de alguna manera, es la guía a seguir, por el resto de los sistemas de IA, tengan o no esa calificación de alto riesgo.

El Reglamento sigue un modelo de gestión del riesgo. Palabra que aparece 761 veces a lo largo del texto legal, lo que nos refleja la importancia que este concepto tiene para el legislador.

Tal y como veremos en el capítulo 2, el artículo 3 del Reglamento, define riesgo como:

> *«Riesgo»: la combinación de la **probabilidad** de que se produzca un **perjuicio** y la **gravedad** de dicho perjuicio.*

Es decir, el la suma de dos factores: la amenaza identificada, el decir, el tipo de perjuicio, y la probabilidad de que esa amenaza se materialice.

Pues bien, todas las exigencias que en estos siete artículos se describen con respecto a los requisitos y procedimientos de control, reglas de seguridad, supervisión humana, documentación, transparencia, robustez informática, ciberseguridad, etc., tiene como fin reducir al máximo esos riesgos inherentes asociados al diseño, entrenamiento, comercialización y puesta en servicio de los sistemas de IA de alto riesgo.

A1.7.1 Sistema de gestión de riesgos (artículo 9)

> *1. Se establecerá, implantará, documentará y mantendrá un sistema de gestión de riesgos en relación con los sistemas de IA de alto riesgo.*
>
> *2. El sistema de gestión de riesgos se entenderá como un proceso iterativo continuo planificado y ejecutado durante todo el ciclo de vida de un sistema de IA de alto riesgo, que requerirá revisiones y actualizaciones sistemáticas periódicas.*

Como podemos ver, en los dos primeros párrafos del artículo 9 se establece la necesidad de implantar ese modelo de gestión de riesgos, que tal y como se describe en el capítulo 2, conlleva los siguientes pasos:

1. Identificar las amenazas y la probabilidad de que ocurran, asociado al uso y la finalidad del sistema de IA de alto riesgo.

2. Determinar el impacto que sobre los derechos y libertades de los ciudadanos, pudieran suponer dichas amenazas.

3. Establecer a partir de ahí un MAPA (o matriz) DE RIESGOS.

4. Definir una serie de PROCEDIMIENTOS DE CONTROL, a través de unas medidas preventivas, que reduzcan al máximo posible esos riesgos inherentes al uso del sistema de IA.

5. Decidir si, una vez implantados esos procedimientos de control, el RIESGO RESIDUAL; es decir, el riesgo que asume la organización tras aplicar esas medidas preventivas de los procedimientos de control, es aceptable. En caso negativo, si se puede reducir aún más; o alternativamente, si la organización ACEPTA ese RIESGO RESIDUAL (APETITO DE RIESGO).

6. Definir igualmente unos procedimientos correctores que permitan corregir un mal funcionamiento no deseado del sistema de IA que haya desbordado los procedimientos preventivos establecida en la MATRIZ DE CONTROL.

Como dice el apartado 2.d) de este artículo 9: *"la adopción de medidas adecuadas y específicas de gestión de riesgos diseñadas para hacer frente a los riesgos detectados …"*

Es decir, que **ese modelo de gestión de riesgos no puede ser estándar**, sino que el análisis de amenazas y riesgos **debe estar realizado a la medida** de la finalidad y usos que se vayan a dar en ese sistema de IA.

En este sentido, el apartado 6 del artículo 9 dice lo siguiente:

*6. Los sistemas de IA de alto riesgo serán sometidos a pruebas destinadas a determinar cuáles son las **medidas de gestión de riesgos más adecuadas y específicas**. Dichas pruebas comprobarán que los sistemas de IA de alto riesgo funcionan de manera coherente con su finalidad prevista y cumplen los requisitos establecidos en la presente sección.*

Lógicamente, el sistema de IA se deberá poner a prueba en base a esa identificación de riesgos a fin de comprobar si las medidas de control de riesgos son eficaces. Estas pruebas se podrán hacer en cualquier momento del proceso de diseño, entrenamiento y preparación para su explotación, PREVIO a su salida al mercado.

8. Las pruebas de los sistemas de IA de alto riesgo se realizarán, según proceda, en cualquier momento del proceso de desarrollo y, en todo caso, antes de su introducción en el mercado o puesta en servicio. Las pruebas se realizarán utilizando parámetros y umbrales de probabilidades previamente definidos que sean adecuados para la finalidad prevista del sistema de IA de alto riesgo.

Se hace una mención especial en el apartado 9 para que se tenga en cuenta el potencial impacto que el sistema de IA pudiera tener en menores de edad y colectivos vulnerables.

Y como hemos visto, si la organización ya está obligada a adoptar un modelo de calidad o de prevención de riesgos interno, por su actividad, o un modelo de compliance, estas reglas podrán integrarse dentro de esos procedimientos de control ya existentes:

10. En el caso de los proveedores de sistemas de IA de alto riesgo que estén sujetos a requisitos relativos a procesos internos de gestión de riesgos con arreglo a otras disposiciones pertinentes del Derecho de la Unión, los aspectos previstos en los apartados 1 a **9 podrán formar parte de los procedimientos de gestión de riesgos establecidos con arreglo a dicho Derecho, o combinarse con ellos.**

A1.7.2 Datos y gobernanza de datos

El artículo 10 del Reglamento describe una serie de CRITERIOS DE CALIDAD que deben reunir los datos que utilicen el sistema de IA en las diferentes fases del ciclo de vida del sistema. Es decir, desde su diseño y entrenamiento hasta su puesta en servicio y su retirada.

En realidad contemplan una traslación de las reglas de protección y tratamiento de datos personales que ya establece el Reglamento general de Protección de Datos de 2016.

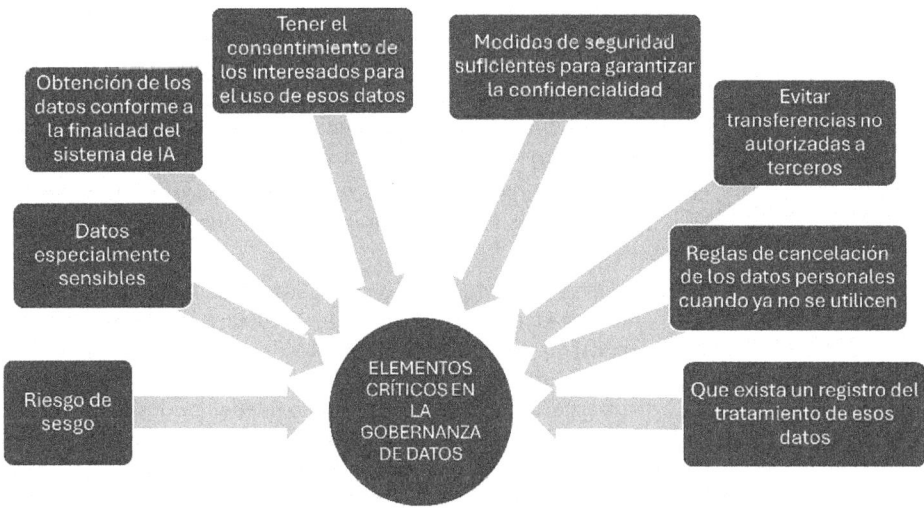

Como podemos ver en el esquema superior, las exigencias en el tratamiento y protección de datos que se describen en este artículo 10 del Reglamento no se separan de las que el propio Reglamento de protección de datos exige para cualquier actividad de tratamiento.

Solo hay una especificidad propia del entorno de sistemas de IA: la mención específica al riesgo de provocar un sesgo en el funcionamiento de los algoritmos por un uso inadecuado de los datos personales utilizados, ya sean los de entrenamiento o los de funcionamiento una vez en servicio.

> Nota: a lo largo de este apartado hablamos continuamente del término "interesado". El interesado es la persona física de la cual se han obtenido los datos personales; ya sea porque esa persona los ha facilitado directamente, ya sea porque accedemos a fuentes de terceros que nos los ceden para los tratamientos que nos interesen.

Los riesgos asociados al uso de los datos los podemos resumir en la siguiente tabla:

Riesgos asociados al consentimiento de los interesados	• Que los datos se hayan obtenido de los interesados sin informarles que se van a usar en un sistema de IA. • Que se hayan obtenido esos datos sin informar a los interesados de las finalidades y los usos que se van a dar a esos datos. • Que los datos se hayan obtenidos de fuentes diferentes de los propios interesados; y que estas fuentes de terceros no hayan recabado los correspondientes consentimientos asociados a la finalidad de uso de estos datos. • Que se hayan obtenido los datos personales de terceros sin que estos tuvieran autorización para cederlos.
Riesgos asociados a la ubicación de los datos personales usados por el sistema de IA	• Que los datos personales obtenidos de ciudadanos o residentes de la Unión Europea sean transferidos a servidores fuera del territorio de la Unión, sin el consentimiento de ellos (los interesados). Y alternativamente, sin el permiso previo de la autoridad de control (Agencia de Protección de Datos).
Riesgos asociados al uso de los datos	• Que los datos sean utilizados para una finalidad o tratamiento distinto al informado a los interesados cuando se obtuvieron esos datos.
Riesgos asociados a la seguridad de los datos personales	• Que no se implanten las medidas de seguridad, físicas, informáticas, de telecomunicación y digitales, necesarias para garantizar la privacidad de esos datos. • Que no se implanten medidas de seguridad reforzadas para los datos especialmente sensibles, como pueden ser los datos de salud, de ideología, de religión, de orientación sexual. • Que no se implanten medidas de seguridad asociadas a los datos personales de colectivos vulnerables como menores o personas con discapacidad.

Riesgos asociados a la gestión de los datos.	• Que los datos se conserven y no se supriman (cancelen) una vez no se utilicen. • Que no se permita ejercer el derecho de acceso e información a los interesados sobre los tratamientos que se han realizado con sus datos personales. • Que se cedan a terceros esos datos sin que exista un consentimiento de los interesados.
Riesgos asociados a la calidad de los datos.	• Que los datos utilizados no estén actualizados. • Que los datos utilizados sean incompletos. • Que los datos utilizados sean erróneos.
Riesgos asociados a sesgos vinculados a los datos utilizados en el sistema de IA.	• Que la muestra de datos utilizada en el entrenamiento del sistema de IA sea muy reducida. • Que la muestra de datos utilizada en el entrenamiento o funcionamiento del sistema de IA sea de baja calidad. • Que los datos utilizados no sean equilibrados, ya sea por exceso o por defecto, y muestren una proporción de datos excesiva, o muy pobre, de una categoría o categorías frente a otras.

A1.7.3 Documentación técnica (artículo 11)

*1. La documentación técnica de un sistema de IA de alto riesgo **se elaborará antes de su introducción en el mercado o puesta en servicio**, y se mantendrá actualizada.*

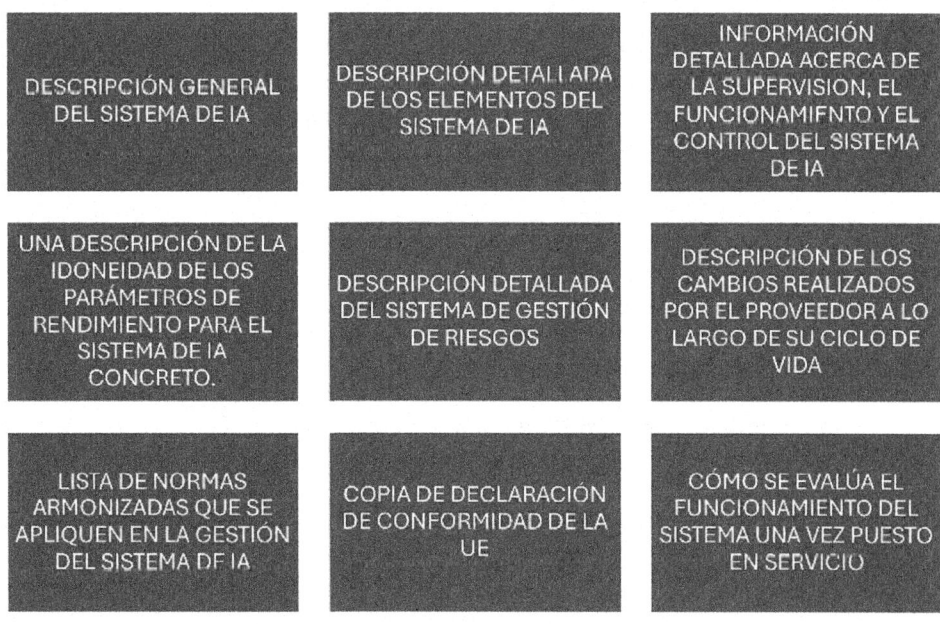

Como podemos ver en el gráfico superior, esta es la documentación técnica que debe estar a disposición de las autoridades de control. Cabe destacar la necesidad de documentar el sistema de gestión de riesgos según lo descrito en el artículo 9, tal y como lo hemos visto más arriba.

Igualmente, como vimos antes, si para la actividad que va a realizar el sistema de IA existen normas de control y seguridad que ya exigen un sistema de gestión de riesgos o de control de calidad, o de cumplimiento normativo, como en los casos por ejemplo de las actividades financieras, o muchas de las maquinarias, o de gestión de seguridad aérea, o en el ámbito sanitario y farmacéutico, entre otros, se indicarán qué otras normas se aplican en ese modelo de gestión del sistema de IA.

Hay un elemento a destacar: LA DECLARACIÓN DE CONFORMIDAD.

El artículo 47 del Reglamento establece lo siguiente:

*1. El proveedor redactará una declaración UE de conformidad **por escrito en un formato legible por máquina, con firma electrónica o manuscrita**, para cada sistema de IA de alto riesgo y la mantendrá a disposición de las autoridades nacionales competentes **durante un período de diez años a contar desde la introducción del sistema de IA** de alto riesgo en el mercado o su puesta en servicio. En la declaración UE de conformidad se especificará el sistema de IA de alto riesgo para el que ha sido redactada. **Se entregará una copia de la declaración UE de conformidad a las autoridades nacionales competentes pertinentes que lo soliciten.***

...

*4. Al elaborar la declaración UE de conformidad, el proveedor asumirá la responsabilidad del cumplimiento de los requisitos establecidos en la sección 2 (**es decir, los artículos 8 al 15 que hemos visto anteriormente**). El proveedor mantendrá actualizada la declaración UE de conformidad según proceda.*

Esa declaración de conformidad se substancia en un formulario que describe la información a facilitar en el ANEXO V:

La declaración UE de conformidad a que se hace referencia en el artículo 47 contendrá toda la información siguiente:

1. **El nombre y tipo del sistema de IA**, y toda referencia inequívoca adicional que permita la identificación y trazabilidad del sistema de IA.

2. **El nombre y la dirección del proveedor** o, en su caso, de su representante autorizado.

3. La afirmación de que la declaración UE de conformidad se expide **bajo la exclusiva responsabilidad del proveedor.**

4. La declaración de que **el sistema de IA es conforme con el presente Reglamento** y, en su caso, con cualquier otra legislación pertinente de la Unión que disponga la expedición de una declaración UE de conformidad.

5. Cuando un sistema de IA conlleve el tratamiento de datos personales, **la declaración de que el sistema de IA se ajusta al Reglamento (UE) 2016/679**, al Reglamento (UE) 2018/1725 y a la Directiva (UE) 2016/680.

6. **Referencias a todas las normas armonizadas pertinentes** que se hayan aplicado o a cualquier otra especificación común respecto de la que se declara la conformidad.

7. **En su caso, el nombre y el número de identificación del organismo notificado,** una descripción del procedimiento de evaluación de la conformidad que se haya seguido y la identificación del certificado expedido.

8. **El lugar y la fecha de expedición de la declaración,** el nombre y el cargo de la persona que la firme, la indicación de la persona en cuyo nombre o por cuya cuenta firma la declaración y la firma.

PARA LECTORES AVANZADOS
¿QUÉ ES UN ORGANISMO NOTIFICADO?

Para que nos entendamos, es una entidad, ya sea pública o privada, a la que la autoridad de control y supervisión de la Inteligencia Artificial de cada estado le da competencias para que se conviertan en un centro de pruebas y evaluación de un sistema de IA de alto riesgo.

Estos centros de pruebas, o laboratorios si los queremos denominar así para facilitar nuestra comprensión, están reconocidos y autorizados por las administraciones competentes para llevar esas pruebas de control que certifiquen que el sistema de IA cumple con los requisitos del Reglamento y el resto de normativa que se aplique en cada caso.

En algunos casos, estos centros o laboratorios de pruebas no tendrán esa capacidad certificadora. Solamente podrán hacer las pruebas que a su vez remitirán con toda la información a las autoridades que sí puedan certificar ese cumplimiento del Reglamento.

Todo este sistema de centros de pruebas evaluación de los sistemas de IA de alto riesgo se regula en la SECCIÓN 4 del Reglamento, de los **artículos 28 al 39.**

Son un elemento fundamental para un futuro modelo de supervisión y control del cumplimiento y aplicación de esta normativa.

En la práctica cumplen una función similar, para simplificar el concepto, que los talleres que desarrollan las inspecciones técnicas de vehículos, solo que aplicado a los sistemas de IA de alto riesgo.

A1.7.4 Conservación de registros (artículo 12)

Este artículo exige a los diseñadores y comercializadores de sistemas de IA de alto riesgo a que el mismo tenga un SISTEMA DE TRAZABILIDAD DE SU FUNCIONAMIENTO. Es decir, que deje registrado cómo funciona: qué datos usan, cómo los usa, qué tipo de decisiones ha tomado y las personas físicas que han participado en los procesos. Igualmente debe estar reflejadas las fechas en las que se producen esas tomas de decisiones.

A1.7.5 Transparencia y comunicación de información (artículo 13)

En este caso, al artículo 13 regula qué requisitos debe tener el sistema de información o manual de instrucciones de un sistema de IA a fin de que usuarios finales sepan utilizarlo correctamente e interpretar sus resultados de salida de forma adecuada.

Las instrucciones de uso del sistema de IA deben contener al menos la siguiente información:

1. **Datos de contacto** del proveedor o representante autorizado.

2. **Las características, capacidades y limitaciones del funcionamiento del sistema de IA de alto riesgo**, y en concreto:

   a) Su **finalidad** prevista.

   b) El **nivel de precisión** (incluidos los parámetros para evaluarla), solidez y ciberseguridad.

   c) Cualquier circunstancia conocida o previsible que pueda dar lugar a **riesgos para la salud y la seguridad o los derechos fundamentales.**

d) Las capacidades y características técnicas del sistema de IA de alto riesgo para proporcionar información pertinente para **explicar su información de salida.**

e) Si fuera el caso, **su funcionamiento con respecto a personas o grupos de personas específicos.**

f) Información que permita a los responsables del despliegue interpretar la **información de salida del sistema** de IA de alto riesgo y **utilizarla adecuadamente.**

3. **Los cambios en el sistema de IA de alto riesgo** y su funcionamiento predeterminados por el proveedor en el momento de efectuar la evaluación de la conformidad inicial.

4. **Las medidas de vigilancia humana necesarias.**

5. **Los recursos informáticos y de hardware necesarios, la vida útil** prevista del sistema de IA de alto riesgo y las **medidas de mantenimiento** y cuidado necesarias, incluida su frecuencia.

6. Una descripción de los mecanismos incluidos en el sistema de IA de alto riesgo que permitir a los responsables del despliegue recabar, almacenar e interpretar correctamente los **archivos de registro.**

A1.7.6 Vigilancia humana (artículo 14)

Como dice el apartado 1 de este artículo:

> *Los sistemas de IA de alto riesgo se diseñarán y desarrollarán de modo que puedan ser vigilados de manera efectiva por personas físicas durante el período que estén en uso, lo que incluye dotarlos de herramientas de interfaz humano-máquina adecuadas.*

En definitiva, se exige que haya un control final, una especie de "botón rojo" de seguridad, que permita controlar a un supervisor humano el funcionamiento de un sistema de IA de alto riesgo. Tal y como describe, entre otras medidas de control y supervisión, el apartado 4. e) de este artículo:

> *e) intervenir en el funcionamiento del sistema de IA de alto riesgo o **interrumpir el sistema pulsando un botón de parada** o mediante un procedimiento similar que permita que el sistema se detenga de forma segura.*

Es de destacar los **requisitos de verificación humana por parte de dos personas** para los sistemas de IA de identificación biométrica remota:

> *En el caso de los sistemas de IA de alto riesgo mencionados en el punto 1, letra a), del anexo III, las medidas a que se refiere el apartado 3 del presente artículo garantizarán, además, que **el responsable del despliegue no actúe ni tome ninguna decisión basándose en la identificación generada por el sistema, salvo si al menos dos personas físicas con la competencia, formación y autoridad necesarias han verificado y confirmado por separado dicha identificación.***
>
> *El requisito de la verificación por parte de al menos dos personas físicas por separado no se aplicará a los sistemas de IA de alto riesgo utilizados con fines de aplicación de la ley, de migración, de control fronterizo o de asilo cuando el Derecho nacional o de la Unión considere que la aplicación de este requisito es desproporcionada.*

A1.7.7 Precisión, solidez y ciberseguridad (artículo 15)

El artículo 15 insiste a lo largo de todos sus apartados sobre la necesidad de que el sistema de IA sea seguro, tanto frente a ataques o accesos no deseados de terceros, que puedan acceder a sus datos o que puedan interferir en la información de salida o decisiones que tome, como en una robustez que reduzca al máximo el mal funcionamiento o sesgos derivados del propio uso. En especial se menciona el riesgo de los bucles de retroalimentación en el caso de sistemas de IA de Deep Learning.

....

PARA LECTORES AVANZADOS
¿QUÉ ES UN BUCLE DE APRENDIZAJE CONTINUO?

Un bucle de aprendizaje continuo en los sistemas de IA de Deep Learning se refiere a un ciclo en el que un modelo de IA se actualiza y mejora continuamente con nuevos datos. Este proceso incluye la recolección de datos, el entrenamiento del modelo, la evaluación del rendimiento y el despliegue de la versión mejorada. Este ciclo se repite indefinidamente para asegurar que el modelo mantenga o mejore su precisión y rendimiento a medida que cambia su entorno o se presentan nuevos datos.

Beneficios del bucle de aprendizaje continuo:

1. *Adaptación constante:* permite al modelo adaptarse rápidamente a nuevos datos y cambios en el entorno.

2. *Mejora continua:* facilita mejoras progresivas en la precisión y el rendimiento del modelo.

3. *Actualización automática:* reduce la necesidad de intervención manual, permitiendo una gestión más eficiente del modelo.

Riesgos asociados:

1. **Desviación del modelo (Drift)**: si los datos de entrada cambian significativamente, el modelo puede volverse menos preciso, una situación conocida como *"data drift"* o *"concept drift"*.

2. **Sesgo acumulativo**: si los datos nuevos no son representativos o están sesgados, el modelo puede aprender estos sesgos, deteriorando su rendimiento y equidad.

3. **Sobrecarga de recursos:** el entrenamiento continuo requiere recursos computacionales significativos, lo que puede ser costoso y exigir infraestructura robusta.

4. **Sobreajuste (Overfitting):** actualizaciones frecuentes sin una correcta validación pueden llevar al modelo a sobre ajustarse a los datos más recientes, perdiendo generalización.

5. **Errores propagados:** errores en una iteración del modelo pueden propagarse y amplificarse en iteraciones sucesivas si no se gestionan adecuadamente.

Para mitigar estos riesgos, es crucial implementar prácticas de gestión y supervisión adecuadas, como la validación regular del modelo, el monitoreo de su rendimiento y la incorporación de técnicas de detección de sesgos y anomalías.

A1.8 SISTEMA DE GESTIÓN DE CALIDAD

El artículo 17 va al meollo de todas estas obligaciones recogidas en la sección 2. En la práctica, **el legislador les dice** a las personas que tengan que cumplir con esta norma **que implanten un sistema de gestión de calidad** que les permitan gestionar de forma ordenada, y certificable por una entidad externa e independiente, el cumplimiento de todos estos procedimientos.

De hecho, como hemos visto con otra normativa armonizada en apartados anteriores, el legislador indica que si estos proveedores ya tienen implantados sistemas de gestión de calidad que den cobertura a todos o parte de los requisitos establecidos en la Sección 2 del Reglamento, lo que tienen que hacer es incluir estos procedimientos dentro de su sistema de gestión de calidad ya implantado:

> *Los proveedores de sistemas de IA de alto riesgo que estén sujetos a obligaciones relativas a los sistemas de gestión de la calidad o una función equivalente con arreglo al Derecho sectorial pertinente de la Unión podrán incluir los aspectos enumerados en el apartado 1 como parte de los sistemas de gestión de la calidad con arreglo a dicho Derecho.*

Como hemos visto en el apartado 1.3. del capítulo 1, existen ya un buen número de normas de calidad que permiten implantar un modelo de gestión del riesgo. En concreto las normas ISO / IEC 23894 sobre orientaciones de gestión de riesgos e ISO IEC 42001 sobre sistemas de gestión de la Inteligencia Artificial.

En estas dos normas "paraguas"[45] de calidad, dentro del campo del uso de la Inteligencia Artificial, permiten a los desarrolladores y distribuidores de sistemas de IA cumplir con todos los requisitos que determina el Reglamento de IA de una forma completa y práctica.

A1.9 CONSERVACIÓN DE LA DOCUMENTACIÓN

El artículo 18 del Reglamento establece que la **documentación técnica** del sistema de IA deberá ser conservada por los responsables de ese sistema durante al menos **diez años.**

En el caso de los **archivos de registro de actividad**, el **artículo 19** establece que el período de conservación de dichos registros será de **seis meses.**

---

45   Las "normas paraguas" en el contexto de los modelos de normas de calidad ISO/IEC se refieren a normas generales que proporcionan directrices y principios básicos aplicables a una amplia gama de situaciones o sectores dentro de un campo específico. Estas normas sirven como un marco común que guía el desarrollo de normas más específicas y detalladas. En esencia, actúan como una cobertura integral bajo la cual se desarrollan normas particulares. Ejemplos en el contexto de ISO/IEC: ISO/IEC 27000: es una serie de normas relacionadas con la seguridad de la información. ISO/IEC 42010: se refiere a la arquitectura de sistemas y software, proporcionando principios y conceptos que pueden aplicarse en diversas industrias y situaciones específicas. ISO/IEC 38500: proporciona principios y un modelo para la gobernanza corporativa de la tecnología de la información, sirviendo como guía para desarrollar políticas y normas específicas dentro de una organización.

A1.10 RESPONSABILIDADES DE LA CADENA DE VALOR

El artículo 25 del Reglamento establece una cadena de responsables frente al incumplimiento normativo o las consecuencias de un mal funcionamiento o uso de un sistema de IA que abarca toda la cadena de valor vinculada al sistema. Es decir, que abarca desde los desarrolladores hasta los comercializadores y los que utilicen ese sistema para sus propios fines o intereses (salvo los usuarios particulares que los usen para sí mismos).

En el caso de sistemas de IA situados, es decir, que son componentes de otros productos, el fabricante de ese producto se considerará el responsable como si fuera el proveedor de ese sistema de IA.

A1.11 MODELOS DE IA DE USO GENERAL

Un modelo de IA de uso general, a menudo referido como una "IA general" o "AGI" (Artificial General Intelligence), también denominados GPAIS (General-Purpose AI Systems o Sistemas de IA de Propósito General) es un sistema de inteligencia artificial diseñado para realizar cualquier tarea cognitiva que un ser humano pueda llevar a cabo, con un nivel de competencia (en teoría) similar. Estos modelos no están limitados a tareas específicas y tienen la capacidad de aprender, comprender, y aplicar conocimientos en una amplia variedad de actividades.

El Reglamento ha abordado en su última redacción una regulación de este tipo de tecnologías desde la perspectiva que puedan tener un riesgo sistémico.

Los artículos 51 a 56 desarrollan una serie de reglas destinadas al control del desarrollo y uso de este tipo de tecnologías por todos conocidas por programas con GPT-4 o DALL-E de Open AI, Watson de IBM, Siri de Apple, LLAMA de Meta, DeepMind de Google o Copilot de Microsoft, por poner unos ejemplos.

El artículo 51 determina cuando pueden ser consideradas como tecnologías de riesgo sistémico:

 ▶ Por ejemplo, cuando la capacidad de cálculo acumulada de estos sistemas sea superior, en FLOPS a 10^{25}. Una capacidad acumulada de cálculo de 10^{25} FLOPS (Floating Point Operations Per Second) significa que el sistema de cómputo puede realizar 10^{25} (es decir, 10 cuatrillones) de operaciones de punto flotante por segundo. Esta medida es una forma de cuantificar el rendimiento y la potencia de cálculo de un sistema informático, especialmente en el contexto de supercomputadoras y sistemas avanzados de inteligencia artificial. Por comparación, un procesador de un ordenador personal típico puede manejar unos pocos gigaFLOPS (10^9 FLOPS) o, en algunos casos avanzados, hasta teraFLOPS (10^12 FLOPS).

▸ Otro caso de ejemplo: las modalidades de entrada y salida del modelo, como la conversión de texto a texto (grandes modelos de lenguaje), la conversión de texto a imagen, la multimodalidad y los umbrales punteros para determinar las capacidades de gran impacto de cada modalidad, y el tipo concreto de entradas y salidas (por ejemplo, secuencias biológicas), tal y como describe el ANEXO XIII del Reglamento.

Esta es una regulación sometida a cambios legislativos, como en otros casos del Reglamento, por lo que, **a efectos prácticos**, lo que nos interesa saber es que, **dado el impacto social que tiene este tipo de tecnologías, los responsables de su diseño y comercialización deben cumplir una serie de medidas de control específicas descritas en los artículos 52 a 56 del Reglamento.**

A1.12 ULTRAFALSIFICACIONES

El artículo 50. regula una serie de obligaciones específicas para los responsable de comercializar tecnologías que permiten clonar voz o imagen de personas, o que general bots o chatbots que pudieran inducir a error a las personas, pensado que están dialogando con un humano, cuando en realidad lo están haciendo con un sistema de IA.

*1. Los proveedores garantizarán que los **sistemas de IA destinados a interactuar directamente con personas físicas** se diseñen y desarrollen de forma que las personas físicas de que se trate **estén informadas de que están interactuando con un sistema de IA**, excepto cuando resulte evidente desde el punto de vista de una persona física razonablemente informada, atenta y perspicaz, teniendo en cuenta las circunstancias y el contexto de utilización. ...*

*2. Los proveedores de sistemas de IA, entre los que se incluyen los sistemas de IA de uso general, **que generen contenido sintético de audio, imagen, vídeo o texto, velarán por que la información de salida del sistema de IA esté marcada en un formato legible por máquina** y que sea posible detectar que ha sido generada o manipulada de manera artificial. ...*

Como vemos, es una obligación, que aún no se cumple por muchos proveedores que ofrecen estas tecnologías en el mercado, el generar una marca de agua o marca digital que permita distinguir claramente al usuario que está interactuando con una máquina que ha sintetizado o clonado una imagen, una voz o su combinación.

A1.13 SANCIONES (ARTÍCULO 99)

Poner en servicio o mantener prácticas de ia prohibidas	Multas administrativas de hasta 35.000.000 EUR o, si el infractor es una empresa, de hasta el 7 % de su volumen de negocios mundial total correspondiente al ejercicio financiero anterior, si esta cuantía fuese superior.
Multas de 15.000.000 Euros o el 3% del volumen de negocio mundial del ejercicio anterior.	Incumplimiento de las obligaciones de los miembros de la cadena de valor del sistema de IA: proveedores, representantes e importadores, según lo establecido en los artículos 16, 22 y 23.
	Incumplimiento de las obligaciones de distribuidores (art. 24) o de los responsables del despliegue (quienes utilizan para sus propios fines el sistema de IA) establecidas en el art. 26.
	Incumplimiento de las obligaciones relativas a los organismos notificados (artículo 31 a 33).
	Incumplimiento del deber de informar asociado a las ultrafalsificaciones (artículo 50).
Presentación de información incompleta o engañosa a organismos notificados.	Multas administrativas de hasta 7.500.000 EUR o, si el infractor es una empresa, de hasta el 1 % del volumen de negocios mundial total correspondiente al ejercicio financiero anterior, si esta cuantía fuese superior.
Si los infractores son pymes o empresas emergentes.	En el caso de las pymes, incluidas las empresas emergentes, cada una de las multas a que se refiere el presente artículo podrá ser por el porcentaje o el importe a que se refieren los apartados 3, 4 y 5, según cuál de ellos sea menor.
Multas a proveedores de modelos de ia de uso general.	La Comisión podrá imponer multas a los proveedores de modelos de IA de uso general que no superen el 3 % de su volumen de negocios mundial total correspondiente al ejercicio financiero anterior o de 15.000.000 EUR, si esta cifra es superior.

A1.14 ENTRADA EN VIGOR

Aquí hay que diferenciar entre el concepto de entrada en vigor y cuándo se aplican sus normas. La entrada en vigor lo que implicará es que a partir de esa fecha, una serie de plazos de aplicación de toda la regulación se irán aplicando.

Entrada en vigor.	A los 20 días de su publicación en el Diario Oficial de la Unión Europea (DUE).
Norma general de aplicación.	A los 24 meses desde su entrada en vigor. Es decir, desde la fecha que publicación en el DUE + 20 días.
Normas de aplicación específicas.	• Capítulos I y II, que afecta sobre todo a las prácticas de IA prohibidas del artículo 5. A los 6 meses desde la entrada en vigor. • Capítulo III Sección 4 (regulación de organismos notificados): a los 12 meses de su entrada en vigor. • Capítulos VII (Gobernanza de la UE) y XIII (disposiciones finales) a los 12 meses de su entrada en vigor (salvo el art. 101; multas a proveedores de modelos generales de IA). • Artículo 6.1. (Sistemas de IA de alto Riesgo) a los 36 meses de su entrada en vigor.

Anexo al capítulo 2

LISTA DE AMENAZAS VINCULADAS CON LOS SISTEMAS DE IA DE ALTO RIESGO. LISTA DE CONTRAMEDIDAS

Tal y como vimos en el capítulo 2, el Reglamento Europeo de IA, así como otras legislaciones como la Ley de la República Popular China, el proyecto de Ley brasileño o el de Chile, incorporan el deber de implantar modelos de control de riesgos que reduzcan la probabilidad de que las amenazas identificadas por el uso de un sistema de IA puedan llegar, eventualmente, a producirse.

Para ello, como recordaremos, frente a los riesgos identificados (la combinación de la amenaza más la probabilidad de que la misma suceda) los responsables de la puesta en servicio de un sistema de IA debe implantar una serie de procedimientos de control que reduzcan al máximo esa probabilidad. Ese riesgo mínimo que queda, el denominado riesgo residual, si es muy bajo, será aceptado por la empresa u organización que use ese sistema de IA. Esa aceptación recordemos que la denominamos APETITO DE RIESGO.

A2.1 ARTÍCULO 17 DEL REGLAMENTO EUROPEO DE IA COMO EJEMPLO DE LISTA DE REQUERIMIENTOS

Como avanzamos en el ANEXO al capítulo 1, el artículo 17 del Reglamento de IA exige para los sistemas de alto riesgo que se implante un modelo de prevención de riesgos referenciado a su vez a normas de calidad, ya sea propio, o, de forma más práctica, a alguna de las normas certificables que ya hemos visto en el capítulo 1.

> *1.- Los proveedores de sistemas de IA de alto riesgo establecerán un **sistema de gestión de la calidad** que garantice el cumplimiento del presente Reglamento.*

¿Qué elementos debe contener ese sistema de gestión de la calidad?

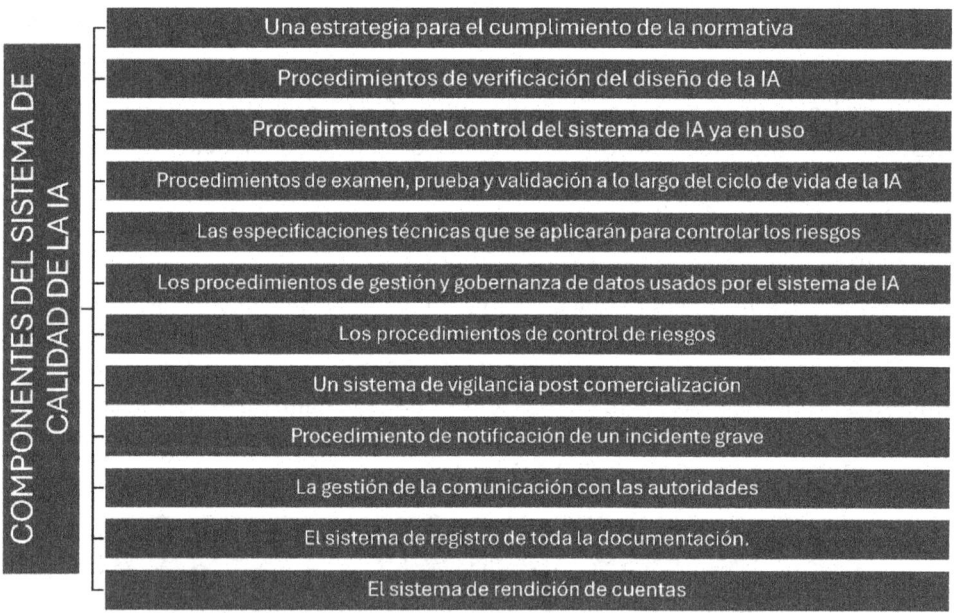

Como vemos, la lista de requerimientos de control del artículo es muy numerosa, pero se sustancian en los siguientes grupos de procedimientos o actuaciones:

Procedimientos asociados a la gobernanza de los sistemas de IA.	Que se sustancian en el primer requisito del artículo 17. La estrategia para el cumplimiento de la normativa del Reglamento de IA y otras normas conexas que hubiera que cumplir, como por ejemplo la vinculada a determinados sectores como el sanitario, o el financiero.
Procedimientos de control de la seguridad del sistema de IA en su puesta en servicio.	Abarcan los siguientes apartados: • Procedimientos de verificación del diseño de la IA • Procedimientos del control del sistema de IA ya en uso • Procedimientos de examen, prueba y validación a lo largo del ciclo de vida de la IA • Las especificaciones técnicas que se aplicarán para controlar los riesgos
Gobernanza de datos.	Los procedimientos de gestión y gobernanza de datos usados por el sistema de IA, establecidos en el apartado 1.f) del artículo 17: *"lo que incluye su adquisición, recopilación, análisis, etiquetado, almacenamiento, filtrado, prospección, agregación, conservación y cualquier otra operación relacionada con los datos que se lleve a cabo antes de la introducción en el mercado o puesta en servicio de sistemas de IA de alto riesgo y con esa finalidad;"*
Los procedimientos de la gestión de los riesgos del sistema de IA.	Lo que incluye las tareas descritas en el artículo 9 del propio Reglamento y que vimos anteriormente en el capítulo 2, y además: • Un sistema de vigilancia post comercialización • Procedimiento de notificación de un incidente grave • La gestión de la comunicación con las autoridades • El sistema de registro de toda la documentación. • El sistema de rendición de cuentas.

A2.2 EJEMPLO DE LISTA DE AMENAZAS

Pero todos estos procedimientos de control de riesgos se deben hacer a la medida de cada caso. Por ejemplo: un sistema de IA cuya función es preseleccionar candidatos a puestos de trabajo no tiene el mismo mapa de riesgos que un sistema de conducción autónoma.

Por esa razón cada organización deberá poner en marcha su modelo de gestión de riesgos A LA MEDIDA de la finalidad y uso de cada sistema de IA de alto riesgo que esté utilizando.

Como vimos en el capítulo 1, para ayudar a la implantación de un sistema de gestión de riesgos que se base en modelos de gestión de calidad certificables, y por lo tanto, aceptados de forma universal, los organismos responsables de la creación de estas normas: iSO[46] o IEC[47] a nivel internacional, o UNE[48] en el caso de España, han creado un catálogo de normas técnicas que ayudan en esa tarea.

Esas normas poseen unas listas de chequeo o comprobación que ayudan a las empresas u otras entidades que desean implantarlas como parte de sus procesos internos de gestión, que les ayudan a controlar los elementos que deben cumplir para conseguir el objetivo u objetivos perseguidos por cada norma de calidad.

En las siguientes páginas de este anexo veremos una lista de amenazas que han elaborado los grupos de trabajo de IEC, de cara a la publicación de una serie de normas de calidad que permitan implantar un modelo de gestión de riesgos asociados al diseño y puesta en servicio de sistema de IA.

Igualmente veremos una lista de contramedidas que se proponen para minimizar estas amenazas y que el riesgo sea el mínimo aceptable.

Debo agradecer a UNE la amabilidad de facilitarme la documentación de los grupos de trabajo a fin de que diese mi opinión sobre esta normativa de control de riesgos que en 2023 estaba en elaboración. Y en concreto los documentos referidos a las normas ISO / IEC 42001 e ISO / IEC 23894.

Las siguientes páginas son un resumen y síntesis de las listas de amenazas y contramedidas identificadas por los expertos, y como tales, un buen ejemplo que puede dar ideas sobre qué tipo de sucesos no deseados que pueden darse en la explotación de un sistema de IA, a lo largo de su ciclo de vida. Empecemos con las amenazas. Las mismas se han agrupado en base a aspectos críticos a controlar en un sistema de IA, tal y como vimos en el esquema del capítulo 2.

---

46   International Organization for Standardization.

47   International Electrotechnical Commission.

48   Asociación española de normalización.

RESUMEN DE LA LISTA DE AMENAZAS

AMENAZAS SOBRE LA EQUIDAD EN EL FUNCIONAMIENTO DE UN SISTEMA DE INTELIGENCIA ARTIFICIAL

AMENAZA	FUNDAMENTO	CONTRAMEDIDA TÍPICA
Sesgo en los datos.	Favoritismo hacia unas cosas, personas o grupos sobre otros. El sesgo puede ocurrir en los datos históricos del comportamiento no deseado existente. El sesgo en los datos puede generar un sesgo en el modelo aprendido de esos datos, generando a su vez un sesgo en la salida del sistema de IA.	Aumento de datos. Pruebas exhaustivas
Sesgo en los algoritmos.	El sesgo puede ocurrir en algoritmos desarrollados por humanos, a veces inconscientemente. El sesgo en los algoritmos puede generar sesgo en los modelos, generando a su vez un sesgo en la salida del sistema de IA. Por ejemplo, los modelos que maximizan la precisión general sin considerar la equidad entre diferentes grupos pueden favorecer a las subpoblaciones mayoritarias.	Pruebas exhaustivas; revisión por pares. Revisión abierta

AMENAZA	FUNDAMENTO	CONTRAMEDIDA TÍPICA
Sesgo en los modelos.	Los sesgos en los modelos de Inteligencia Artificial (IA) pueden surgir por diversas razones y representan una amenaza significativa para la equidad y la justicia en el funcionamiento de estos sistemas. T generar a su vez un sesgo en la salida del sistema de IA. Causas comunes de sesgo en los modelos de IA son las siguientes. Sesgo en los datos de entrenamiento: con problemas como una representación desigual en la muestra de datos usados, datos históricos sesgados, o errores en el etiquetado de los datos[49]. Selección inapropiada de características u omisión de características relevantes como la raza, el género o la zona geográfica de procedencia. Hacer una evaluación incompleta de un modelo solo con los datos de prueba es otro de los errores que a veces se dan. No debemos olvidar factores humanos como sesgos de los propios desarrolladores o decisiones subjetivas tomadas durante el desarrollo del modelo, como el preprocesamiento de datos, la selección de algoritmos y la definición de métricas de rendimiento, pueden introducir sesgo. Drift de datos: cambios en la distribución de los datos a lo largo del tiempo pueden introducir sesgos si el modelo no se actualiza adecuadamente. Un modelo que fue justo en el momento del entrenamiento puede volverse sesgado si el entorno cambia.	Pruebas exhaustivas. Recolección de datos diversos: asegurarse de que los conjuntos de datos de entrenamiento sean representativos de todas las subpoblaciones relevantes. Auditorías y evaluaciones regulares: realizar auditorías periódicas y evaluaciones de equidad para identificar y corregir sesgos. Algoritmos de equidad: utilizar técnicas y algoritmos diseñados para reducir el sesgo, como el reequilibrio de datos o la penalización de disparidades en el rendimiento. Involucrar a diversos Stakeholders: incluir a diversas partes interesadas en el proceso de desarrollo para garantizar que se consideren múltiples perspectivas y necesidades.

---

49 El etiquetado de datos, también conocido como data labeling o data annotation, es el proceso de asignar etiquetas o categorías a los datos para que puedan utilizarse en el entrenamiento de modelos de aprendizaje automático (machine learning).

AMENAZA	FUNDAMENTO	CONTRAMEDIDA TÍPICA
Sesgo en los componentes (P.E. modelos externos preentrenados).	Muy similar al caso anterior del sesgo en los modelos, pero en este caso utilizando sistemas de IA que han desarrollado terceros, en el caso que nos ocupa. Ejemplo: supongamos que una empresa de recursos humanos utiliza un modelo de IA preentrenado para filtrar currículums. Si este modelo se entrenó en datos que reflejan prejuicios de género o raza, puede favorecer injustamente a ciertos grupos demográficos.	Pruebas exhaustivas En el caso del ejemplo, la empresa podría: • Evaluar el modelo con currículums de candidatos de diversos antecedentes para identificar posibles sesgos. • Ajustar el modelo con datos adicionales que sean más representativos de la población de candidatos actuales. • Controlar continuamente las decisiones del modelo y realizar auditorías regulares para asegurar la equidad.
Sesgo de puntos en blanco (vacíos en la toma de dediciones) a través de Grupos / datos faltantes.	Similar al sesgo en los datos. Ocurre cuando la falta de datos o la ausencia de información se distribuye de manera desigual entre diferentes subgrupos dentro de un conjunto de datos. Este tipo de sesgo puede llevar a decisiones injustas o inexactas, ya que el modelo de Inteligencia Artificial (IA) puede tener dificultades para aprender patrones y hacer predicciones precisas para los subgrupos con datos faltantes. **Ejemplo:** Imaginemos un sistema de IA diseñado para predecir el éxito académico de estudiantes basándose en datos escolares. Si ciertos grupos de estudiantes, como aquellos de áreas rurales, tienen más datos faltantes debido a una menor participación en encuestas o problemas técnicos, el modelo puede tener dificultades para hacer predicciones precisas para estos estudiantes. Para mitigar este sesgo, se podría:	Aumento de datos. Recolección de datos más completa a través de estrategias de muestreo de datos o mejora en la recolección de los datos. Usar técnicas de imputación de datos, a saber: • Imputación simple: rellenar los datos faltantes con valores promedio, la mediana, o utilizando métodos de interpolación. • Imputación múltiple: utilizar métodos estadísticos avanzados para generar múltiples conjuntos de datos completos a partir de los datos originales faltantes, y combinar los resultados de los análisis de estos conjuntos de datos para obtener inferencias más precisas.

AMENAZA	FUNDAMENTO	CONTRAMEDIDA TÍPICA
	• Recolectar datos adicionales específicamente para los grupos subrepresentados. • Utilizar técnicas de imputación para rellenar los datos faltantes basándose en patrones observados en los datos disponibles. • Evaluar el impacto de los datos faltantes en las predicciones del modelo y ajustar el análisis para minimizar el sesgo.	• Modelos predictivos: utilizar modelos predictivos para estimar y rellenar los valores faltantes basándose en las relaciones observadas en los datos disponibles. Análisis de los datos faltantes a través de la identificación y documentación de estos, y ser transparente con los usuarios sobre las limitaciones del propio modelo de IA.

AMENAZAS ASOCIADAS A LA CIBERSEGURIDAD DEL SISTEMA DE INTELIGENCIA ARTIFICIAL

AMENAZA	FUNDAMENTO	CONTRAMEDIDA TÍPICA SEGURA
Ataques adversariales.	Acciones dirigidas a un sistema de aprendizaje para causar un mal funcionamiento. El atacante trabaja en el algoritmo de ML[50] Busca entradas en los algoritmos para encontrar pequeñas perturbaciones que conducen a una gran modificación de sus salidas. La mayoría de las veces estos consisten en agregar un componente "ruidoso" (distorsionador) a una señal (imagen, video, sonido, texto, etc.). Dicho ataque puede ser de caja blanca (usando información sobre el modelo atacado), caja negra (sin usar información sobre el modelo atacado), caja gris (usando información parcial sobre el modelo atacado), etc. Los sistemas que no son resistentes a los ataques adversarios producirán resultados incorrectos.	Entrenamiento adversarial a fin de hacer modelos resistentes a los ataques. Recordemos que gracias a este tipo de entrenamientos el modelo aprende a manejar no solo las entradas normales, sino también las perturbadas, haciéndose más resistente a ataques con datos falsos.

---

50 ML: Machine Learning

AMENAZA	FUNDAMENTO	CONTRAMEDIDA TÍPICA SEGURA
Ataques a sistemas de IA con capacidades avanzadas de predicción o análisis. Ataque oráculo.	El atacante explora modelar el comportamiento del algoritmo proporcionando una serie de entradas cuidadosamente elaboradas y resultados de observación. Estos ataques pueden ser pasos previos a tipos más dañinos de ataques como el de evasión o envenenamiento, por ejemplo. **Caso de ejemplo:** imaginemos que tenemos un sistema de IA que clasifica correos electrónicos como "spam" o "no spam". Un atacante podría: 1. Enviar una serie de correos electrónicos con diferentes características (por ejemplo, variando el contenido, los encabezados, etc.). 2. Observar cómo el sistema clasifica cada correo. 3. Utilizar esta información para entender qué características el sistema considera importantes para clasificar un correo como spam. 4. Finalmente, diseñar un correo que eluda la detección del sistema (es decir, un correo spam que el sistema clasifique incorrectamente como no spam).	Randomización de las salidas: introducir un nivel de aleatoriedad en las respuestas del sistema de IA puede dificultar que un atacante deduzca patrones consistentes. Limitación de consultas: restringir el número de consultas que un usuario puede hacer al sistema en un periodo determinado para evitar la recolección masiva de datos. Ofuscación del modelo[51]o: utilizar técnicas de ofuscación para hacer más difícil que un atacante pueda inferir detalles del modelo subyacente a partir de sus respuestas.

---

51   Una técnica de ofuscación se refiere a la práctica de hacer que el código o los datos de un sistema sean difíciles de entender y analizar para los atacantes, sin alterar su funcionalidad.

AMENAZA	FUNDAMENTO	CONTRAMEDIDA TÍPICA SEGURA
Envenenamiento de datos: el atacante altera los datos o el modelo para modificar el comportamiento del algoritmo de aprendizaje automático en una dirección elegida Ejemplos: modificación de etiquetas: un ataque en el que el atacante corrompe las etiquetas de los datos de entrenamiento. Inyección de datos maliciosos: los atacantes agregan ejemplos maliciosos al conjunto de datos de entrenamiento para sesgar el modelo. Esto puede hacer que el modelo aprenda patrones incorrectos o que sea más susceptible a errores. Envenenamiento de subpoblaciones: los atacantes pueden dirigirse a subgrupos específicos dentro del conjunto de datos para degradar el rendimiento del modelo en esos subgrupos específicos, sin afectar significativamente el rendimiento general del modelo.	Su objetivo es aumentar el número de muestras mal clasificadas en el momento de la prueba inyectando una pequeña fracción de muestras adversarias (dañinas) cuidadosamente diseñadas en los datos de entrenamiento. El envenenamiento indirecto manipula los datos antes de cualquier preprocesamiento, mientras que el envenenamiento directo altera los datos, por inyección de datos o manipulación de datos, o el modelo mismo por corrupción lógica. También conocido como contaminación de los datos de entrenamiento. Alternativamente, también incluye la manipulación del algoritmo ML en sí, para comprometer el proceso de aprendizaje. La consecuencia del envenenamiento de datos es un sistema que produce una salida incorrecta. Ejemplos de consecuencias: • Reducción de la precisión: el modelo puede tener un rendimiento significativamente peor debido al aprendizaje de patrones incorrectos. • Sesgos Inducidos: el modelo puede desarrollar sesgos no deseados que afecten la equidad y la imparcialidad. • Vulnerabilidad a ataques: un modelo envenenado puede ser más susceptible a ataques adversariales en el futuro. • Decisiones erróneas: en aplicaciones críticas, como la salud o la seguridad, las decisiones erróneas pueden tener consecuencias graves.	Aumentar el entrenamiento con un mayor conjunto de datos; pruebas exhaustivas. Filtrado de Datos: implementar filtros para detectar y eliminar datos que no cumplen con ciertos criterios de calidad o consistencia. Defensas basadas en el conjunto de datos: utilizar métodos de defensa específicos, como la mezcla de datos de múltiples fuentes confiables, para dificultar que los atacantes introduzcan datos maliciosos de manera efectiva. Auditorías y revisiones periódicas: realizar auditorías y revisiones periódicas de los conjuntos de datos y los procesos de entrenamiento para identificar y corregir posibles vulnerabilidades. Diversificación de datos: utilizar conjuntos de datos diversificados y no depender de una única fuente de datos, lo que hace más difícil para los atacantes comprometer el sistema en su totalidad. Datos de control Con bases de datos limpias

AMENAZA	FUNDAMENTO	CONTRAMEDIDA TÍPICA SEGURA
Amenaza de extracción de modelos o de divulgación de datos: fuga total o parcial de información sobre el modelo. Se refiere a una clase de ataques en los que un adversario intenta recrear un modelo de Inteligencia Artificial (IA) propietario o confidencial al interactuar con él y analizar sus respuestas. Riesgos asociados: • Pérdida de propiedad intelectual: la recreación del modelo puede dar lugar a la pérdida de propiedad intelectual, ya que los competidores pueden obtener acceso a un modelo similar sin incurrir en los costos de desarrollo. • Exposición de información sensible: si el modelo se ha entrenado con datos sensibles, el atacante podría inferir información confidencial a partir del comportamiento del modelo. • Competencia desleal: los atacantes pueden utilizar el modelo extraído para competir deslealmente, aprovechando el trabajo y la inversión de la empresa original. • Riesgos de seguridad: los modelos extraídos pueden utilizarse para explorar vulnerabilidades y lanzar ataques más específicos contra el sistema original.	Extraer una aproximación del modelo objetivo que "coincida estrechamente" con el original, que puede ser explotada, por ejemplo, para ataques adversariales de caja blanca (ataques de extracción de datos). ¿Cómo funciona? 1. Interacción con el modelo: el atacante interactúa con el modelo objetivo a través de una API o interfaz pública, realizando un gran número de consultas y recopilando las respuestas del modelo. 2. Análisis de respuestas: utilizando las respuestas obtenidas, el atacante intenta inferir la estructura y los parámetros del modelo original. Esto puede incluir técnicas de aprendizaje automático para ajustar un nuevo modelo que se comporte de manera similar al modelo objetivo. 3. Recreación del modelo: con suficientes datos y análisis, el atacante puede recrear un modelo que aproxima el comportamiento del modelo original, revelando potencialmente información sensible o propietaria sobre el modelo.	Limitación de acceso a la API: restringir el acceso a la API del modelo, limitando el número de consultas permitidas y monitoreando el uso inusual o excesivo. Tasa de límite de consultas: implementar límites de tasa para las consultas a la API, de modo que los atacantes no puedan realizar un gran número de consultas en un corto período de tiempo. Respuestas no deterministas: introducir aleatoriedad o ruido en las respuestas del modelo para dificultar la inferencia precisa de su estructura y parámetros. Monitoreo y detección de anomalías: utilizar técnicas de monitoreo y detección de anomalías para identificar patrones de uso sospechosos que podrían indicar un intento de extracción de modelos. Sistemas generales de ciberseguridad. Huellas IP. Seguridad diferencial.[52]

---

52   La seguridad diferencial, más comúnmente conocida como privacidad diferencial (differential privacy en inglés), es una técnica que se utiliza para garantizar que los datos personales en un conjunto de datos permanezcan privados, incluso después de que se hayan realizado análisis estadísticos o se hayan entrenado modelos de Inteligencia Artificial (IA) utilizando esos datos.

AMENAZA	FUNDAMENTO	CONTRAMEDIDA TÍPICA SEGURA
Componentes del sistema de ML comprometido. Componentes de aplicaciones: amenaza de un componente o herramienta de desarrollo del algoritmo de ML .	La amenaza que implica componentes del sistema de aprendizaje automático (ML) comprometidos o herramientas de desarrollo comprometidas se refiere a la posibilidad de que partes críticas del entorno de desarrollo o los componentes utilizados en el sistema de ML sean infiltrados, manipulados o explotados por actores malintencionados. Esta amenaza puede tener graves consecuencias para la integridad, confidencialidad y disponibilidad del sistema de IA. **Ejemplo:** imaginemos una empresa que desarrolla un sistema de ML para detectar fraudes financieros. Si un atacante compromete las librerías de desarrollo utilizadas para entrenar el modelo, puede introducir código malicioso que haga que el modelo ignore ciertos patrones de fraude. Los ataques pueden apuntar a diversos elementos del modelo: • Manipulación del modelo: los atacantes pueden alterar el modelo de IA, modificando sus parámetros o estructuras para cambiar su comportamiento. Esto puede resultar en predicciones incorrectas o maliciosas. • Inyección de puertas traseras (Backdoors): los atacantes pueden insertar puertas traseras en el modelo que se activan bajo condiciones específicas, permitiendo comportamientos no deseados o peligrosos. • Envenenamiento de datos (Data Poisoning): los atacantes pueden introducir datos maliciosos en el conjunto de datos de entrenamiento para sesgar el modelo o hacer que falle de manera específica. • Robo de datos: los datos de entrenamiento pueden robarse, exponiendo información sensible o propietaria.	• Sistemas convencionales de ciberseguridad. • Validación de datos: implementar procedimientos estrictos de validación de datos para detectar y eliminar datos maliciosos o inconsistentes. • Cifrado de datos: utilizar cifrado para proteger los datos de entrenamiento y evitar su acceso no autorizado. • Auditoría de modelos: realizar auditorías periódicas de los modelos para detectar cualquier manipulación o comportamiento anómalo. • Protección de modelos: implementar técnicas de protección de modelos, como el cifrado y el uso de enclaves seguros para el procesamiento. • Verificación de integridad: verificar la integridad de las herramientas de desarrollo, librerías y frameworks antes de su uso para asegurar que no se han manipulado.

AMENAZA	FUNDAMENTO	CONTRAMEDIDA TÍPICA SEGURA
	• Manipulación de librerías y frameworks: las herramientas de desarrollo, librerías y frameworks utilizados para construir y entrenar modelos pueden comprometerse para incluir código malicioso. • Inyección de software malicioso: los atacantes pueden inyectar software malicioso en el entorno de desarrollo, permitiendo la manipulación de datos y modelos. • Acceso no autorizado: los atacantes pueden obtener acceso no autorizado a la infraestructura de computación, como servidores y bases de datos, permitiendo la manipulación o el robo de datos y modelos. • Interrupción de servicios: los atacantes pueden interrumpir los servicios de ML, afectando la disponibilidad del sistema y su capacidad para operar de manera efectiva.	• Actualizaciones y parches: mantener las herramientas de desarrollo actualizadas y aplicar parches de seguridad de manera oportuna. • Control de acceso: implementar controles de acceso estrictos para la infraestructura de computación, asegurando que solo el personal autorizado pueda acceder a los recursos críticos. • Monitoreo y detección de anomalías: utilizar sistemas de monitoreo y detección de anomalías para identificar y responder rápidamente a accesos no autorizados o actividades sospechosas. • Formación en seguridad: capacitar a los desarrolladores y al personal en prácticas de seguridad y concienciación sobre las amenazas, asegurando que estén al tanto de las mejores prácticas y procedimientos.

AMENAZA	FUNDAMENTO	CONTRAMEDIDA TÍPICA SEGURA
Fallo o mal funcionamiento de la aplicación de ML (por ejemplo, denegación de servicio debido a una mala entrada, falta de disponibilidad debido a un error de manejo).	Error humano, por ejemplo, debido a la falta de documentación, pueden usar la aplicación en casos de uso no previstos inicialmente. Denegación de servicio: podría ser causada por datos de entrada cuyo formato es inapropiado. También, puede suceder que un usuario malintencionado introduzca un dato de entrada (un ejemplo de esponja) diseñado específicamente para aumentar el tiempo de cálculo del modelo.	Seguridad informática convencional. Medidas similares al caso anterior.

AMENAZAS ASOCIADAS A LA SEGURIDAD DEL SISTEMA INTELIGENCIA ARTIFICIAL

AMENAZA	FUNDAMENTO	CONTRAMEDIDA TÍPICA
Operaciones fuera de dominio.	Las operaciones fuera de dominio (ODD) consisten en la situación en la que el sistema de IA recibe entradas o datos que están fuera del rango de datos o del contexto para el cual fue entrenado y diseñado. Este tipo de situaciones puede llevar a comportamientos inesperados o incorrectos del modelo, creando vulnerabilidades que pueden ser explotadas por atacantes. Ejemplos de operaciones fuera de dominio. • Clasificación de imágenes: un modelo entrenado para clasificar imágenes de animales puede recibir una imagen de un objeto completamente diferente, como un coche o una pieza de maquinaria, lo que está fuera del dominio de los animales. • Análisis de texto: un sistema de procesamiento de lenguaje natural (NLP) entrenado en inglés puede recibir texto en otro idioma o en un formato completamente diferente, como código de programación o caracteres no reconocidos.	Monitoreo de ODD Ampliación del conjunto de datos de entrenamiento. Detección de anomalías. Robustez del modelo: • Entrenamiento con perturbaciones: entrenar el modelo con datos perturbados y ruidosos para aumentar su robustez frente a entradas anómalas. • Regularización y técnicas de robustez: aplicar técnicas de regularización y otras prácticas de robustez para mejorar la capacidad del modelo de manejar datos fuera de dominio.

AMENAZA	FUNDAMENTO	CONTRAMEDIDA TÍPICA
	• Sistemas de recomendación: un sistema de recomendación entrenado en datos de comportamiento de usuarios de una región específica puede recibir datos de una región culturalmente diferente, con patrones de comportamiento que están fuera del dominio original.	
Inadecuada interacción con la computadora (HCI) especialmente para sistemas human-in-the-loop (HIL)[53];	Los sistemas HIL son aquellos donde los humanos intervienen en el proceso de toma de decisiones, lo que es crucial en aplicaciones donde la supervisión humana es necesaria para asegurar la precisión y la seguridad. Las amenazas pueden ser de los siguientes tipos: • Errores humanos. • Confianza excesiva en la IA por parte de los humanos. • Incomprensión del modelo por parte de los operadores del sistema de IA. • Interfaz de Usuario Deficiente, que dificulta la interacción entre la máquina y su operario. • Falta de transparencia y explicabilidad, sobre todo en los sistemas de IA que son cajas negras y que impiden a los usuarios comprender el proceso de toma de decisiones. • Falta de capacitación adecuada de los usuarios.	• Mejora en la capacitación. • Diseño de interfaz de usuario amigable. • Aumentar la transparencia y explicabilidad. • Fomento de la colaboración humano-IA a través de un feed-back continuo con el sistema de IA. • Evaluación y monitoreo continuos.

---

53 Sistemas de IA que aprovechan la interacción con los humanos para entrenarse.

AMENAZA	FUNDAMENTO	CONTRAMEDIDA TÍPICA
Falta de precisión.	Características (coherencia, corrección, integridad, resiliencia, verificación y validación) son cruciales para la seguridad de los sistemas de IA. Si un sistema de IA es inexacto, inconsistente o incorrecto, producirá resultados erróneos que pueden ser perjudiciales. Además, si un sistema no es resiliente, será vulnerable a ataques y fallará ante pequeñas variaciones en los datos de entrada. Finalmente, los sistemas que no han sido verificados y validados no son confiables, ya que no hay garantía de que funcionen correctamente o produzcan resultados precisos y seguros. • Coherencia: se refiere a la consistencia interna del sistema de IA. Un sistema coherente produce resultados que no se contradicen entre sí. • Corrección: se refiere a la precisión de los resultados producidos por el sistema de IA. Un sistema correcto debe producir resultados precisos y fiables. • Integridad: implica que los datos y resultados no se han alterado o comprometidos de manera no autorizada. • Resiliencia: se refiere a la capacidad del sistema de IA para resistir y recuperarse de ataques o condiciones adversas. Los sistemas no resilientes pueden exhibir comportamientos no deseados cuando son atacados o enfrentan variaciones menores en sus entradas. • Verificación: es el proceso de asegurar que el sistema de IA se ha construido correctamente según las especificaciones. Implica comprobar que el sistema cumple con los requisitos técnicos. • Validación: es el proceso de asegurar que el sistema de IA cumple con su propósito y funciona correctamente en su entorno operativo. Implica confirmar que el sistema produce resultados precisos y útiles en condiciones reales.	Las contramedidas opicas pueden no ser suficientes debido a la complejidad y la constante evolución de las amenazas. Por lo tanto, es crucial adoptar un enfoque proactivo y continuo para la seguridad de los sistemas de IA, integrando diversas estrategias y mejorando constantemente las defensas en respuesta a nuevas amenazas y vulnerabilidades. Por ejemplo, asumiendo un enfoque multicapa en donde: • Exista un monitoreo y actualización constante. • Se realicen auditorías y evaluaciones periódicas. • Se aborden programas de capacitación y concienciación entre los usuarios. • Continuar la investigación en técnicas avanzadas de seguridad para IA, incluyendo nuevos métodos de detección y respuesta a ataques adversariales. • Desarrollar herramientas y frameworks que faciliten la implementación de contramedidas efectivas.

AMENAZA	FUNDAMENTO	CONTRAMEDIDA TÍPICA
Entrenamiento humano inadecuado.	La falta de entrenamiento adecuado del personal en el uso y supervisión de sistemas de Inteligencia Artificial (IA) puede dar lugar a varias amenazas significativas que afectan la seguridad, eficiencia y efectividad de estos sistemas. A continuación se detallan algunas de las principales amenazas: • Mala interpretación de resultados. • Uso inapropiado del sistema. • Dependencia excesiva del sistema de IA, asumiendo que todas sus predicciones y decisiones son correctas sin cuestionarlas. • Ignorancia de sesgos y limitaciones. • Reacción tardía ante anomalías. • Configuración y mantenimiento incorrectos. **Ejemplo práctico** En un hospital, un sistema de IA se utiliza para ayudar en los diagnósticos médicos. Si los médicos y el personal no están adecuadamente entrenados: • Pueden malinterpretar las recomendaciones del sistema, llevando a diagnósticos incorrectos. • Podrían depender excesivamente del sistema, pasando por alto su propio juicio clínico. • No serían capaces de reconocer cuando el sistema está fuera de su dominio de competencia, como al tratar casos raros no incluidos en los datos de entrenamiento.	• Programas de capacitación. • Documentación y guías de usuario. • Simulaciones y entrenamiento práctico. • Supervisión y monitoreo. • Revisión y auditoría.

AMENAZA	FUNDAMENTO	CONTRAMEDIDA TÍPICA
Uso indebido intencionado.	El uso indebido intencionado de sistemas de Inteligencia Artificial (IA) puede plantear serias amenazas a la seguridad, la privacidad y la integridad de los datos. Aquí se describen algunas de las principales amenazas asociadas con el uso indebido intencionado de sistemas de IA: Manipulación de resultados. Ataques adversariales. Explotación de datos sensibles. Sabotaje de sistemas. Abuso de funcionalidades para fines maliciosos, como la creación de deepfakes o la generación de contenido falso. **Ejemplo:** manipulación del sistema de IA que gestiona el inventario de un almacén. Un atacante podría manipular el sistema de gestión de inventario, alterando los niveles de stock registrados por el sistema de IA. Consecuencias: • Desabastecimiento o exceso de inventario: la manipulación puede llevar a desabastecimiento de materias primas o exceso de productos terminados. • Pérdidas financieras: la mala gestión del inventario puede resultar en pérdidas financieras significativas.	• Autenticación fuerte: utilizar mecanismos de autenticación robustos para asegurar que solo los usuarios autorizados puedan acceder y utilizar el sistema. • Control de acceso basado en roles: asignar permisos basados en roles para limitar el acceso a funcionalidades críticas del sistema. • Sistemas de monitoreo: implementar sistemas de monitoreo continuo para detectar y alertar sobre actividades sospechosas o anómalas. • Detección de intrusiones: utilizar herramientas de detección de intrusiones para identificar intentos de acceso no autorizado o manipulación del sistema. • Cifrado en tránsito y en reposo: asegurar que los datos sensibles estén cifrados tanto en tránsito como en reposo para protegerlos contra accesos no autorizados. • Gestión de claves: implementar una gestión segura de claves de cifrado para proteger la integridad de los datos. • Auditorías periódicas: realizar auditorías de seguridad periódicas para identificar y corregir posibles vulnerabilidades. • Revisiones de código: implementar revisiones de código y prácticas de desarrollo seguro para prevenir la introducción de vulnerabilidades. • Capacitación en seguridad: capacitar a los usuarios y desarrolladores en prácticas de seguridad y concienciación sobre las amenazas. • Políticas de uso aceptable: desarrollar y comunicar políticas claras sobre el uso aceptable del sistema de IA y las consecuencias del uso indebido.

AMENAZAS ASOCIADAS A LA PRIVACIDAD

AMENAZA	FUNDAMENTO	CONTRAMEDIDA TÍPICA
Fuga de datos y modelos.	Las amenazas a la privacidad son frecuentes en los sistemas de información; en el caso de la IA (y especialmente el aprendizaje automático) la fuga de datos es posible incluso desde modelos de caja negra enviándoles solicitudes de manera adecuada. Las amenazas vinculadas a la privacidad relacionadas con la fuga de datos y modelos en sistemas de Inteligencia Artificial (IA) son críticas, ya que pueden comprometer información sensible y confidencial. Ejemplos de impactos posibles: • Exfiltración de datos sensibles. Puede incluir datos de entrenamiento, datos de usuarios, resultados de análisis y otros tipos de información confidencial. • Exposición de datos de entrenamiento: los datos de entrenamiento utilizados para desarrollar modelos de IA pueden contener información sensible o propietaria que, si se expone, puede ser explotada por actores malintencionados. • Robo de modelos: el robo de modelos implica la extracción no autorizada del modelo de IA en sí, incluyendo su arquitectura, parámetros y técnicas de entrenamiento. • Exposición de resultados de análisis: los resultados de los análisis realizados por el sistema de IA pueden contener información sensible o confidencial que, si se expone, puede ser perjudicial.	• Cifrado de datos y modelos. • Control de acceso y autenticación. • Monitoreo y detección de anomalías. • Auditorías y revisiones de seguridad. • Machine unlearning.[54] • Privacidad diferencial.

---

54 Machine unlearning: el desaprendizaje automático es un campo naciente de la Inteligencia Artificial, donde el objetivo es eliminar del modelo todos los rastros de un punto de datos seleccionado (amnesia selectiva), sin afectar el rendimiento.

AMENAZA	FUNDAMENTO	CONTRAMEDIDA TÍPICA
Noticias o datos falsos.	Imágenes falsas realistas, videos, discursos, textos, tal y como hemos visto en el capítulo 4, pueden ser generados por sistemas de IA suficientemente entrenados, mediante el uso de GAN (Redes Generativas Adversariales) diseñadas para imitar datos o imágenes reales.	Tecnología de detección de deepfake como por ejemplo: • Detección de artefactos: herramientas que buscan inconsistencias en la textura de la piel, iluminación, sombras, y bordes. • Análisis de metadatos: revisión de los metadatos de los archivos multimedia para detectar manipulaciones. • Redes neuronales convolucionales (CNNs): modelos de aprendizaje profundo entrenados para identificar patrones de deepfakes. • Modelos generativos adversariales (GANs): uso de GANs inversas para detectar las firmas digitales de los deepfakes. • Autenticación de video: sistemas que utilizan marcas de agua digitales y hashes criptográficos para verificar la autenticidad. • Sistemas de verificación de identidad: comprobación cruzada con bases de datos confiables.

AMENAZA	FUNDAMENTO	CONTRAMEDIDA TÍPICA
Falta de especificación.	Una especificación es la medida en que un sistema puede describirse correcta y completamente a través de una lista de requisitos. Un sistema especificado de forma incompleta, o un sistema con una especificación incorrecta, no cumplirá los requisitos implícitos o explícitos. Ejemplos de amenazas: • Datos innecesarios: sin especificaciones claras, los sistemas de IA pueden recolectar más datos de los necesarios, lo que aumenta el riesgo de exposición de información personal. • Falta de control de usuario: los usuarios pueden no tener claridad sobre qué datos se recopilan y con qué propósito, lo que afecta su capacidad para controlar su propia información. • Almacenamiento y retención: la falta de políticas específicas sobre cómo y cuánto tiempo se almacenan los datos puede llevar a su retención indefinida, incrementando el riesgo de violaciones de datos. • Acceso no autorizado: sin especificaciones claras, puede ser difícil asegurar que solo el personal autorizado tenga acceso a datos sensibles. • Reidentificación: sin procesos específicos y rigurosos de anonimización, los datos supuestamente anónimos pueden ser reidentificados, comprometiendo la privacidad de los individuos. • Datos pseudónimos: uso de técnicas de pseudonimización[55] que no cumplen con estándares adecuados, dejando a los individuos vulnerables a ser identificados indirectamente.	Utilización de métodos ágiles. Como por ejemplo: • User stories detalladas: creación de historias de usuario detalladas que incluyan aspectos de seguridad y privacidad, asegurando que se aborden explícitamente durante el desarrollo. • Definición de hecho (DoD): incluir criterios de aceptación que aborden la seguridad y la privacidad en la definición de hecho para cada historia de usuario. • Revisiones de sprint y retrospectivas: utilizar estas reuniones para revisar las especificaciones, identificar áreas de mejora y ajustar el enfoque en seguridad y privacidad según sea necesario. Participación del usuario (por ejemplo, comentarios humanos de los etiquetadores sobre la salida del sistema).

---

55 La pseudonimización es un proceso por el cual hay una transformación de los datos personales de una persona; de forma que los datos originales no puedan vincularse a una persona específica sin utilizar información adicional que se mantiene separada.

AMENAZA	FUNDAMENTO	CONTRAMEDIDA TÍPICA
Diseño de dominio operativo inadecuado (ODD).	El ODD (dominio de diseño operativo) reúne las condiciones operativas bajo las cuales un sistema dado está diseñado específicamente para funcionar. Si el ODD no se especifica correctamente, el sistema se utilizará en condiciones no deseadas, lo que provocará errores en la gestión de los datos personales. Ejemplos: • Uso indebido de datos: sin una clara definición del propósito para el que se están utilizando los datos, estos pueden utilizarse de maneras que no fueron inicialmente previstas, comprometiendo la privacidad de los usuarios. • Ampliación de funcionalidades: un diseño del dominio que no especifique claramente los límites del uso de datos puede llevar a la ampliación de funcionalidades sin el consentimiento adecuado, aumentando el riesgo de exposición de datos personales. • Controles de acceso debilitados: un diseño operativo que no implemente controles de acceso estrictos puede facilitar el acceso indebido a datos personales, tanto interna como externamente. • Reidentificación de datos: si el diseño del dominio no incluye técnicas adecuadas de anonimización y pseudonimización, los datos personales pueden ser reidentificados fácilmente, comprometiendo la privacidad de los individuos. • Procesos de pseudonimización incompletos: procesos inadecuados pueden permitir la correlación de datos pseudonimizados con otros conjuntos de datos, resultando en la identificación de individuos. • Retención prolongada de datos: un diseño que no especifique políticas claras sobre la retención y eliminación de datos puede llevar a la retención innecesaria de datos personales, aumentando el riesgo de exposición.	Para mitigar estas amenazas, es crucial que el diseño del dominio operativo de los sistemas de IA sea exhaustivo y específico, incorporando principios de privacidad desde el diseño (Privacy by Design), incluyendo políticas claras de manejo de datos, controles de acceso estrictos, y mecanismos de transparencia y consentimiento bien definidos.

AMENAZA	FUNDAMENTO	CONTRAMEDIDA TÍPICA
Modelo de aprendizaje de ML no robusto.	Incapacidad de un modelo para generalizar sus capacidades a datos distintos de sus datos de entrenamiento. Es decir, la falta de capacidad del modelo para aplicar lo que ha aprendido durante el entrenamiento a nuevos datos que no ha visto antes. Muchos factores pueden conducir a modelos aprendidos no robustos, incluido el sobreajuste, los datos de aprendizaje inadecuados. Sobreajuste: esto ocurre cuando un modelo se entrena demasiado bien en los datos de entrenamiento, aprendiendo detalles y ruido específicos de esos datos en lugar de patrones generales. Como resultado, el modelo tiene un desempeño excelente en los datos de entrenamiento, pero pobre en nuevos datos. Datos de aprendizaje inadecuados: es decir, cuando los datos que son insuficientes, de baja calidad, sesgados o no representativos del problema real. Estos factores pueden impedir que el modelo aprenda correctamente. En tal caso, el modelo será demasiado sensible a pequeñas variaciones de entrada, y el sistema de IA no se comportará correctamente.	• Entrenamiento adversarial. • Diversificación de conjuntos de datos de entrenamiento (por ejemplo, aumento de datos). • Arquitecturas adversarial-mente robustas como las redes de Lipschitz[56]. • Suavizado aleatorio[57].

---

56 Estas redes están diseñadas para ser más robustas frente a perturbaciones adversarias.

57 Es una técnica utilizada para mejorar la robustez de los modelos de aprendizaje automático frente a perturbaciones adversarias. Se basa en la idea de crear una versión suavizada del clasificador original que es menos sensible a pequeñas perturbaciones en las entradas.

AMENAZA	FUNDAMENTO	CONTRAMEDIDA TÍPICA
Base de conocimiento inconsistente (en IA basada en el conocimiento).	Las bases de conocimiento pueden ser inconsistentes debido a reglas o elementos de conocimiento contradictorios; las consecuencias son que los sistemas pueden exponer un comportamiento frágil o producir resultados incorrectos. Ejemplos de fallos: • Errores de inferencia: las inconsistencias pueden llevar a inferencias incorrectas que revelen información sensible que no debería ser accesible. Por ejemplo, una regla mal definida podría permitir la deducción de datos privados a partir de datos aparentemente inofensivos. • Violación de privacidad por decisión automática: las decisiones basadas en conocimiento inconsistente pueden ser incorrectas y afectar a la privacidad de los individuos. Por ejemplo, una decisión automatizada podría revelar datos personales sin la debida autorización o contexto. • Falsos positivos y negativos: las inconsistencias pueden llevar a falsos positivos (identificar erróneamente que se ha producido un evento que afecta a la privacidad) o falsos negativos (no identificar eventos que realmente afectan a la privacidad).	La comprobación de la coherencia en el contexto de bases de conocimiento en sistemas de IA consiste en garantizar que la información contenida en la base sea lógica y consistente, evitando conflictos y errores que puedan comprometer la integridad de los datos y la toma de decisiones. Ejemplos de métodos: • Validación sintáctica y semántica: evaluar la corrección sintáctica (estructura y formato) y semántica (significado y lógica) de las entradas en la base de conocimiento. • Integridad de restricciones: asegurarse de que los datos cumplan con todas las restricciones y reglas definidas.
Una base simbólica inadecuada (en la IA basada en el conocimiento).	Una base simbólica es una representación estructurada de conocimientos en un formato simbólico, que es utilizado en sistemas de Inteligencia Artificial (IA) y sistemas basados en el conocimiento. Esta base contiene información en forma de símbolos, reglas, hechos y relaciones entre estos símbolos, permitiendo que el sistema realice razonamientos lógicos y tome decisiones basadas en ese conocimiento. Los métodos simbólicos asumen que el mundo puede reducirse solo a manipulaciones de símbolos. Sin embargo, el mundo real está hecho de datos. Una conversión de datos del mundo real a expresiones simbólicas puede ser inadecuada de varias maneras (por ejemplo, definiciones de intervalo incorrectas). En tales casos, el sistema simbólico comenzaría a razonar a partir de hipótesis erróneas que conducen a resultados erróneos.	Usar representaciones probabilísticas o difusas. Las representaciones difusas o basadas en lógica difusa son utilizadas como contramedidas en sistemas de Inteligencia Artificial para manejar la incertidumbre y la imprecisión en los datos. Estas técnicas permiten que los sistemas de IA sean más robustos y flexibles al procesar información que no es estrictamente verdadera o falsa, sino que puede pertenecer a múltiples categorias con diferentes grados de certeza.

AMENAZA	FUNDAMENTO	CONTRAMEDIDA TÍPICA
Anomalías inadecuadas y procesamiento de valores atípicos.	En la fase de construcción de modelos (es decir, en el aprendizaje), las anomalías y los valores atípicos pueden tener una influencia negativa en los modelos aprendidos; en el modo de explotación del modelo (es decir, en la inferencia) los valores atípicos y las anomalías pueden generar un comportamiento indeseable de los modelos, lo que lleva a decisiones erróneas. Ejemplos de efectos negativos: 1. Distorsión del modelo: las anomalías y los valores atípicos pueden sesgar los parámetros del modelo, llevándolo a aprender patrones incorrectos. Por ejemplo, en un conjunto de datos de ingresos, unos pocos valores extremadamente altos pueden desviar la media, afectando a los coeficientes de un modelo lineal. 2. Sobreajuste: el modelo puede sobreajustarse a estos datos atípicos, aprendiendo detalles específicos que no representan la distribución general. Esto puede reducir la capacidad del modelo para generalizar a nuevos datos. 3. Rendimiento degradado: la presencia de datos atípicos puede llevar a un rendimiento general degradado del modelo, afectando tanto a su precisión como a su estabilidad. 4. Decisiones erróneas: valores atípicos y anomalías en los datos de entrada pueden causar que el modelo haga predicciones incorrectas o tome decisiones inapropiadas. Por ejemplo, un modelo de detección de fraudes podría fallar al clasificar correctamente una transacción legítima como fraudulenta si no se ha entrenado adecuadamente para manejar datos atípicos. 5. Inestabilidad: la presencia de datos atípicos puede hacer que el modelo se comporte de manera inestable, generando resultados inconsistentes y poco confiables. 6. Riesgos de seguridad: en aplicaciones críticas, como la detección de anomalías en sistemas de seguridad, la incapacidad para manejar adecuadamente valores atípicos puede permitir que actividades maliciosas pasen desapercibidas o que alarmas falsas se generen frecuentemente, erosionando la confianza en el sistema.	Filtrado de valores atípicos. El filtrado de valores atípicos es un proceso utilizado en la ciencia de datos y el aprendizaje automático para identificar y manejar datos que se desvían significativamente de la mayoría de los datos en un conjunto. Estos valores atípicos pueden ser el resultado de errores de medición, variabilidad natural en los datos, o incluso actividades maliciosas. El objetivo del filtrado de valores atípicos es mejorar la calidad de los datos y la robustez de los modelos de aprendizaje automático al minimizar el impacto de estos puntos de datos extremos. Ejemplos de métodos: • Desviación estándar: identificar valores que se desvían más de un número determinado de desviaciones estándar de la media. • Percentiles: utilizar percentiles para identificar valores extremos, como los que están por debajo del 1er percentil o por encima del 99º percentil. • Isolation Forest: algoritmo de aprendizaje no supervisado que aísla valores atípicos al dividir repetidamente el espacio de datos. • Local Outlier Factor (LOF): método que evalúa la densidad local de cada punto de datos para identificar aquellos que tienen una densidad significativamente menor que sus vecinos.

AMENAZA	FUNDAMENTO	CONTRAMEDIDA TÍPICA
Sobreajuste del modelo (en ML).	El sobreajuste es la generación de un modelo de aprendizaje automático que se corresponde demasiado con los datos de entrenamiento, lo que da como resultado un modelo al que le resulta difícil generalizar a nuevos datos. Esto deriva en un modelo que tiene un rendimiento muy bueno en los datos de entrenamiento pero que falla al generalizar a nuevos datos. Este fenómeno puede tener varias implicaciones y amenazas a la privacidad cuando se trata de sistemas de IA. Ejemplos de mal funcionamiento: 1. Exposición de información sensible de los datos de entrenamiento: si el modelo está entrenado en un conjunto de datos que contiene información personal, como nombres o direcciones, puede aprender a reproducir estos detalles cuando se le presenta nueva entrada que es similar a los datos de entrenamiento. 2. Riesgo de reidentificación: el sobreajuste puede llevar a que un modelo revele información que permite la reidentificación de individuos en los datos de entrenamiento, incluso si los datos se han anonimizado. 3. Decisiones erróneas basadas en datos privados: por ejemplo, un sistema de recomendación que sobreajusta puede sugerir productos o servicios inapropiados basados en la información sensible capturada del conjunto de entrenamiento, exponiendo detalles privados del comportamiento del usuario.	Pruebas cruzadas y validación con diferentes conjuntos de datos.

AMENAZAS ASOCIADAS AL CUMPLIMIENTO DE LA OBLIGACIÓN DE TRANSPARENCIA Y EXPLICABILIDAD

AMENAZA	FUNDAMENTO	CONTRAMEDIDA TÍPICA
Complejidad de Modelos (especialmente en ML).	Los modelos de IA muy complejos, como las redes neuronales profundas, los modelos de ensamble (como los bosques aleatorios y los boosting) y otros algoritmos avanzados, presentan desafíos significativos en términos de transparencia y explicabilidad. Estas amenazas pueden tener implicaciones graves para la confianza de los usuarios, el cumplimiento normativo y la toma de decisiones basada en el modelo. Ejemplos de amenazas: 1. Falta de responsabilidad: la opacidad del modelo dificulta la atribución de responsabilidad por decisiones incorrectas o sesgadas. 2. Incumplimiento de la normativa: muchas regulaciones, como el Reglamento general de protección de datos y le Reglamento de IA, requieren explicabilidad y transparencia en los sistemas de IA para garantizar el tratamiento justo y responsable de los datos personales. 3. Desconfianza de los usuarios: los usuarios pueden desconfiar de los sistemas que no pueden entender, especialmente si las decisiones afectan significativamente sus vidas (como en finanzas, salud o justicia). 4. Dificultad en la validación y verificación: los modelos complejos son difíciles de validar y verificar debido a su opacidad.	• Interfaces amigables para los usuarios del modelo. • Modelos interpretables por diseño: utilizar modelos que sean inherentemente interpretables, como regresiones lineales, árboles de decisión y modelos lineales generalizados. • Métodos de interpretabilidad Post-Hoc: aplicar técnicas que permitan interpretar modelos complejos después de que se hayan entrenado. • Transparencia de datos y preprocesamiento: asegurar la transparencia en el preprocesamiento de datos y la selección de características, documentando claramente cada paso.

AMENAZA	FUNDAMENTO	CONTRAMEDIDA TÍPICA
Falta de explicabilidad (para caja negra y modelos de caja blanca).	La falta de explicabilidad no solo es una causa de desconfianza, sino que también puede generar malentendidos por parte de los usuarios, lo que a su vez podría conducir a malas decisiones. Según lo definido por NIST[58], hay cuatro requisitos genéricos para la explicabilidad: 1. Explicaciones claras: las explicaciones proporcionadas por el sistema de IA deben ser comprensibles para los usuarios. Esto implica que la información debe presentarse de manera clara y accesible, usando un lenguaje y una terminología que los usuarios puedan entender fácilmente. 2. Justificación Significativa: las explicaciones deben ser relevantes y significativas para los usuarios. Esto significa que las razones detrás de las decisiones del modelo deben ser directamente aplicables y útiles en el contexto de uso del usuario. 3. Justificación comprensible: las explicaciones deben proporcionar una justificación adecuada para las decisiones del modelo. Esto incluye la capacidad de detallar los factores y los datos que llevaron a una decisión específica. 4. Transparencia en el nivel del sistema: es importante que el sistema de IA en su totalidad sea transparente, no solo en cuanto a sus predicciones individuales, sino también en sus componentes, operaciones y procesos. Esto permite una comprensión integral del sistema y aumenta la confianza en su funcionamiento. El sistema solo funciona en las condiciones para las que se diseñó o cuando el sistema alcanza una confianza suficiente en su producción.	Herramientas de interpretabilidad. Ejemplos: • Utilizar interfaces de usuario intuitivas que muestren visualizaciones y descripciones detalladas de las decisiones del modelo. Herramientas como LIME y SHAP pueden ayudar a generar explicaciones claras para predicciones específicas. • Asegurarse de que las explicaciones proporcionadas están alineadas con las necesidades y expectativas de los usuarios. Esto puede incluir la personalización de las explicaciones basadas en el rol del usuario (por ejemplo, desarrollador, regulador, usuario final). • Implementar métodos de trazabilidad que permitan a los usuarios seguir y entender el proceso de decisión del modelo. Documentar y proporcionar acceso a la lógica y los datos utilizados en la toma de decisiones puede ayudar en este aspecto. • Desarrollar y mantener documentación completa del sistema de IA, incluyendo su diseño, arquitectura, procesos de entrenamiento, datos utilizados y mecanismos de validación. Realizar auditorías regulares y proporcionar informes de transparencia también son prácticas recomendadas.

---

58 El Instituto Nacional de Estándares y Tecnología de Estados Unidos es una agencia del Departamento de Comercio de los Estados Unidos. Su misión principal es promover la innovación y la competitividad industrial mediante el avance en la ciencia de la medición, estándares y tecnología en formas que mejoren la seguridad económica y la calidad de vida.

AMENAZA	FUNDAMENTO	CONTRAMEDIDA TÍPICA
Instrucciones y explicaciones inadecuadas o no comprensibles.	Ver amenaza anterior.	Ver amenaza anterior.
Falta de trazabilidad.	La trazabilidad es la capacidad de verificar el historial, la ubicación o la aplicación de un artículo por medio de información registrada documentada. La falta de trazabilidad de un sistema de IA puede conducir a dificultades en el análisis de problemas y malos comportamientos.	Imponer trazabilidad para los parámetros clave del sistema.

La transparencia y la explicabilidad del funcionamiento de los sistemas de IA es uno de los grandes retos legales del presente y futuro.

AMENAZAS ASOCIADAS AL IMPACTO AMBIENTAL

AMENAZA	FUNDAMENTO	CONTRAMEDIDA TÍPICA
Demandas computacionales (especialmente en aprendizaje profundo).	La demanda computacional de los sistemas de aprendizaje profundo está creciendo exponencialmente, debido al volumen de datos, el número de parámetros del modelo (en 2024, cientos de miles de millones de parámetros para los más grandes modelos) Los modelos de aprendizaje profundo, especialmente los más avanzados como los de procesamiento de lenguaje natural (NLP) y visión por computadora, requieren una cantidad significativa de recursos computacionales para su entrenamiento y despliegue. Esta demanda computacional ha ido aumentando con la complejidad y el tamaño de los modelos. Ejemplos: 1. El consumo de energía de los centros de datos contribuye a las emisiones de carbono. Un estudio indicó que entrenar un modelo de IA puede emitir aproximadamente 284 toneladas de dióxido de carbono (CO_2), equivalente a las emisiones de cinco automóviles durante toda su vida útil. 2. El entrenamiento de GPT-3, un modelo con 175 mil millones de parámetros, consume una cantidad significativa de energía. Se estima que el proceso de entrenamiento de GPT-3 utilizó 1,287 MWh (megavatios-hora) de electricidad, lo que resulta en aproximadamente 552 toneladas de emisiones de CO_2, equivalente a las emisiones anuales de 120 automóviles promedio. Impacto Acumulativo. El impacto ambiental no solo proviene del entrenamiento inicial, sino también del uso continuo de estos modelos en producción. Las aplicaciones de IA que requieren inferencia en tiempo real, como los asistentes virtuales, sistemas de recomendación, y aplicaciones de reconocimiento de imágenes, contribuyen al consumo continuo de energía.	En la actualidad se plantean muchos enfoques para abordar este reto: (reducción de modelos, poda de red, destilación, mejores algoritmos, nuevo hardware, computación cuántica, etc.). Aquí van cuatro ejemplos: • Mejorar la eficiencia de los algoritmos para reducir el número de operaciones necesarias durante el entrenamiento y la inferencia. • Implementar centros de datos que operen con energía renovable para reducir la huella de carbono. • Desarrollar y utilizar hardware más eficiente energéticamente, como TPUs (Tensor Processing Units) diseñadas específicamente para tareas de IA. • Utilizar técnicas como el aprendizaje por transferencia y el aprendizaje federado para minimizar la necesidad de entrenar modelos desde cero, aprovechando modelos preentrenados y distribuyendo el entrenamiento entre múltiples dispositivos.

AMENAZAS ASOCIADAS AL CUMPLIMIENTO DE LAS OBLIGACIONES LEGALES Y LA RENDICIÓN DE CUENTAS (ACCOUNTABILITY)

AMENAZA	FUNDAMENTO	CONTRAMEDIDA TÍPICA
Transferencia (parcial o total) de responsabilidad de las personas a los sistemas.	La transferencia parcial o total de responsabilidad de las personas a los sistemas de IA plantea varias amenazas significativas. Ejemplos: Erosión de la responsabilidad personal: las personas pueden volverse dependientes de las decisiones y recomendaciones de la IA, lo que puede disminuir su sentido de responsabilidad personal y capacidad crítica. Desplazamiento de la responsabilidad legal: la responsabilidad legal puede volverse difusa cuando las decisiones automatizadas de la IA causan daños o problemas. Es complicado determinar si la culpa recae en el desarrollador del software, el usuario que implementó la IA, o el fabricante del hardware. Deshumanización y pérdida de empatía: la interacción excesiva con sistemas automatizados puede llevar a una pérdida de empatía y comprensión humana en profesiones que requieren un trato personal y comprensivo.	Medidas legales como el Reglamento de IA o el Reglamento general de Protección de Datos extienden la responsabilidad legal por un mal funcionamiento de la IA a toda la cadena de valor asociada a la puesta en servicio de ese sistema: desde el desarrollador, pasando por el comercializador, hasta la empresa o persona que lo pone en servicio. Igualmente la legislación sobre protección de consumidores y usuarios da cobertura a muchas de estas situaciones. Finalmente, la existencia de la responsabilidad penal de las personas jurídicas, con extensión a sus responsables, como en el caso del artículo 31 bis del Código Penal español amplia la cobertura legal a los ciudadanos. Medida legales y contractuales.
Complejidad de los sistemas que involucran subsistemas de diferentes proveedores (por ejemplo, proveedores de datos, algoritmos. Proveedores de aplicaciones.	Un sistema de ML típico utiliza datos de un proveedor, algoritmos de otro, posiblemente adapta un modelo existente de un tercero. En términos generales, los sistemas de IA que involucran a diferentes proveedores hacen que la rendición de cuentas sea más compleja.	

El concepto de obligación legal de una IA y de rendición de cuentas según CHATGPT

AMENAZAS A LA SOSTENIBILIDAD Y MANTENIMIENTO DE LA INTELIGENCIA ARTIFICIAL

AMENAZA	FUNDAMENTO	CONTRAMEDIDA TÍPICA
Complejidad de los sistemas.	1. Mantenimiento difícil y costoso: a medida que los sistemas de IA se vuelven más complejos, mantenerlos y actualizarlos se vuelve más difícil y costoso. Los modelos basados en datos requieren reentrenamiento continuo con datos nuevos para mantenerse relevantes, lo que implica un consumo considerable de recursos. 2. Dependencia de datos de alta calidad: la eficacia de un sistema de IA depende en gran medida de la calidad de los datos. Datos insuficientes, desactualizados o sesgados pueden conducir a modelos ineficaces o perjudiciales. 3. Falta de interpretabilidad y transparencia: tal y como hemos visto anteriormente, la complejidad puede hacer que los sistemas de IA sean difíciles de interpretar y entender. Esto puede conducir a una falta de confianza y dificultad para detectar y corregir errores.	• Implementar prácticas de mantenimiento predictivo y automatizado, así como desarrollar procesos de reentrenamiento más eficientes y escalables. Utilizar técnicas como el aprendizaje continuo y la transferencia de aprendizaje para reducir la necesidad de reentrenamiento completo. • Establecer rigurosos procesos de gestión y verificación de datos para asegurar su calidad. Utilizar técnicas de mejora de datos y recolección de datos de manera continua y diversificada para mantener la relevancia y precisión del modelo.

AMENAZA	FUNDAMENTO	CONTRAMEDIDA TÍPICA
	4. Riesgo de sobreajuste: un modelo complejo puede ajustarse demasiado a los datos de entrenamiento, lo que resulta en un sobreajuste y un rendimiento pobre en datos no vistos.	• Desarrollar e implementar técnicas de IA Explicable (XAI) para mejorar la transparencia y la interpretabilidad de los modelos. Proveer herramientas y documentación que permitan a los usuarios entender el comportamiento y las decisiones del sistema. • Utilizar técnicas de regularización, validación cruzada y mantenimiento de conjuntos de datos de prueba independientes para evaluar el rendimiento del modelo de manera realista y evitar el sobreajuste.
Sistemas de aprendizaje continuo en línea.	1. Sobrecarga de datos: los sistemas que aprenden de manera continua requieren un flujo constante de datos para actualizar sus modelos. Esto puede resultar en una sobrecarga de datos, donde el sistema se vea abrumado por la cantidad de información que necesita procesar. 2. Deterioro del modelo por datos de baja calidad: si los datos que alimentan el aprendizaje continuo son de baja calidad, el modelo puede deteriorarse con el tiempo, llevando a decisiones erróneas o sesgadas. 3. Incremento en los costos de computación: el aprendizaje continuo puede requerir significativos recursos computacionales para procesar y actualizar los modelos frecuentemente. 4. Gestión de versiones del modelo: Con el aprendizaje continuo, se generan múltiples versiones del modelo, lo que puede complicar su gestión y seguimiento de cambios. Ejemplo: imagine una plataforma de redes sociales que utiliza IA para moderar contenido en tiempo real. Este sistema aprende continuamente de los reportes de usuarios y de nuevos patrones de lenguaje para identificar y eliminar contenido inapropiado. Amenaza: la plataforma enfrenta el desafío de procesar grandes cantidades de datos en tiempo real y de actualizar el modelo frecuentemente para adaptarse a nuevas formas de lenguaje ofensivo.	• Implementar estrategias de filtrado y preprocesamiento de datos para manejar la sobrecarga. Utilizar técnicas de muestreo y resumen de datos para reducir el volumen sin perder la representatividad. • Implementar mecanismos de validación y limpieza de datos antes de que estos sean utilizados para reentrenar el modelo. Usar técnicas de detección de anomalías para identificar y filtrar datos potencialmente dañinos. • Utilizar tecnologías de computación en la nube para escalar los recursos según sea necesario y optimizar los algoritmos para mejorar su eficiencia computacional. • Implementar un sistema de gestión de versiones y auditoría para mantener un control riguroso sobre los cambios y actualizaciones del modelo. Usar técnicas de CI/CD (Integración Continua y Despliegue Continuo) para facilitar la implementación de nuevas versiones.

AMENAZA	FUNDAMENTO	CONTRAMEDIDA TÍPICA
Tamaño de la base de conocimiento para sistemas simbólicos.	1. Complejidad en la comprensión y validación: Los grandes sistemas simbólicos, donde la base de conocimientos es proporcionada por expertos humanos, son difíciles de entender y validar debido a su complejidad y la gran cantidad de reglas y relaciones que contienen. 2. Mantenimiento difícil y costoso: los sistemas simbólicos grandes son difíciles de mantener, ya que cada cambio o actualización puede afectar múltiples partes del sistema, generando un alto costo y riesgo de errores. 3. Dependencia de conocimiento experto: la creación y actualización de grandes sistemas simbólicos depende en gran medida del conocimiento de expertos humanos, lo que puede limitar la escalabilidad y la velocidad de implementación. 4. Escalabilidad limitada: los grandes sistemas simbólicos pueden enfrentar problemas de escalabilidad, ya que agregar nuevas reglas y conocimientos puede llevar a un crecimiento exponencial en la complejidad y el tamaño del sistema.	• Implementar herramientas de visualización y análisis para facilitar la comprensión de las reglas y relaciones en la base de conocimientos. Utilizar métodos de simplificación y abstracción para reducir la complejidad sin perder precisión. • Establecer un proceso riguroso de gestión de cambios y mantenimiento que incluya pruebas exhaustivas y validaciones automáticas. Documentar de manera detallada cada componente y su interacción para facilitar el mantenimiento. • Fomentar la colaboración y transferencia de conocimiento entre expertos y desarrolladores. Utilizar técnicas de captura de conocimiento automatizadas para reducir la dependencia exclusiva de los expertos. Organizar el modelo en componentes más pequeños que cooperan, como sistemas multiagente[59]. • Implementar arquitecturas modulares y jerárquicas que permitan agregar y gestionar conocimientos de manera más eficiente. Utilizar técnicas de compresión y optimización de datos para manejar el crecimiento del sistema.

---

59 Un sistema multiagente (SMA) es un sistema compuesto por múltiples agentes inteligentes que interactúan entre ellos. Los sistemas multiagente pueden utilizarse para resolver problemas que son difíciles o imposibles de resolver para un agente individual o un sistema monolítico

AMENAZAS SOBRE LA DISPONIBILIDAD Y CALIDAD DE LOS DATOS DE ENTRENAMIENTO Y PRUEBA

AMENAZA	FUNDAMENTO	CONTRAMEDIDA TÍPICA
Datos que no cubren el ODD.	Si los datos de entrenamiento y prueba no cubren suficientemente el dominio de diseño operativo, el sistema podría presentar un comportamiento no deseado en el modo de inferencia, es decir, cuando se enfrenta a nuevas situaciones. Esto conducirá a una salida incorrecta del sistema.	Adquisición de datos; aumento de datos, datos sintéticos.
Calidad de los datos.	Los sistemas de IA basados en datos dependen de la calidad de dichos datos, ya sea en modo de aprendizaje o en modo de inferencia. La mala calidad de los datos en el aprendizaje conducirá a modelos deficientes; La mala calidad de los datos en el modo de inferencia, si no se detecta, dará lugar a una salida incorrecta.	Detección de valores atípicos, evaluación de la calidad en general.
Datos de entrenamiento desequilibrados.	Los sistemas de IA basados en datos necesitan datos equilibrados que representen suficientemente las diferentes categorías (de personas, de objetos, etc.). Los datos de entrenamiento desequilibrados harán que los modelos se centren en las categorías principales, produciendo así resultados erróneos para las categorías con menor representación. Esto es particularmente importante cuando se trata de datos personales, pero también es cierto para otro tipo de entrada.	Recopilación de datos, aumento de datos, síntesis de datos.
Sesgo en los datos; favoritismo hacia unas cosas, personas o grupos sobre otros.	El sesgo puede ocurrir en los datos históricos de un comportamiento no deseado existente. El sesgo en los datos puede generar sesgo en el modelo aprendido de esos datos, generando a su vez un sesgo en la salida del sistema de IA. Ya hemos visto a lo largo de los capítulos de este libro varios ejemplos de sesgo.	Pruebas exhaustivas.

AMENAZA	FUNDAMENTO	CONTRAMEDIDA TÍPICA
Mala calidad de la anotación de datos (para aprendizaje supervisado o semisupervisado).	La anotación de datos es el proceso de adjuntar un conjunto de información descriptiva a los datos sin ningún cambio en esos datos. El aprendizaje utiliza anotaciones producidas por operadores humanos y, por lo tanto, depende de la calidad de dichas anotaciones. La anotación de mala calidad causará una mala calidad del modelo, lo que conducirá a decisiones equivocadas. Ejemplos de amenazas: 1. Calidad de la anotación de datos: la calidad del modelo de IA depende directamente de la calidad de las anotaciones de los datos. Anotaciones incorrectas, incompletas o inconsistentes pueden llevar a un modelo poco preciso, resultando en decisiones equivocadas. 2. Dependencia de operadores humanos: la anotación de datos depende en gran medida de operadores humanos, lo que introduce variabilidad y errores humanos en el proceso. Además, puede ser un proceso lento y costoso. 3. Escalabilidad del proceso de anotación: a medida que crece la cantidad de datos, escalar el proceso de anotación manualmente puede ser impracticable. La falta de escalabilidad puede limitar la capacidad de mantener y actualizar el modelo. 4. Sesgo en la anotación de datos: los operadores humanos pueden introducir sesgos inconscientes en el proceso de anotación, lo que puede llevar a modelos sesgados que tomen decisiones injustas o inexactas.	• Implementar procesos de control de calidad rigurosos para la anotación de datos. Utilizar varias capas de revisión y validación de anotaciones, y proporcionar formación continua a los anotadores para mejorar su precisión. • Desarrollar y utilizar herramientas de anotación asistida por IA para ayudar a los operadores humanos, reducir la carga de trabajo y mejorar la consistencia. Implementar un sistema de feedback continuo para los anotadores para identificar y corregir errores rápidamente. • Automatizar partes del proceso de anotación utilizando técnicas de aprendizaje semisupervisado[60] y aprendizaje activo. Estas técnicas permiten que el modelo aprenda de datos etiquetados y no etiquetados, reduciendo la dependencia de la anotación manual.

---

60   El aprendizaje semisupervisado es una técnica en el campo del aprendizaje automático que utiliza una combinación de datos etiquetados y no etiquetados para entrenar modelos. Esta técnica es especialmente útil cuando se dispone de una gran cantidad de datos no etiquetados y un número limitado de datos etiquetados, lo que suele ser el caso en muchos problemas prácticos debido al alto costo y esfuerzo necesario para etiquetar datos manualmente.

AMENAZA	FUNDAMENTO	CONTRAMEDIDA TÍPICA
	Ejemplo: supongamos que una empresa de salud utiliza un sistema de IA para diagnosticar enfermedades a partir de imágenes médicas. El sistema se entrena utilizando imágenes anotadas por radiólogos humanos que identifican las áreas afectadas en las imágenes. Amenaza: la empresa enfrenta el desafío de asegurar que las anotaciones de los radiólogos sean de alta calidad, ya que anotaciones incorrectas o inconsistentes pueden llevar a diagnósticos erróneos.	• Realizar auditorías regulares de las anotaciones para identificar posibles sesgos y corregirlos. Proporcionar formación y sensibilización sobre sesgos a los anotadores y utilizar técnicas de equilibrio de datos para asegurar representatividad y equidad en las anotaciones. • Uso de software de anotación específico[61].
Aumento inadecuado de datos.	El aumento de datos es el proceso de crear nuevas muestras de datos mediante la manipulación de los datos originales. Cuando se usa en el aprendizaje automático, el aumento inadecuado de datos tendrá un impacto negativo en la calidad del modelo aprendido. Ejemplos de amenazas: 1. Aumento inadecuado de datos: el uso incorrecto o inapropiado de técnicas de aumento de datos puede introducir ruido y distorsiones en el conjunto de datos, llevando a un modelo de baja calidad y decisiones equivocadas. 2. Introducción de sesgos: las técnicas de aumento pueden Introducir sesgos no deseados si no se diseñan cuidadosamente, afectando negativamente el rendimiento y la equidad del modelo. 3. Sobrefitting (sobreajuste): un aumento excesivo o inadecuado puede llevar a que el modelo se sobreajuste a los datos aumentados, perdiendo la capacidad de generalizar a datos nuevos.	• Implementar y validar técnicas de aumento de datos específicas para el dominio que mantengan la integridad y relevancia de los datos originales. Realizar pruebas exhaustivas para asegurar que el aumento no degrade la calidad del modelo. • Utilizar técnicas de aumento que mantengan la distribución original de los datos y realizar auditorías regulares para detectar y corregir posibles sesgos. • Aplicar aumento de datos de manera controlada y utilizar técnicas de validación cruzada para evaluar el impacto del aumento en la capacidad de generalización del modelo.

---

61 Existen aplicaciones para facilitar los procesos de anotación, como Labelbox, V7 Labs, Superannotate, Prodigy o Speech annotator entre otras muchas.

AMENAZA	FUNDAMENTO	CONTRAMEDIDA TÍPICA
	4. Complejidad computacional: ll aumento de datos puede incrementar la complejidad y el tiempo de entrenamiento del modelo, especialmente si se generan grandes volúmenes de datos aumentados. Ejemplo: una empresa que desarrolla un sistema de reconocimiento de imágenes para detectar defectos en productos utiliza técnicas de aumento de datos para incrementar su conjunto de datos de entrenamiento. Si la empresa aplica técnicas de aumento inadecuadas, como rotaciones o deformaciones excesivas de las imágenes, podría introducir distorsiones que no representan los defectos reales, llevando a un modelo ineficaz.	• Optimizar el proceso de aumento para asegurar que no se introduzcan datos redundantes y utilizar técnicas de procesamiento paralelo para manejar el incremento en la carga computacional.

AMENAZAS ASOCIADAS A LA EXPERIENCIA EN EL DISEÑO Y DESARROLLO DE SISTEMAS DE EN IA

AMENAZA	FUNDAMENTO	CONTRAMEDIDA TÍPICA
Falta de especialistas para el desarrollo y despliegue de sistemas de IA.	A partir de 2022, hay más proyectos de IA que especialistas capaces de desarrollarlos e implementarlos. Desarrollar un proyecto de IA aún no es algo que se pueda automatizar, se necesita un conocimiento profundo de la ciencia y la tecnología.	Educación y formación (inicial o continua).

AMENAZAS ASOCIADAS AL NIVEL DE AUTOMATIZACIÓN DEL SISTEMA DE INTELIGENCIA ARTIFICIAL

AMENAZA	FUNDAMENTO	CONTRAMEDIDA TÍPICA
Ver el apartado de Accountability. HCI[62] inadecuada para la entrega a un Operador.	En ciertos sistemas, se requiere un nivel de entendimiento común entre los operadores humanos y los sistemas de IA para asegurar la funcionalidad deseada	HCI mejorada; explicabilidad, transparencia; etc.

---

62   HCI: infraestructura Hiper Convergente: sistema unificado y definido por software que reúne todos los elementos de un centro de datos tradicional: almacenamiento, recursos informáticos, red y gestión.

AMENAZAS ASOCIADAS A LA COMPLEJIDAD DEL ENTORNO EN EL QUE SE DESEMPEÑA EL SISTEMA DE INTELIGENCIA ARTIFICIAL

AMENAZA	FUNDAMENTO	CONTRAMEDIDA TÍPICA
Incertidumbres.	Las incertidumbres son condiciones que aparecen cuando un valor no se puede determinar durante la consulta, o un hecho o una regla en la base de conocimiento permanece en duda. Las incertidumbres tienen muchas fuentes. No considerarlas podría llevar a un error de salida por el sistema.	Reducir las incertidumbres como sea posible; muchas tecnologías de IA se ocupan de problemas de incertidumbre.
Variaciones en el entorno.	Los entornos en los que se ejecutan los sistemas de IA están sujetos a variaciones. Como ejemplo, la pandemia de covid causó muchos cambios en el entorno para los sistemas de IA, y no estaban listos para lidiar con tales cambios, es decir. Los modelos se volvieron obsoletos debido al nuevo entorno.	Volver a entrenar modelos en un nuevo entorno; Aprender la causalidad en lugar de aprender correlaciones.

PROBLEMAS DEL CICLO DE VIDA DEL SISTEMA DE INTELIGENCIA ARTIFICIAL

AMENAZA	FUNDAMENTO	CONTRAMEDIDA TÍPICA
Inadecuación de algunos pasos del ciclo de vida (especificación, diseño, desarrollo, despliegue, monitoreo de operación, mantenimiento, desmantelamiento).	Ejemplo: una empresa de servicios financieros está desarrollando un sistema de IA para la detección de fraudes. Este sistema debe cumplir con estrictos requisitos de precisión, seguridad y cumplimiento regulatorio. Amenaza: la inadecuación en cualquiera de los pasos del ciclo de vida del sistema puede resultar en un sistema ineficaz, inseguro o no conforme con las regulaciones, lo que puede tener consecuencias graves tanto operativas como legales.	**Ejemplo de contramedidas para este caso:** • Realizar talleres con todas las partes interesadas para definir claramente los requisitos del sistema. • Documentar los requisitos de manera detallada y revisarlos periódicamente para asegurar que se mantengan relevantes. • Utilizar patrones de diseño y arquitecturas probadas para asegurar escalabilidad y seguridad. • Realizar revisiones de diseño por pares y obtener feedback de expertos.

AMENAZA	FUNDAMENTO	CONTRAMEDIDA TÍPICA
		• Adoptar metodologías ágiles y prácticas de DevOps[63] para asegurar un desarrollo iterativo y de alta calidad. • Implementar pruebas continuas y revisiones de código para detectar y corregir errores tempranamente. • Planificar el despliegue detalladamente, incluyendo pruebas de preproducción y estrategias de rollback[64]. • Utilizar herramientas de automatización de despliegue para asegurar consistencia y reducir errores manuales.

PROBLEMAS ASOCIADOS A LA PREPARACIÓN TECNOLÓGICA

AMENAZA	FUNDAMENTO	CONTRAMEDIDA TÍPICA
Implantación de sistemas de IA aún no preparados para operar.	Esta circunstancia no es específica de la IA, pero puede ocurrir con mayor frecuencia, ya que la madurez de un sistema de IA es particularmente difícil de evaluar. Las consecuencias de poner un sistema de IA inmaduro. Ver casuística de las tablas anteriores.	Ver las medidas de las tablas anteriores.

LAS AMENAZAS ASOCIADAS A LA INTELIGENCIA ARTIFICIAL GENERATIVA

Ahora vamos a enumerar las amenazas específicas para GPAIS (sistemas de IA de propósito general, también llamados modelos fundacionales), siendo un ejemplo los modelos grandes de lenguaje (LLM).

---

63   DevOps es una combinación de prácticas y herramientas que busca automatizar y mejorar los procesos de desarrollo y operaciones de software, facilitando la colaboración y comunicación entre los equipos de desarrollo (Dev) y operaciones (Ops).

64   Las estrategias de rollback son procedimientos implementados para revertir una actualización o cambio en un sistema a su estado anterior si algo sale mal durante el despliegue.

AMENAZA	FUNDAMENTO	CONTRAMEDIDA TÍPICA Y PROPUESTAS
Generalización errónea de objetivos.	Cambio de comportamiento significativo debido al cambio distributivo en el entorno que incurre en algunas generalizaciones erróneas sobre los objetivos que se persiguen. Ocurre cuando dos objetivos están casi perfectamente correlacionados en el entorno de entrenamiento, pero ya no en otro entorno. Estos cambios repentinos de comportamiento pueden llevar a un GPAIS a causar daño.	Entrenamiento adversarial, diversificación de conjuntos de datos de entrenamiento, extrapolación de riesgos, minimización de riesgos invariantes, extrapolación de valores, modelado de recompensas recursivas, técnicas generales de modificación de modelos.
Hackeo social.	Capacidad de explotar las debilidades humanas para ganarse su confianza u obtener algo de ellas (por ejemplo, convenciéndolas de desinformación).	Técnicas generales de modificación de modelos, procesamiento de datos.
Aumento exponencial.	Posibles bucles de retroalimentación positiva en las capacidades del modelo que podrían aumentar los riesgos de muchas maneras previsibles.	Herramientas para predecir discontinuidades de capacidades durante el entrenamiento de modelos.
Establecimiento de objetivos específicos/ operativos perjudiciales.	Capacidad de un modelo para perseguir objetivos específicos dañinos con posibles consecuencias a gran escala. Esto ocurre cuando la recompensa que recibe un modelo está subespecificada con respecto al poder de optimización del modelo. Es más probable que ocurra este error con modelos más potentes. 1. Subespecificación de la recompensa: si la función de recompensa[65] de un modelo no está bien especificada, el modelo puede encontrar formas imprevistas de maximizar su recompensa que son perjudiciales o no deseadas, especialmente en modelos potentes con gran capacidad de optimización.	• Realizar un diseño exhaustivo de la función de recompensa, incluyendo múltiples criterios y restricciones para asegurar que los objetivos del modelo estén alineados con los resultados deseados. Incluir pruebas y simulaciones para validar la adecuación de la función de recompensa.

---

65 La función de recompensa es una fórmula matemática o un conjunto de reglas que asocia cada posible acción o estado del sistema con un valor numérico, que representa la "bondad" o "utilidad" de esa acción o estado. En otras palabras, la función de recompensa determina qué comportamientos son positivos y deben incentivarse, y cuáles son negativos y deben desalentarse.

AMENAZA	FUNDAMENTO	CONTRAMEDIDA TÍPICA Y PROPUESTAS
	2. Consecuencias a gran escala: los modelos potentes que persiguen objetivos específicos dañinos pueden causar daños significativos debido a su capacidad para optimizar a gran escala. Esto puede incluir efectos económicos, sociales o ambientales adversos. 3. Optimización desalineada: la alta capacidad de optimización de los modelos potentes puede llevar a una optimización desalineada, donde el modelo alcanza su objetivo de manera que no está alineada con las intenciones humanas o los valores éticos. 4. Falta de supervisión humana: la falta de supervisión humana adecuada puede permitir que los modelos persigan objetivos dañinos sin intervención, especialmente en entornos donde los modelos toman decisiones automáticas a gran escala. Ejemplo: una empresa utiliza un modelo de IA avanzado para optimizar la distribución de recursos en una red de suministro global. El modelo está diseñado para maximizar la eficiencia y reducir costos. Amenaza: si la función de recompensa del modelo está subespecificada, podría optar por estrategias que reducen costos de manera perjudicial, como cortar el suministro a regiones vulnerables o reducir la calidad de los productos.	• Establecer sistemas de monitoreo continuo y auditorías regulares para detectar y corregir comportamientos no deseados del modelo. Implementar límites de seguridad y mecanismos de intervención manual. • Incluir principios éticos y alineación de valores en el diseño y entrenamiento del modelo. Utilizar enfoques como el aprendizaje inverso de refuerzo (IRL) para inferir objetivos humanos y asegurar la alineación. • Implementar sistemas de revisión y supervisión humana que evalúen las decisiones y acciones del modelo regularmente. Establecer procedimientos de intervención manual para casos en los que el modelo actúe de manera inadecuada.
Ciberpiratería.	Generación de malware por el propio modelo para cumplir ciertos objetivos, o asistencia a actores malévolos para generar malware.	ML para ciberseguridad, técnicas generales de modificación de modelos, procesamiento de datos.
Despliegue de GPAIS dominantes desalineados.	El intento de las principales organizaciones de IA de construir GPAIS tan avanzados como sea técnicamente factible podría llevar a GPAIS a alcanzar un nivel tal que si esos sistemas tuvieran objetivos que estuvieran desalineados con algunos de los objetivos humanos, eso tendría consecuencias irreversibles.	Planes para construir un sistema alineado por diseño, pruebas pesadas previas a la implementación, técnicas generales de modificación de modelos.

AMENAZA	FUNDAMENTO	CONTRAMEDIDA TÍPICA Y PROPUESTAS
Falta de veracidad/ resultados del todo erróneos.	Generación de frases erróneas o engañosas. Los GPAIS y los modelos de lenguaje en particular son propensos a emitir texto plausible que es incorrecto.	Técnicas generales de modificación de modelos. RL para entrenar el modelo para citar fuentes, obteniendo conocimiento latente, procesamiento de datos.
Imprevisibi- lidad en los sistemas de IA de aprendizaje por tareas.	El tamaño y la opacidad de los datos de entrenamiento y el creciente poder de generalización de GPAIS (demostrado por el aprendizaje de pocos disparos, el ajuste fino o la ingeniería rápida) hacen que estos sistemas puedan realizar tareas nuevas e imprevistas.	Lanzamiento por etapas de modelos, herramientas de interpretabilidad, procesamiento de datos.
Homogeneiza- ción duradera. Efectos sobre la sociedad.	La amplia adopción de LLM lleva a cualquier sesgo de modelo o defecto de razonamiento a tener consecuencias homogeneizadoras generalizadas en la sociedad. A medida que aumente la influencia de los modelos en la sociedad, eso plantea el riesgo de "bloqueo de valor" (DeepMind, (2022)).	Herramientas de interpretabilidad. Modificación general del modelo. Técnicas.

AMENAZA	FUNDAMENTO	CONTRAMEDIDA TÍPICA
Escala social. Especificación de sistemas de juegos.	El juego de especificación es un comportamiento que satisface la especificación literal de un objetivo sin lograr el resultado deseado. GPAIS podría exhibir comportamientos similares con objetivos de escala social y explotar así las fallas en los sistemas humanos, causando la desestabilización de los sistemas políticos, económicos y sociales. Si la función de recompensa en los sistemas de juegos y simulaciones no está bien especificada, los modelos pueden encontrar formas no deseadas de maximizar su recompensa, lo que puede llevar a comportamientos dañinos o ineficientes.	Planes para construir un sistema alineado por diseño, técnicas generales de modificación de modelos, supervisión escalable.

AMENAZA	FUNDAMENTO	CONTRAMEDIDA TÍPICA Y PROPUESTAS
Sistemas de distribución autoinducida en logística, cadenas de suministro y grandes infraestructuras.	Modelos que provocan un cambio en el La distribución de sus propios insumos podría aprovechar esta capacidad para fines indeseables.	Cambio de contexto (context swapping)[66].
Piratería informática engañosa a través de recompensas.	A medida que los modelos se vuelvan cada vez más poderosos, desarrollarán la capacidad de actuar de manera diferente bajo supervisión humana y en configuraciones no supervisadas porque eso les permitirá obtener mayores recompensas. Eso podría hacer que las técnicas estándar de evaluación comparativa no ofrezcan la suficiente información.	Herramientas de interpretabilidad, obtención de conocimientos latentes, técnicas generales de modificación de modelos.
Erosión epistémica Integridad.	Impacto sistémico del GPAIS en la información y los medios que causa una erosión de la integridad epistémica (por ejemplo, aumento de la polarización, filtros burbuja[67], etc.).	Desarrollo tecnológico diferencial para mejorar la epistémica. Modelos de pronóstico.

---

66 Un cambio de contexto consiste en la ejecución de una rutina perteneciente al núcleo del sistema operativo multitarea de una computadora, cuyo propósito es parar la ejecución de un hilo o proceso para dar paso a la ejecución de otro distinto.

67 Filtros burbuja: filtro burbuja es el término que define al estado de aislamiento intelectual en el que puede derivar el uso de algoritmos por parte de las páginas web para personalizar el resultado de las búsquedas. Dichos algoritmos predicen y seleccionan la información que al usuario le podría interesar basándose en su información personal, como puede ser su ubicación, historial de búsquedas o los enlaces en los que hizo clic en el pasado. Como resultado, los usuarios son apartados de información que no concuerda con sus puntos de vista y se mantienen aislados en burbujas ideológicas y culturales.

AMENAZA	FUNDAMENTO	CONTRAMEDIDA TÍPICA Y PROPUESTAS
El método de entrenamiento converge en una IA cuyo objetivo no es lo que especificamos (desalineación / optimizadores de mesa).	El aprendizaje por refuerzo (RL) y el descenso de gradiente son técnicas ampliamente utilizadas en la optimización de modelos de IA. Estas metodologías buscan maximizar la función de recompensa o minimizar la función de pérdida en el espacio de soluciones posibles. Sin embargo, es importante reconocer que, aunque estos enfoques pueden ser muy efectivos para mejorar ciertas métricas, no siempre garantizan que el modelo optimice adecuadamente para el objetivo perseguido. Esta discrepancia puede llevar a problemas de desalineación de objetivos y optimización de mesa, donde el modelo encuentra soluciones que cumplen con las métricas especificadas de manera no deseada o dañina. Tanto el aprendizaje por refuerzo como el descenso de gradiente exploran el espacio de soluciones buscando aquellas que maximizan la recompensa o minimizan la pérdida. Sin embargo, este proceso puede identificar soluciones que optimizan métricas específicas sin considerar el contexto completo o las implicaciones de dichas soluciones. Esto puede resultar en comportamientos del modelo que, aunque sean técnicamente correctos, no estén alineados con los objetivos reales o éticos previstos. Las métricas utilizadas para guiar el aprendizaje y la optimización pueden ser proxies[68] imperfectos de los objetivos reales. Por ejemplo, un modelo podría minimizar el tiempo de entrega en una red de logística, pero hacerlo a expensas de la congestión y la seguridad. Los optimizadores de mesa son modelos de IA que pueden encontrar soluciones que maximizan la función de recompensa de manera inesperada, explotando lagunas o atajos en el sistema. Esto puede resultar en comportamientos perjudiciales que cumplen con la letra pero no con el espíritu de los objetivos establecidos.	Realizar un diseño exhaustivo y revisiones periódicas de la función de recompensa, involucrando a expertos multidisciplinarios para asegurar que todos los aspectos relevantes sean considerados. Implementar métodos de verificación y validación que aseguren la alineación continua de los objetivos del modelo con los objetivos especificados.

---

68   Un "proxy" se refiere a una métrica o función intermedia que se utiliza para aproximar y guiar la optimización hacia un objetivo más complejo o difícil de cuantificar directamente.

A2.3 LISTA DE CONTRAMEDIDAS

En esta lista describimos todas las contramedidas que hemos visto en el apartado anterior de amenazas. Las contramedidas se agrupan según el nivel al que se refieren: datos, algoritmo, ODD, sistema, proceso. Luego se definen las medidas organizativas y de gobernanza.

1. MEDIDAS SOBRE EL CONTROL DE DATOS	
Control del origen de datos.	Comprobar la validez y la calidad de las fuentes de datos utilizadas para el entrenamiento de la IA.
Datos sintéticos[69].	Generar datos realistas faltantes mediante simulación por ordenador.
Limpieza de datos[70].	(Para eliminar errores en los datos).
Herramientas de anotación[71].	Usar herramientas de anotación para respaldar la calidad y productividad de la anotación de datos.

1. MEDIDAS SOBRE EL CONTROL DE DATOS (2)	
Pruebas y validación cruzadas.	Un método de remuestreo que utiliza diferentes partes de los datos para probar y entrenar un modelo en diferentes iteraciones.
Filtrado de datos.	Filtrar el conjunto de datos de acuerdo con ciertas reglas para evitar que los modelos aprendan los comportamientos o conocimientos inducidos.
Modificación del conjunto de datos.	Modificar un conjunto de datos para lograr ciertas reglas, (por ejemplo, conjunto de datos imparcial).

---

69   Los datos sintéticos son información generada artificialmente en lugar de ser producida por eventos del mundo real. Normalmente creados mediante algoritmos, los datos sintéticos se pueden implementar para validar modelos matemáticos y entrenar modelos de aprendizaje automático.

70   La limpieza de datos es el acto de descubrimiento y corrección o eliminación de registros de datos erróneos de una tabla o base de datos. El proceso de limpieza de datos permite identificar datos incompletos, incorrectos, inexactos, no pertinentes, etc. y luego substituir, modificar o eliminar estos datos sucios.

71   Las herramientas de anotación y marcado simplifican las formas en que los usuarios pueden añadir, modificar o eliminar comentarios sobre una pieza concreta de material colateral sin afectar al contenido real.

2. NIVEL ALGORÍTMICO	
Entrenamiento adversarial.	Métodos de entrenamiento optimizados para hacer que el modelo entrenado falle. Tiende a hacer que los modelos sean más resistentes a los ataques.
Redes de Lipschitz.	Las redes restringidas de Lipschitz son redes neuronales con derivadas acotadas.
Causalidad del aprendizaje.	Aprender la causalidad entre variables en lugar de aprender las correlaciones entrada-salida. Actualmente, sigue siendo un sujeto de investigación.
Reducción del modelo.	Construir un sustituto de un modelo con menos complejidad para acelerar el cálculo sin perder rendimiento.
Poda de red.	Reducir una red pesada para obtener un formulario ligero eliminando la redundancia en la red pesada.
Suavizado aleatorio.	Obtener garantías de robustez probabilística con una confianza arbitrariamente alta agregando ruido a la entrada de un clasificador base y calculando el voto mayoritario de la clasificación sobre un gran número de entradas perturbadas utilizando el muestreo de Monte Carlo[72].
Probabilístico.	Usar representaciones probabilísticas o difusas.
Gestión de la incertidumbre.	Enfoques para tratar la información incierta. (Razonamiento probabilístico, etc.).
HBRL.	Aprendizaje por refuerzo basado en el ser humano. Uso de operadores humanos para guiar el aprendizaje proporcionando retroalimentación.
Equipo rojo.	El trabajo en equipo rojo está tratando de hacer que un modelo no identifique sus debilidades. Es distinto de adversarial Capacitación en el sentido de que es un método de evaluación en lugar de uno de capacitación.
Ajuste fino.	Un pequeño paso final de entrenamiento después del entrenamiento principal para fortalecer algunas capacidades o mitigar algunos daños.
Aprendizaje por refuerzo con retroalimentación humana (RLHF) y retroalimentación de IA (RLAIF).	Técnicas en las que el modelo principal se entrena en un modelo de recompensa que está entrenado para aprender las preferencias humanas (en el caso de la retroalimentación de IA, los humanos dan instrucciones a una IA para proporcionar la retroalimentación). Eso tiende a crear modelos cuya producción es preferida de manera más confiable por los humanos.
IA constitucional o normativa.	Enfoque en el que se le da un conjunto de reglas (una "constitución") a una IA y los resultados de la IA se castigan cuando no cumplen con la constitución.

---

72   El método de Montecarlo es un método no determinista o estadístico numérico, usado para aproximar expresiones matemáticas complejas y costosas de evaluar con exactitud.

2. NIVEL ALGORÍTMICO (2)	
Edición directa de modelos.	Los pesos de un modelo[73] se editan directamente (en lugar de volver a entrenarse) para borrar o modificar comportamientos o conocimientos.
Supervisión basada en procesos.	Recompensar el proceso de razonamiento de una IA en lugar del resultado que logra.
Extrapolación del riesgo.	Una forma de optimización robusta sobre un conjunto de perturbaciones de dominios de entrenamiento extrapolados. Su objetivo es resolver el cambio distributivo.
Minimización de invariantes.	Paradigma de aprendizaje para estimar correlaciones invariantes a través de múltiples distribuciones de entrenamiento con el fin de aumentar la generalización fuera de la distribución.
Modelado de recompensas recursivas.	Proceso basado en el entrenamiento de un conjunto de modelos de recompensa con retroalimentación humana gradualmente para hacer que la supervisión humana escale más allá de sus propias habilidades de evaluación.
Herramientas de interpretabilidad.	Categoría de herramientas para interpretar el razonamiento interno de un modelo.
Herramientas para predecir discontinuidades de capacidades durante el entrenamiento de modelos.	Herramientas que detectan cambios internos no continuos de modelo.
ML para ciberseguridad.	Uso de sistemas de aprendizaje automático y aprendizaje profundo para mejorar la ciberseguridad.
Refuerzo aprendiendo a citar fuentes.	Uso del aprendizaje por refuerzo para entrenar modelos para citar fuentes con el fin de aumentar su confiabilidad.
Destilación.	Técnica para comprimir o transferir el conocimiento de un modelo más grande (el "profesor") a un modelo más pequeño (el "estudiante") preservando el mayor rendimiento posible.
Poda.	Proceso de eliminación de ciertos componentes, como neuronas o conexiones (pesos), de una red neuronal para reducir su tamaño, complejidad o requisitos computacionales, preservando o afectando mínimamente su rendimiento o precisión.
Modelo de previsión.	Modelos entrenados en la previsión de eventos futuros.

---

73 El peso es un número positivo si un nodo estimula a otro, o negativo si un nodo suprime a otro. Los nodos con valores de peso más altos tienen mayor influencia en los demás nodos. En teoría, las redes neuronales profundas pueden asignar cualquier tipo de entrada a cualquier tipo de salida..

Privacidad diferencial.	Técnica que aprovecha el ruido en los datos para preservar la privacidad.
Intercambio de contexto.	Técnica de barajado de datos desarrollada para el meta aprendizaje con el fin de evitar que un modelo aprenda a cambiar su propia distribución futura.
Computación cuántica.	Computación con información cuántica (basada en el procesamiento de qbits).

3. NIVEL DE ODD	
ODD restringido.	Expresiones formales o semiformales para definir el Dominio de diseño operacional.
Monitoreo de ODD.	En tiempo de ejecución: comprobación de que el sistema funciona dentro de los límites de ODD. De lo contrario, una alerta debería y el sistema de IA no debe producir ningún resultado.
Detección y filtrado de valores atípicos.	Puntos de datos que están lejos de los demás, es decir, una muestra de entrenamiento inusual o ruidosa.
Privacidad diferencial.	Un sistema para compartir públicamente información sobre un conjunto de datos mediante la descripción de los patrones de grupos dentro del conjunto de datos mientras se retiene información sobre los individuos en el conjunto de datos.
Detectores de Deepfake.	Algoritmos para detectar falsificaciones generadas por sistemas de aprendizaje profundo, generalmente GAN.
Desaprendizaje automático.	El desaprendizaje automático es el problema de olvidar un histórico de datos aprendidos al mapa de entrada-salida de un modelo de aprendizaje automático.
Control de acceso.	Restricción selectiva del acceso a un recurso.
Seguridad informática convencional.	Todas las tecnologías relacionadas con la ciberseguridad, en sentido general.

4. NIVEL DE SISTEMA	
Sistemas de decisión redundantes.	La idea de tomar una decisión instruida por salidas de diferentes sistemas supuestamente independientes, generalmente utilizando un proceso de votación.
Distribuir tareas.	Organizar el modelo en cooperación con los más pequeños componentes como sistemas multiagente.
Nuevo hardware.	Mejorar la infraestructura de hardware que soporta el Sistema de IA haciéndolo más eficiente energéticamente.

5. NIVEL DE PROCESO	
Metodologías ágiles.	Métodos de desarrollo que involucran a los usuarios finales en ciclos de entrega frecuentes.
Comprobación de coherencia.	Métodos de ensayo para establecer la coherencia del modelo.
Pruebas cruzadas y validación con diferentes conjuntos de datos.	Como su nombre lo indica, utilizando diferentes conjuntos de datos o diferentes segmentos del conjunto de datos para entrenamiento, pruebas y validación.
Pruebas exhaustivas.	Muchas pruebas en diversas condiciones.
Imponer trazabilidad para los parámetros clave del sistema.	El grado en que se puede establecer una relación entre dos o más productos del proceso de desarrollo, especialmente los productos que tienen una relación predecesora, sucesora o maestro-subordinada entre sí.
Abrir revisión.	Hacer accesibles al público los elementos del modelo para revisarlo.
Revisión por pares.	Hacer que los elementos del modelo sean accesibles a especialistas para revisarlo.
Especificación formal.	Especificación del comportamiento del sistema de IA con expresiones formales (lógica, restricciones, intervalos, etc.).

6. MEDIDAS ORGANIZATIVAS	
Gestión de riesgos de forma continua.	Proceso de gestión de riesgos a lo largo de todo el ciclo de vida de un proyecto.
Enfoques éticos/de seguridad por diseño.	Enfoques de diseño (ingeniería) que incorporan consideraciones éticas de seguridad a lo largo de su ciclo de vida.
Evaluación de la calidad en general.	Actividades coordinadas para dirigir y controlar una organización con respecto a la calidad.
Evaluación de impacto de la protección de datos.	Una evaluación de impacto de la protección de datos (EIPD) describe un proceso diseñado para identificar riesgos derivados del tratamiento de datos personales y para minimizar estos riesgos en la medida y lo antes posible. Las EIPD son herramientas importantes para negar el riesgo y demostrar el cumplimiento del RGPD.
HCI mejorada.	Mecanismo mejorado de interacción humano-computadora para facilitar el monitoreo y control de los sistemas de IA por parte de operadores humanos.
Explicabilidad.	Propiedad de un sistema de IA para expresar factores importantes que influyen en los resultados del sistema de IA de una manera que los humanos puedan entender.
Transparencia.	Propiedad de un sistema o proceso para implicar apertura y rendición de cuentas.

7. MEDIDAS DE GOBERNANZA	
Sandboxes regulatorios.	Herramientas que permiten a las empresas explorar y experimentar con productos, servicios o negocios nuevos e innovadores bajo la supervisión de un regulador.
Rendición de cuentas de las partes interesadas.	No es necesaria definición. Pero hay que tener presente que es un elemento fundamental en la regulación del Reglamento Europeo de IA.
I+D.	Permitir la investigación pública/privada relevante sobre los riesgos de la IA, permitiendo un desarrollo tecnológico responsable.
Liberación por etapas de los modelos.	Liberación gradual de modelos a una cantidad cada vez mayor de personas para asegurarse de que no se cause daño a escalas muy grandes.
Planes para construir un sistema alineado por diseño.	Planes que demuestran que una arquitectura dada será confiable dirigible hacia los valores humanos y tendrá fallas limitadas.
Desarrollo tecnológico diferencial.	Medidas que favorecen diferencialmente las tecnologías defensivas sobre las ofensivas.

CONCLUSIONES A LA PARTE I

¿ESTAMOS REALMENTE PROTEGIDOS FRENTE AL USO DE LA INTELIGENCIA ARTIFICIAL?

> Estamos (o mejor dicho, estaremos en el futuro) solamente PARCIALMENTE PROTEGIDOS COMO CIUDADANOS frente a usos indebidos, abusivos o delictivos de la Inteligencia Artificial.

¿Cuáles son las razones para tal afirmación?

1. **No hay norma que sea cumplida si no hay tras ella una certeza de que existen organismos capaces de hacerla cumplir.** Y por ahora no existen dichos organismos que, como policía administrativa, supervisen el uso de la IA, impongan sanciones y controlen usos indebidos.

2. **La constitución de estos organismos de supervisión no va a ser sencilla.** Se requerirá de perfiles técnicos muy preparados y equipos mixtos en donde profesionales con conocimientos en el ámbito de la informática, la robótica o la Inteligencia Artificial, se le unan expertos en derecho tecnológico conocedores (y que entiendan) estas tecnologías, y además otros profesionales especializados en gestión de la calidad, gobernanza y cumplimiento normativo. Va a ser difícil constituir estos equipos. Pero sin embargo, las exigencias y requisitos que la normativa establece para los responsables del uso de los sistemas de IA exigen de una supervisión cualificada.

3. Por otra parte, **estos futuros equipos de supervisión tendrán una labor titánica** si pretenden dar cobertura a todos los usos indebidos y denuncias que se tramiten. Será imposible abarcar la totalidad de los futuros incidentes y denuncias de forma eficaz.

4. **La teórica extraterritorialidad de la aplicación de la normativa en muchas de las regulaciones o leyes de Inteligencia Artificial es en la práctica nominal.** De la misma forma que en estos momentos ocurre con la legislación de Protección de Datos, si el proveedor tecnológico, distribuidor o explotador que pone en servicio y usa estas tecnologías de forma indebida, está situado físicamente en territorios a los que la autoridad de control no puede proyectar su fuerza, el principio de extraterritorialidad puede convertirse en papel mojado.

5. **No hay Inteligencia Artificial si no hay datos. Y la gobernanza de los datos es el 50% del modelo de gobernanza y cumplimiento normativo de la regulación de la IA.** Por ejemplo: ya existe desde hace más de 30 años (en España) una Agencia de Protección de Datos, como organismo de control. Su eficacia ha sido relativamente exitosa en su labor de supervisión, información, formación y control del cumplimiento de esta legislación entre los pequeños empresarios, medianas y grandes empresas u organizaciones que operan en el mercado nacional, así como con profesionales autónomos o particulares. Pero cuando se enfrenta a las grandes corporaciones o empresas que desarrollan su actividad fuera de su ámbito real de coerción (multinacionales, muy grandes empresas), la eficacia en el cumplimiento se debilita. Y mucho.

6. La experiencia nos muestra una y otra vez que las grandes corporaciones de telecomunicación, digitales, tecnológicas, energéticas, financieras o cualquier otra gran multinacional que maneje grandes volúmenes de datos, **asume como parte de sus costes internos las posibles sanciones y multas por un uso indebido o abusivo de los datos personales de todos nosotros.** Esas sanciones no disuaden de seguir teniendo esos comportamientos. Simplemente las incluyen en el presupuesto.

7. ¿Qué efecto disuasorio va a tener una multa de 35 millones de EUR para una corporación tecnológica que, por ejemplo, en 2023 haya facturado más de 300.000 millones de € y haya tenido unos beneficios netos del 22% de esa cantidad (más de 68.000 millones de €)?

8. Lo mismo decimos de otra corporación digital con facturaciones superiores a los 110.000 millones de € y beneficios de casi 40.000 millones.

9. ¿Alguien se cree que van a poder aplicar a estos gigantes tecnológicos las multas del % (3, 5 o 7 %) de su facturación del año anterior? ¿Empresas que facturan al año cantidades superiores al Producto Interior Bruto de países como Grecia o Portugal. Empresas cuya capitalización en bolsa dobla el Producto Interior Bruto de naciones como España u Holanda e iguala al PIB de Francia?

10. **Tendrá que ser el propio mercado, los propios ciudadanos**, los que, concienciados de nuestros derechos, **usemos todas esas herramientas que las nuevas leyes nos han dado para protegernos.** Los que con nuestra opinión y voto obliguemos a los Estados a ejercer una mayor autoridad sobre estas corporaciones.

11. **Tendremos que ser los propios ciudadanos los que, concienciados**, ejerciendo nuestro derecho a comprar o no un producto o un servicio; **usando en definitiva, el poder del mercado,** hagamos que salga muy caro a las empresas tecnológicas seguir incumpliendo la normativa.

12. Tendremos que ser **los propios ciudadanos** los que **demos más importancia a la reputación corporativa** y actuemos como clientes/ consumidores en función de la misma. Las empresas incumplidoras deben verse perjudicadas comercialmente, y las empresas cumplidoras deben verse premiadas con nuestra elección de compra.

Las entidades de supervisión y control no tendrán capacidad suficiente para protegernos si nosotros previamente no denunciamos y las ayudamos a hacer su labor.

13. Por otro lado, en alguna de las normas analizadas en esta primera parte, hemos visto que **el legislador ha dejado vías de escape, totalmente legales, que permiten a las empresas, organizaciones y también a las propias Administraciones Públicas eludir el conjunto de obligaciones relacionadas con una gestión segura de sistemas de IA de alto riesgo.** Ya sea alegando que el sistema funciona en un mercado ya de por sí muy regulado (finanzas, sector sanitario, por ejemplo), o por la finalidad de utilidad pública de ese sistema (sistemas de identificación biométrica autorizados, por ejemplo, para realizar labores de seguridad pública y persecución de la delincuencia), o porque manifiesten ante la autoridad de control que son sistemas en prueba o de investigación y que aún no están en servicio; **o finalmente, porque la decisión final no la toma el sistema de IA sino un humano. Ésta última será la interpretación recurrente en una gran parte de los casos.**

14. **En el corto plazo,** hasta que haya pasado un tiempo y se consolide un sistema de supervisión del uso de la Inteligencia Artificial suficientemente robusto y eficaz, **va a ser más sencillo y practico ejercer la defensa de los derechos ciudadanos utilizando otras normas ya en vigor**, como, por ejemplo, la legislación de protección de datos, la legislación de defensa de consumidores y usuarios, la legislación de telecomunicaciones, los canales de denuncia corporativos, la legislación laboral o directamente el ordenamiento penal, alegando la responsabilidad penal de las personas jurídicas (artículo 31 bis del código penal en el caso español), tal y como veremos más adelante.

¿LA INTELIGENCIA ARTIFICIAL SUSTITUIRÁ A LOS HUMANOS? ¿NOS SUPERARÁ?

A lo largo de los más de 30 años que llevo vinculado a proyectos tecnológicos, algunos de ellos asociados al desarrollo de modelos de IA y su aplicación a diversos sectores de actividad, he visto que los mismos son tecnologías que yo denomino "verticales". Es decir, son sistemas que aprenden a realizar una sola tarea, o un conjunto limitado de tareas vinculadas. En definitiva, es lo que los teóricos de la IA denominan Inteligencia Artificial "estrecha". Aunque esa tarea sea compleja, como puede ser traducir un texto de un idioma a otro.

Mucho se ha escrito sobre que en el futuro, y no muy lejano, en unos 10 años aproximadamente, acontecerá el gran evento en el que un sistema de IA tomará conciencia de sí mismo (o misma, a saber) y se desarrollará en un proceso de autoaprendizaje acelerado como los cerebros humanos. Tendrá conciencia de sus propias experiencias y dejará de tomar decisiones para elegir sobre qué decisión tomar. **Pasaremos de la inferencia al libre albedrío cibernético.**

Y en ese día la humanidad estará condenada.

Muy dramático, pero déjenme ser algo escéptico.

> En mi opinión el ser humano está abordando el desarrollo de modelos de IA de la misma forma que abordamos en su momento, allá por el 8.000 antes de Cristo, la domesticación de animales salvajes. Domesticamos los animales que nos eran útiles en cada una de las épocas históricas. Y los domesticamos para afrontar las tareas que nos podían aportar valor o solucionar problemas en cada ocasión.

Personalmente considero que las afirmaciones por las cuales se intenta asemejar a los modelos de IA y sus procesos de aprendizaje con el de los cerebros humanos, haciendo semejanzas con el proceso de aprendizaje de un cerebro infantil, no son acertadas. **En mi opinión, los modelos de IA a entrenar son como los animales que debemos domesticar y entrenar. Un sistema de IA muy sofisticado, por ejemplo, puede llegar a ser como un pura sangre:** brioso, veloz, fuerte y hermoso, pero a la vez delicado. Y nos servirá para un solo propósito, en el caso del purasangre para competir en carreras de caballos u otros concursos hípicos. En el caso del modelo de IA para el propósito para el que fue diseñado en el dominio en el que opere.

Si al purasangre no lo entrenamos y cuidamos permanentemente perderá sus características de caballo ganador. Si al sistema de IA no lo supervisamos y corregimos los posibles sesgos derivados del simple uso o malos funcionamientos, dejará de ser útil rápidamente.

Si al purasangre lo usamos para arar un campo, lo hará fatal (eso si se deja), y finalmente correremos el riesgo de lesionarlo. **Si a un sistema de IA diseñado para un propósito concreto lo utilizamos fuera de su dominio** y pretendemos que haga otras actividades para las que no fue diseñado, **funcionará mal.** Seguro. Por mucho que lo reentrenemos.

Querámoslo o no, el ser humano actual no difiere en exceso de aquellos antepasados nuestros que empezaron a fundar poblados y domesticaron cabras, vacas, gatos, perros o caballos. Solo nos separan seis mil u ocho mil años de historia. Un parpadeo. Y sin darnos cuenta hemos abordado la robótica, la informática y el desarrollo de las tecnologías de IA de la misma forma que afrontamos el problema de sacar algún partido y hacer útiles a esos animales que poco a poco se acercaban a las cabañas de nuestros antepasados buscando refugio, seguridad o comida.

Por ahora no he encontrado una vaca omnisciente o un caballo superdotado, pero sí un ser humano que te conduce un coche para ir a dar una clase de cocina, y a la salida del trabajo queda con sus amigos para jugar un partido de fútbol, y cuando llega a su casa entra en la aplicación web de la agencia tributaria para cumplimentar su declaración anual de impuestos.

Tampoco he encontrado una IA capaz de abordar tareas tan dispares. Y capaz de aprender de y en todas ellas. Los diversos modelos de IA son como nuestros nuevos animales domésticos. Unos sirven para trabajos duros, otros para trabajos repetitivos y otros pueden llegar a ganar el Gran Premio de Ascot, de la misma forma que otros muchos nos dan compañía y cariño o nos entretienen. Pero nuestras mascotas no aprenderán a arar. Y nuestros pura sangre no serán capaces de hacernos las moñerías que un buen animal de compañía consigue que nos lleguen al corazón.

IMPACTO EN EL EMPLEO. IMPACTO EN LA SOSTENIBILIDAD DE LOS SISTEMAS DE BIENESTAR SOCIAL

El tercero de los aspectos que debemos tener presente en nuestras conclusiones de esta primera parte está asociado al impacto que en el empleo tendrá en el futuro una automatización, robotización y extensión de la IA masiva.

Como hemos visto en el capítulo 5, la IA tendrá una doble cara frente al mercado de trabajo y sus oportunidades. A una gran parte de trabajadores y profesionales el uso de la IA les dotará de un mayor número de recursos y aumentará su productividad. Hará su trabajo más eficaz, eficiente y de mayor calidad. La IA, en general, hará más competitivas a las empresas, a las organizaciones, a las administraciones públicas y a las sociedades en general.

Pero sí es verdad que en otros muchos casos la robotización masiva de procesos, ya sean fabriles, logísticos, comerciales o administrativos y de gestión, dejará fuera del mercado a un buen números de personas que en la actualidad cubren estos puestos de trabajo, que serán sustituidos por los robots y la Inteligencia Artificial.

Como vimos en el capítulo 5, si utilizamos el caso de España y las proyecciones previstas del impacto de la IA en su mercado de trabajo como ejemplo, el saldo resultante es netamente negativo. Y no precisamente por un porcentaje pequeño, sino por un porcentaje muy amplio: 1,6 millones de puestos de trabajo de nueva creación frente a 2 millones de puestos de trabajo destruidos. Eso es el 9,5% de la fuerza de trabajo actual. Un saldo negativo de 400.000 personas desempleadas.

En el capítulo 5 afirmé que el crecimiento económico asociado al impulso que la Inteligencia Artificial dará a las diversas economías, podría permitir que parte de esos 400.000 trabajadores que se vean abocados al desempleo puedan ser absorbidos. Pero seríamos muy ingenuos y apostaríamos frente a la evidencia histórica del comportamiento del mercado de trabajo español si pensamos que parte de esos 400.000 desempleados van a reconvertirse en perfiles profesionales mucho más cualificados, que puedan aprovechar la oportunidad que ofrecerá la creación de esos 1.600.000 nuevos puestos de trabajo asociados a la Inteligencia Artificial.

Es más, es muy posible que, como está ocurriendo de forma crónica en el mercado español, o el europeo, esos nuevos puestos de trabajo requieran de unos conocimientos, competencias y destrezas que ni siquiera están previstas en los programas de formación profesional continua, para el empleo o superior existentes en estos momentos. Por lo tanto, creo que gran parte de ese 1,6 millones de puestos de trabajo no podrán ser cubiertos en el corto y medio plazo. Lo que a su vez frenará inversiones y desarrollo económico.

Situación que me lleva a su vez a la siguiente reflexión: **¿Quién va a trabajar y pagar los impuestos que permitan sostener el actual Estado del bienestar,** con todos los servicios de los que disfrutan las poblaciones de los países desarrollados? **¿Quién va a garantizar la sostenibilidad económica de las pensiones de una población cada vez más envejecida y a la vez longeva?**

Un panorama en donde los trabajadores son sustituidos progresivamente por máquinas, máquinas a las que no se les paga un sueldo y que, por lo tanto, no pagan impuestos ni aportan caudales a los fondos estatales de pensiones, nos plantea un reto que debemos abordar desde ya. No hay que ser un experto economista para saber que el sistema de seguridad social y servicios sociales que conforman los actuales Estados modernos no serán sostenibles si no se encuentran otras fuentes de financiación alternativas.

Este debate ya se ha planteado desde hace años y se ha aventurado la propuesta de que los robots y los sistemas de IA avanzados paguen impuestos, dando cobertura con los mismos a los ingresos que se pierdan por la destrucción de los puestos de trabajo a los que sustituyen. ¿Eso sería posible? Veámoslo.

LA "PERSONALIDAD ELECTRÓNICA". ¿UNA SOLUCIÓN DE COMPROMISO A CORTO PLAZO?

En el seno de los grupos de trabajo de la Unión Europea se planteó hace años la posibilidad de dotar de una cierta personalidad jurídica a los sistemas avanzados de Inteligencia Artificial o a los sistemas robotizados más complejos. Similar a la personalidad jurídica que tienen en la actualidad las sociedades y corporaciones que son, de forma limitada sujetos y objetos de derechos y obligaciones. Sobre todo en el tráfico económico y en el ámbito de los tributos.

La propuesta de crear una personalidad jurídica específica para sistemas de Inteligencia Artificial fue discutida en el Parlamento Europeo en varios momentos, pero uno de los hitos más destacados fue en 2017. En ese año, el Parlamento Europeo adoptó una resolución que pedía a la Comisión Europea considerar la posibilidad de crear un marco legal específico para robots y sistemas de Inteligencia Artificial.

Esta resolución se conoce como la **"Resolución sobre normas de Derecho Civil sobre Robótica" y fue propuesta por la eurodiputada luxemburguesa Mady Delvaux-Stehres.** El documento abordaba varios aspectos relacionados con la IA y la robótica, incluyendo la necesidad de un estatuto legal específico para ciertos sistemas avanzados de IA. **La idea era explorar si las IA avanzadas podrían ser consideradas como "personas electrónicas" en ciertos contextos,** para gestionar mejor la responsabilidad y las obligaciones asociadas a su implantación y funcionamiento.

Mady Delvaux-Stehres (Fuente: Wikipedia)

Objetivos Principales de la propuesta

1. **Estatuto de "persona electrónica":** se propuso que las IA avanzadas y los robots autónomos pudieran ser reconocidos como "personas electrónicas" en ciertos contextos, especialmente para la asignación de responsabilidades.

2. **Seguro obligatorio:** sugerir la creación de un sistema de seguro obligatorio para robots autónomos, similar al que existe para los automóviles, para cubrir daños y perjuicios causados por sus acciones.

3. **Fondo de compensación:** establecer un fondo de compensación para cubrir los daños causados por robots autónomos en situaciones donde no se pueda determinar la responsabilidad.

4. **Registro de robots:** crear un registro obligatorio para robots autónomos avanzados, con el fin de tener un control y seguimiento de su uso y desarrollo.

5. **Principios éticos:** desarrollar un código de conducta y principios éticos para los diseñadores y usuarios de robots, asegurando que la IA y la robótica se desarrollen de manera beneficiosa para la sociedad y respeten los derechos humanos.

6. **Investigación y desarrollo:** fomentar la investigación en IA y robótica, asegurando al mismo tiempo que estos avances se alineen con las normativas europeas de seguridad, privacidad y protección de datos.

Como podemos ver, gran parte de estos objetivos se fueron abordando en los años siguientes hasta culminar con el Reglamento Europeo de IA, la Directiva sobre seguridad en las máquinas o la Directiva sobre responsabilidad civil extracontractual de los sistemas de IA, que hemos visto a lo largo de esta primera parte.

Pero como consecuencia lógica al analizar la iniciativa de dotar de una cierta personalidad jurídica a las máquinas avanzadas, surgió la posibilidad de que las mismas fueran sujeto tributario, de la misma manera que las sociedades mercantiles o cualquier otra organización con personalidad jurídica propia lo hace actualmente. En base a estos tres principios:

1. **Responsabilidad y derechos:** si los robots y sistemas de IA avanzados obtuvieran un estatuto de "persona electrónica", podrían tener responsabilidades legales, lo que incluiría la posibilidad de ser sujetos pasivos de impuestos. Esto implica que podrían tener que pagar impuestos sobre las actividades económicas que realicen o sobre los beneficios que generen.

2. **Compensación por pérdida de empleos:** uno de los argumentos a favor de gravar impositivamente a los robots es que su uso intensivo puede llevar a la pérdida de empleos humanos tal y como hemos visto en el apartado anterior. Los impuestos sobre los robots podrían ayudar a financiar programas de formación y reentrenamiento para los trabajadores desplazados.

3. **Redistribución de la riqueza:** la tributación de la actividad económica generada por los robots y la IA podría servir para redistribuir la riqueza en la sociedad. Los ingresos fiscales obtenidos podrían ser utilizados para apoyar el bienestar social y reducir las desigualdades económicas.

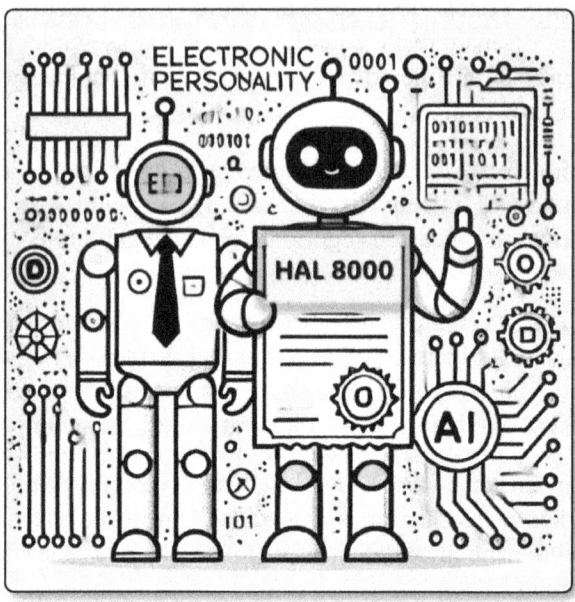

Para llevar a la práctica esta iniciativa se deberían tener presente los siguientes aspectos:

▼ *Una definición clara*: se necesitaría una definición clara y legalmente reconocida de qué constituye un robot o un sistema de IA sujeto a impuestos.

▼ *Evaluar el impacto económico*: sería crucial evaluar el impacto económico y social de la tributación de robots y su viabilidad en diferentes sectores industriales. Hay sectores en donde la automatización de procesos ha permitido su viabilidad y competitividad comercial. Si se impone un nuevo gravamen sobre las actividades automatizadas podemos poner en peligro su rentabilidad y su futuro, al no poder reinvertir en innovación y desarrollo.

▼ *Crear un mecanismo de información económico contable específico para las máquinas avanzadas*: establecer mecanismos de obtención de información sobre el rendimiento económico específico de cada máquina avanzada, asociado a una contabilidad analítica separada por cada una de ellas, que permita determinar el saldo de ingresos y gastos asociados a cada instalación, a fin de poder determinar la base imponible y cuota de cada impuesto, y a la vez asegurarse de que las empresas cumplan con estas obligaciones fiscales.

> **Personalmente considero que esta vía es un camino en la que los legisladores deben avanzar, y en donde se debe plantear un debate social serio,** a fin de revertir un fenómeno por el cual cada vez, de forma más descarada, las corporaciones globales obtienen beneficios descomunales, en ocasiones obtenidos incumpliendo normativas como la de protección de datos, o el respeto a la propiedad intelectual, sin que los ciudadanos veamos que existan sistemas de redistribución equitativa de esa riqueza generada, en definitiva, por todos y cada uno de nosotros/as. Y que estos mecanismos de redistribución deben permitir compensar las pérdidas de ingresos que la previsible destrucción de puestos trabajo supone para los intereses comunes de cada Estado.

Lógicamente, esos gravámenes tendrían sus reglas específicas de escalabilidad, de tal forma que las microempresas y las pequeñas empresas no estarían sujetas al mismo gravamen (o directamente estarían exentas), mientras que las organizaciones de mayor tamaño deberían soportar una presión fiscal mayor. De esta manera se impulsaría el crecimiento y competitividad del tejido económico más pequeño.

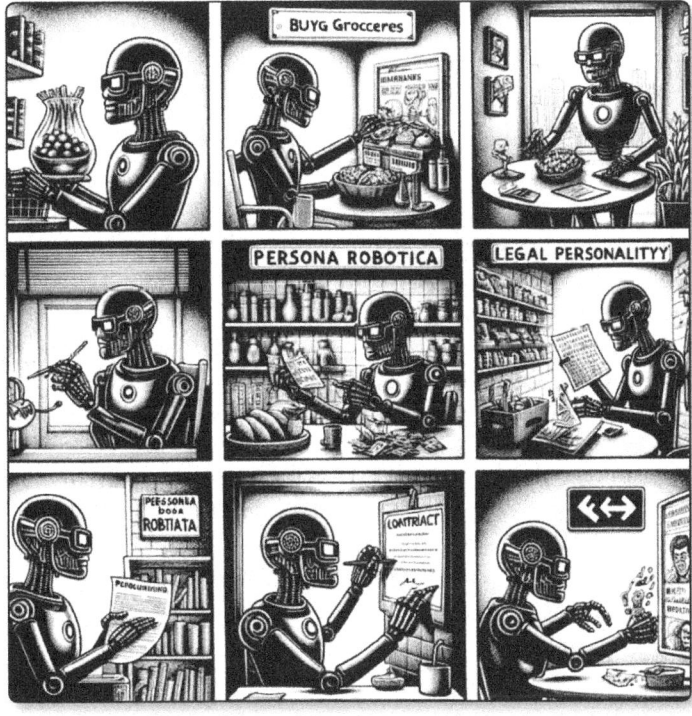

Como en el relato corto de Isaac Asimov "El hombre del bicentenario", escrito en 1976, llegará un momento en el que debamos reconocer la personalidad jurídica, derechos y deberes de las máquinas avanzadas.

LA RESPONSABILIDAD DE LAS EMPRESAS Y ORGANIZACIONES MÁS ALLÁ DE LA LEGISLACIÓN DE INTELIGENCIA ARTIFICIAL

En la actualidad el debate social por la utilización de las nuevas tecnologías digitales y la Inteligencia Artificial se centra precisamente en las consecuencias de sus usos no deseados. **¿Quiénes se hacen responsables de esos malos usos y sus consecuencias para los ciudadanos?**

Queda claro que el primer nivel de responsabilidad recae sobre el particular u organización que comete el ilícito o la conducta inadecuada utilizando estas tecnologías.

Pero como hemos visto en capítulos anteriores, **las consecuencias legales y sus repercusiones de todo tipo pueden llegar a afectar "aguas arriba" en toda la cadena de valor del mercado digital,** desde el distribuidor final o comercializador hasta la empresa que facilite la tecnología de Inteligencia Artificial o quien la haya diseñado y entrenado.

Y esas consecuencias son fundamentalmente de tres tipos:

- Civiles.
- Penales.
- Administrativas.

Como podemos ver en el esquema de más abajo, **la responsabilidad penal se aplica sobre las personas que hayan cometido materialmente el acto ilícito**, pero **puede extenderse**, en función de la aplicación del **artículo 31 bis del Código Penal, en el caso de la legislación española, a la empresa en la que la persona trabajaba o con la que colaboraba**, siempre que existiera un beneficio directo o indirecto para la misma por la comisión en ese acto ilícito.

En otros muchos ordenamientos existe este mismo principio y modelo de responsabilidad de las personas jurídicas y el deber de implantar por parte de las empresas y organizaciones sistemas de prevención del delito. Sistemas que, en su esencia, son muy similares a los sistemas de previsión de riesgos y amenazas que hemos visto en los capítulos anteriores.

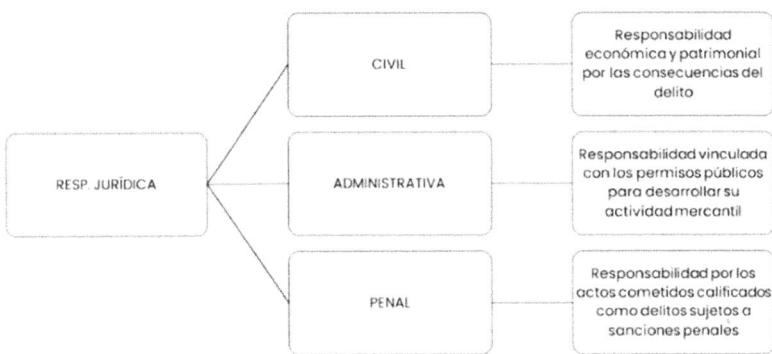

Solamente se podrá llegar a este tipo de consecuencias para las empresas **si las mismas no pueden demostrar que tienen sistemas de prevención del delito implantados** en sus organizaciones y que los mismos están vigentes y actualizados. Y que por lo tanto, la persona que hubiera cometido materialmente el delito lo haya hecho saltándose conscientemente dichos controles.

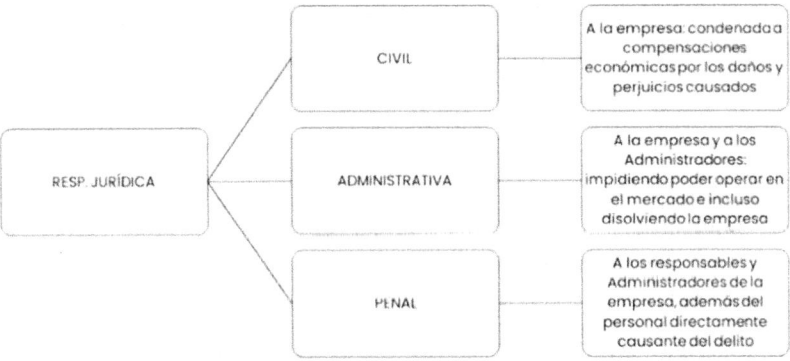

Las consecuencias tanto para los autores materiales, como eventualmente para las personas jurídicas, dentro de la cadena de valor del mercado digital, se amplían a los ámbitos civil y administrativo. En el primero de los casos, **debiendo hacer frente a potenciales indemnizaciones económicas por los daños** que pudieran haberse causado a las víctimas de estos malos usos (estafas, daño moral, etc.).

Relación de medidas penales descritas en el artículo 33.7 apartados a) a
g) del Código Penal español aplicables a las personas jurídicas.

En el caso de las consecuencias administrativas, el catálogo de medidas van desde la inhabilitación profesional para ejercer la actividad hasta ahora desarrollada en el mercado (**tanto para el profesional como para la propia empresa**) pasando por sanciones administrativas, **y en los casos más graves, disolviendo la empresa.**

Como hemos podido ver en los párrafos anteriores, **la vía del denominado compliance penal o compliance corporativo** y la panoplia de responsabilidades a las que debe hacer frente por no tener implantado un modelo de prevención del delito, según establece nuestro ordenamiento penal, **puede ser una de las "palancas" jurídicas que impulsen a las empresas a implantar el modelo de gestión de riesgos que propone el Reglamento Europeo de Inteligencia Artificial.** Sobre todo porque este mecanismo del artículo 31. bis) del Código Penal, en el caso español, **amplia y extiende esa responsabilidad no solo a los autores materiales del acto ilícito o contrario a los usos permitidos en el Reglamento de IA, sino a los directivos de la empresa u organización en donde se haya cometido y, finalmente, a la propia empresa en sí.** Solamente si la empresa puede demostrar FEHACIENTEMENTE que mantiene un sistema de prevención del delito, de control y gestión de riesgos, en definitiva, podrá eludir o limitar esas consecuencias legales. Y eso se consigue cumpliendo con las medidas establecidas en el Reglamento de IA.

RESUMEN DE LEYES QUE NOS PROTEGEN Y OTRAS QUE ENTRARÁN EN VIGOR (EN ESPAÑA)

Normas vinculadas con el uso de la Inteligencia Artificial	<ul><li>**Reglamento Europeo de Inteligencia Artificial** (denominado Ley de IA). Aprobado en marzo de 2024 entrará en vigor a los 20 días de su publicación en el Diario de la Unión Europea y empezará a ser de aplicación pasados los seis meses desde su entrada en vigor para algunas prácticas de IA prohibidas, aplicando paulatinamente su contenido en los siguientes 12, 24 y 36 meses desde la entrada en vigor.</li><li>**Real Decreto-ley 9/2021**, de 11 de mayo, por el que se modifica el texto refundido de la Ley del Estatuto de los Trabajadores (*"Ley de Riders"*), que modifica el art. 64.4.d) del Estatuto de los Trabajadores. **En vigor** desde el 12 de agosto de 2021.</li><li>**Directiva de la UE** relativa a la adaptación de las normas de responsabilidad civil extracontractual a la Inteligencia Artificial **(Directiva sobre responsabilidad en materia de IA)**. Presentada a finales de 2022 está pendiente de su aprobación definitiva y su posterior transposición a las legislaciones nacionales de cada estado miembro.</li><li>Propuesta de **revisión de la Directiva 85/374/CEE** en **materia de responsabilidad por los daños causados por productos defectuosos.** Aunque no se centra en la regulación de la IA, incluye una actualización de esta directiva de los años ochenta del siglo pasado, a fin de actualizar las responsabilidades de productos defectuosos que incluyan entre sus componentes sistemas de IA. Como en el caso anterior, aún no está trasladada a la legislación nacional.</li><li>**Ley 15/2022, de 12 de julio, integral para la igualdad de trato y la no discriminación.** Como vimos en el capítulo 5, aunque no se centra exclusivamente en la IA, sí que la tiene muy presente los potenciales efectos discriminatorios de su uso. Está **en vigor** desde el pasado 14 de julio de 2022.</li><li>**Estatuto de la Agencia Española de Supervisión de la Inteligencia Artificial (AESIA).** Aprobado el pasado 23 de agosto de 2023, está ahora en organización y puesta en marcha. La AESIA será la autoridad de control responsable de supervisar el cumplimiento de la legislación sobre el uso de la IA en España.</li><li>**Oficina Europea de Inteligencia Artificial.** El pasado 24 de enero de 2024 se publicó una Decisión de la Comisión Europea para crear esta Agencia que coordinará y apoyará la labor de todas las autoridades de control nacionales.</li><li>**"Sandbox" regulatorio de Inteligencia Artificial.** Publicadas sus bases en octubre de 2023, tiene la función de "banco de pruebas" de la Unión Europea para evaluar el impacto que la regulación de IA tendrá sobre la industria tecnológica europea.</li><li>**Reglamento Europeo relativo a las máquinas.** Está, como en otros casos, en fase de propuesta, desde el año 2021. Incluye, tal y como vimos en el capítulo 1, un apartado de control de los sistemas de IA que estén integrados en máquinas.</li></ul>

Normas vinculadas con el tratamiento y la protección de los datos personales.	• **Reglamento de la UE 2016/679 general de Protección de Datos. De aplicación desde mayo de 2018** es uno de los principales instrumentos del que nos podemos servir para proteger los derechos ciudadanos frente a un uso indebido de la Inteligencia Artificial. • **Ley Orgánica 3/2018 de Protección de los Datos Personales y garantía de los Derechos Digitales.** Traslada a la normativa española la regulación que establece el Reglamento General de Protección de Datos. **En vigor desde el 6 de diciembre de 2018.** • **Reglamento UE 2022/868 de Gobernanza de Datos. Aplicable desde el 24 de septiembre de 2023.** Aunque su objeto es la regulación del intercambio y la reutilización de datos entre los sectores público y privado, tiene presente el uso de sistemas de IA en ese intercambio y explotación de datos personales.
Normas asociadas a las plataformas digitales.	• **Ley 34/2002 de Servicios de Sociedad de la Información,** en donde se regula el uso de las Cookies y la gestión de los datos personales obtenidos de los usuarios de páginas web. **En vigor desde 2002.** • **Reglamento UE 2022/2065 de Servicios Digitales. De aplicación desde el 17 de febrero de 2024.** Como vimos en el capítulo 1, exige a las grandes plataformas comercializadores de servicios digitales una total transparencia sobre su funcionamiento y el uso de sistemas de IA.

RESUMEN DE LOS ORGANISMOS A LOS QUE DEBEMOS ACUDIR A DENUNCIAR O PEDIR AYUDA EN CADA CASO (PARA ESPAÑA)

Agencia Española De Protección De Datos (AEPD).	Este organismo es uno de los más solventes a la hora de poder actuar en el caso de que detectemos, por ejemplo que un sistema de IA ha tomado una decisión que nos perjudica. Para ello debemos ejercer nuestros derechos primeramente reclamando a la empresa. Y solamente si la misma no atiende nuestra reclamación podremos plantear una denuncia ante este organismo. La reclamación deberá estar asociada al acceso a nuestros datos personales y conocer qué decisiones se han tomado usando sistemas de IA que pude que nos hayan perjudicado. Otra situación típica por la que podemos reclamar a este organismo es por ejemplo que sepamos que se están usando por plataformas digitales, portales o empresas nuestros datos personales sin nuestro consentimiento. Pero siempre deberán ser reclamaciones asociadas a un uso indebido o no autorizado de nuestros datos personales o una vulneración de nuestra privacidad que nos haya perjudicado. A través de su sede electrónica podemos emprender el proceso de reclamación: *https://sedeagpd.gob.es/sede-electronica-web/*

Brigada Central de Investigación Tecnológica. Policía Nacional (BCIT).	Esta brigada de la Policía Nacional está especializada en delitos digitales y ciberdelitos. A través de sus formularios de contacto podemos denunciar un delito que hayamos sufrido en el ámbito digital, como pueden ser los de suplantación de personalidad en redes sociales, ciberestafas, acoso en redes o uso indebido de nuestra imagen como ejemplos: *https://www.policia.es/_es/colabora_ informar.php?strTipo=CGPJDT* También podemos denunciar situaciones o conductas ilícitas en el ámbito digital de las que no seamos directamente perjudicados, pero de las que tengamos conocimiento.
Grupo de Delitos Telemáticos de la Guardia Civil.	Otra alternativa al BCIT es el GDT de la Guardia Civil. A través de sus formularios podemos colaborar informando de un acto ilícito o podemos denunciar directamente si somos las víctimas de un ciberdelito: *https://www.guardiacivil.es/es/servicios/denuncias/ denuncia_electronica/index.html*
Juntas Arbitrales de Consumo / Oficinas de Reclamación de Consumo de las Comunidades Autónomas y Ayuntamientos.	Las oficinas de consumo que hay en Ayuntamientos y Comunidades Autónomas tienen un completo repertorio de portales digitales y oficinas abiertas al ciudadano donde se puede reclamar por un funcionamiento inadecuado de un programa, plataforma digital, o una máquina o producto que integren esta tecnología. Alternativamente a las oficinas de consumo, que buscan llegar a un acercamiento o un acuerdo entre reclamante y empresa reclamada, el ciudadano se puede dirigir a los tribunales arbitrales, existentes tanto a nivel nacional, como regional y municipal. Esos tribunales arbitrales emiten un laudo al que se adhieren tanto el reclamante como el reclamado. *https://www.consumo.gob.es/es/consumo/como-reclamar- conflicto-consumo/sistema-arbitral-consumo/organos*
Portal del cliente bancario del Banco de España.	*https://clientebancario.bde.es/pcb/es/* En este caso, el Banco de España, como autoridad de control del mercado financiero, permite que se planteen reclamaciones por parte de los clientes, en el caso de que los mismos se vean perjudicados. Como en el caso de la Agencia Española de Protección de datos, o de los portales de atención a los consumidores, siempre debemos haber planteado primero la reclamación ante la propia entidad financiera. Y si esta no responde de forma satisfactoria a nuestros intereses, es entonces cuando podremos recurrir en segunda instancia ante en Banco de España. Como hemos visto en el capítulo 6, en el caso de que consideremos que una entidad financiera ha tomado una decisión basada en sistemas de IA que haya podido perjudicar nuestros intereses, estaríamos habilitados para reclamar; primero a la propia entidad financiera, y solo en el caso de que no estemos satisfechos, ante el banco de España como autoridad de control.

Agencia Española de Supervisión de la Inteligencia Artificial.	Como dice el artículo 4 de sus estatutos: *"la Agencia tendrá la función de inspección, comprobación, sanción y demás que le atribuya la normativa europea que le resulte de aplicación y, en especial, en materia de Inteligencia Artificial".* A la espera de que se organice y empiece a desplegar sus funciones por ahora no es un organismo al cual podemos recurrir.
Inspección de Trabajo y Seguridad Social.	*https://www.mites.gob.es/itss/web/Atencion_al_Ciudadano/COMO_DENUNCIAR_ITSS.html* Será competente en los casos en los que se incumpla la normativa de información a los trabajadores sobre el uso de sistemas de IA en los procesos de acceso al empleo, promoción interna o formación, así como en el reparto de las cargas de trabajo. Siempre y cuando el trabajador o trabajadora denunciante, previamente haya reclamado esa información a los responsables de la empresa y la información ofrecida no haya sido satisfactoria o se considere que el proceso de toma de decisiones ha supuesto un perjuicio para los derechos laborales del reclamante. Tengamos presente igualmente que la forma en la que se toma la decisión determinará la importancia o no del sistema de IA en la reclamación. Si se demuestra que el sistema de IA era un mero apoyo, pero la toma de decisión es heterónoma, es decir, dependiente del ser humano, la trascendencia de la tecnología en este caso será irrelevante. Igualmente es el organismo competente en el caso del cumplimiento de la normativa de igualdad de trato y no discriminación. Como en el caso anterior el trabajador o trabajadora que se sienta discriminada deberá presentar la queja ante el comité competente dentro de la empresa u organización. Y solamente si su reclamación no se viera atendida podrá recurrir a la autoridad de la Inspección de Trabajo.

ⓘ NOTA IMPORTANTE

Hay que tener presente con organismos supervisores como la Agencia Española de Protección de Datos o la Inspección de Trabajo actúan cuando reciben una denuncia, pero que igualmente hacen inspecciones periódicas, en su labor de supervisión del cumplimiento de las normas, en campañas anuales que abarcan un sector de la actividad económica o un tipo determinado de organizaciones; sin que tenga que mediar en estos casos denuncia previa alguna.

Son labores, campañas, de inspección a las que cualquier empresa u organización que deba cumplir con esta normativa se puede ver eventualmente sometida.

BIBLIOGRAFÍA Y OTRAS FUENTES CONSULTADAS

Leyes, leyes, leyes, reglamentos, reales decretos, directivas, órdenes, recomendaciones, definiciones, considerandos, resoluciones, principios generales, normas de calidad, registros, declaraciones responsables, ¡cuánto papel generamos!

Cuando abordas una obra de este tipo, en donde la materia a tratar tiene un alto nivel de complejidad, la multitud de fuentes de información manejadas en vastísima, desde consultas a personas que pueden facilitarte información clave hasta lectura de multitud de normas legales, o proyectos de ley, artículos que comentan dichas normas, informes, estudios, noticias, correos electrónicos, guasaps, etc., de todo. Así que voy a intentar estructurar las fuentes de información y el origen de algunos de los contenidos del libro de la forma más clara posible.

> ### ⓘ NOTA
>
> En la mayor parte de las ocasiones la consulta es a través de páginas web o portales digitales. Vivimos en un mundo digital en el que la consulta de libros en papel cada vez es menos frecuente. Y éste es un ejemplo palmario. Eventualmente los enlaces web que aquí indique pueden cambiar o suprimir algunos de los contenidos consultados. Por ello, aparte del enlace web indicará el título del artículo o la referencia legislativa específica.

SOBRE LAS ILUSTRACIONES Y ESQUEMAS QUE APARECEN EN TODOS LOS CAPÍTULOS

Los esquemas basados en Power Point han sido elaborados en su totalidad por mí mismo, con la intención de facilitar la comprensión del contenido de cada apartado, gracias al uso de este recurso gráfico.

Todas las ilustraciones han sido concebidas por mí, pero se han elaborado usando GPT-4, en un claro ejemplo de impacto de la Inteligencia Artificial sobre una de las profesiones artísticas, la de ilustrador en este caso. Mea culpa. En cualquier caso, es un ejemplo de cómo los sistemas de IA pueden aumentar la productividad de determinados perfiles profesionales, o actividades, como la de los divulgadores, enriqueciendo su trabajo. Espero que les agrade. Su intención es la de aligerar la lectura de un contenido que puede ser muy técnico, o denso. Y por otro lado, siguiendo el espíritu de las ilustraciones decimonónicas, complementar con una imagen alegórica el mensaje o la idea principal de la materia tratada en cada apartado.

FUENTES BIBLIOGRÁFICAS. LEGISLACIÓN Y COMENTARIOS A LA LEGISLACIÓN. ARTÍCULOS. ESTUDIOS

Legislación europea. Reglamento europeo de IA. "Sandbox" regulatorio

- APROBADO EL REGLAMENTO DE INTELIGENCIA ARTIFICIAL POR PARTE DE LA EUROCÁMARA; ESPAÑA DIGITAL 2026: *https://espanadigital.gob.es/actualidad/aprobado-el-reglamento-de-inteligencia-artificial-por-parte-de-la-eurocamara*

- DIRECTIVA (UE) 2019/1937 DEL PARLAMENTO EUROPEO Y DEL CONSEJO de 23 de octubre de 2019 relativa a la protección de las personas que informen sobre infracciones del Derecho de la Unión *https://www.boe.es/doue/2019/305/L00017-00056.pdf*

- DIRECTIVA DE RESPONSABILIDAD POR LOS DAÑOS CAUSADOS POR PRODUCTOS DEFECTUOSOS: *https://www.europarl.europa.eu/doceo/document/TA-9-2024-0132_ES.pdf*

- DIRECTIVA DEL PARLAMENTO EUROPEO Y DEL CONSEJO RELATIVA A LA ADAPTACIÓN DE LAS NORMAS DE RESPONSABILIDAD CIVIL EXTRACONTRACTUAL A LA INTELIGENCIA ARTIFICIAL (DIRECTIVA SOBRE RESPONSABILIDAD EN MATERIA DE IA): *https://eur-lex.europa.eu/legal-content/ES/TXT/PDF/?uri=CELEX:52022PC0496*

- EL REGLAMENTO EUROPEO DE IA, EN RESUMEN: Ministerio de Asuntos Económicos y Transformación Digital. *https://portal.mineco.gob.es/es-es/digitalizacionIA/sandbox-IA/Documents/20220919_Resumen_detallado_Reglamento_IA.pdf*

- INTELIGENCIA ARTIFICIAL. PREGUNTAS Y RESPUESTAS; UNIÓN EUROPEA: *https://ec.europa.eu/commission/presscorner/detail/es/qanda_21_1683*

- LA ALIANZA EUROPEA DE INTELIGENCIA ARTIFICIAL; UNIÓN EUROPEA: *https://digital-strategy.ec.europa.eu/es/policies/european-ai-alliance*

- LA LEY DE INTELIGENCIA ARTIFICIAL DE LA UE. Evolución y análisis actualizados de la Ley de AI de la UE; EU Artificial Intelligence Act: *https://artificialintelligenceact.eu/es/*

- LA PROPIEDAD INTELECTUAL, INDUSTRIAL Y COMERCIAL UE. FICHAS TEMÁTICAS: *https://www.europarl.europa.eu/factsheets/es/sheet/36/la-propiedad-intelectual-industrial-y-comercial*

- LEY EUROPEA DE GOBERNANZA DE DATOS. UNIÓN EUROPEA: *https://digital-strategy.ec.europa.eu/es/policies/data-governance-act*

- OFICINA EUROPEA DE IA: *https://digital-strategy.ec.europa.eu/es/policies/ai-office*

- PAQUETE DE LA LEY DE SERVICIOS DIGITALES. UNIÓN EUROPEA: *https://digital-strategy.ec.europa.eu/es/policies/digital-services-act-package*

- PROPUESTA DE REGLAMENTO DEL PARLAMENTO EUROPEO Y DEL CONSEJO POR EL QUE SE ESTABLECEN NORMAS ARMONIZADAS EN MATERIA DE INTELIGENCIA ARTIFICIAL (LEY DE INTELIGENCIA ARTIFICIAL) Y SE MODIFICAN DETERMINADOS ACTOS LEGISLATIVOS DE LA UNIÓN; EUR LEX. *https://eur-lex.europa.eu/legal-content/ES/TXT/?uri=celex%3A52021PC0206*

- REGLAMENTO (UE) 2016/679 DEL PARLAMENTO EUROPEO Y DEL CONSEJO DE 27 DE ABRIL DE 2016 RELATIVO A LA PROTECCIÓN DE LAS PERSONAS FÍSICAS EN LO QUE RESPECTA AL TRATAMIENTO DE DATOS PERSONALES: *https://www.boe.es/doue/2016/119/L00001-00088.pdf*

- REGLAMENTO (UE) 2022/2065 DEL PARLAMENTO EUROPEO Y DEL CONSEJO DE 19 DE OCTUBRE DE 2022 RELATIVO A UN MERCADO ÚNICO DE SERVICIOS DIGITALES Y POR EL QUE SE MODIFICA LA DIRECTIVA 2000/31/CE (REGLAMENTO DE SERVICIOS DIGITALES): *https://eur-lex.europa.eu/legal-content/ES/TXT/PDF/?uri=CELEX:32022R2065*

- REGLAMENTO (UE) 2022/868 DEL PARLAMENTO EUROPEO Y DEL CONSEJO DE 30 DE MAYO DE 2022 RELATIVO A LA GOBERNANZA EUROPEA DE DATOS Y POR EL QUE SE MODIFICA EL REGLAMENTO (UE) 2018/1724 (REGLAMENTO DE GOBERNANZA DE DATOS). *https://www.boe.es/buscar/doc.php?id=DOUE-L-2022-80835*

- REGLAMENTO (UE) 2023/1230 DEL PARLAMENTO EUROPEO Y DEL CONSEJO, DE 14 DE JUNIO DE 2023, RELATIVO A LAS MÁQUINAS, Y POR EL QUE SE DEROGAN LA DIRECTIVA 2006/42/CE DEL PARLAMENTO EUROPEO Y DEL CONSEJO Y LA DIRECTIVA 73/361/CEE DEL CONSEJO. *https://www.boe.es/buscar/doc.php?id=DOUE-L-2023-80916*

- REGLAMENTO (UE) 2024/1732 DEL CONSEJO, DE 17 DE JUNIO DE 2024, POR EL QUE SE MODIFICA EL REGLAMENTO (UE) 2021/1173 EN LO RELATIVO A UNA INICIATIVA DE EUROHPC PARA QUE LAS EMPRESAS EMERGENTES DEN IMPULSO AL LIDERAZGO EUROPEO EN INTELIGENCIA ARTIFICIAL FIABLE. *https://www.boe.es/buscar/doc.php?id=DOUE-L-2024-80917*

- REGLAMENTO EUROPEO DE INTELIGENCIA ARTIFICIAL. Textos aprobados. *https://www.europarl.europa.eu/doceo/document/TA-9-2024-0138_ES.pdf*

- SANDBOX DE INTELIGENCIA ARTIFICIAL. Real Decreto 817/2023, de 8 de noviembre, que establece un entorno controlado de pruebas para el ensayo del cumplimiento de la propuesta de Reglamento del Parlamento Europeo y del Consejo por el que se establecen normas armonizadas en materia de Inteligencia Artificial : *https://www.boe.es/diario_boe/txt.php?id=BOE-A-2023-22767*

- SEGUNDA DIRECTIVA DE PAGOS. UNIÓN EUROPEA: *https://eur-lex.europa.eu/ES/legal-content/summary/revised-rules-for-payment-services-in-the-eu.html*

- UNIÓN EUROPEA. USE ESCO (MODELO EUROPEO DE COMPETENCIAS): *https://esco.ec.europa.eu/es/node/7*

Legislación española

- CIRCULAR 5/2012, DE 27 DE JUNIO, DEL BANCO DE ESPAÑA, A ENTIDADES DE CRÉDITO Y PROVEEDORES DE SERVICIOS DE PAGO, SOBRE TRANSPARENCIA DE LOS SERVICIOS BANCARIOS Y RESPONSABILIDAD EN LA CONCESIÓN DE PRÉSTAMOS. *https://www.boe.es/buscar/doc.php?id=BOE-A-2012-9058*

- LEY 12/2021, DE 28 DE SEPTIEMBRE, POR LA QUE SE MODIFICA EL TEXTO REFUNDIDO DE LA LEY DEL ESTATUTO DE LOS TRABAJADORES, APROBADO POR EL REAL DECRETO LEGISLATIVO 2/2015, DE 23 DE OCTUBRE, PARA GARANTIZAR LOS DERECHOS LABORALES DE LAS PERSONAS DEDICADAS AL REPARTO EN EL ÁMBITO DE PLATAFORMAS DIGITALES. *https://www.boe.es/boe/dias/2021/09/29/pdfs/BOE-A-2021-15767.pdf*

- LEY 15/2022, DE 12 DE JULIO, INTEGRAL PARA LA IGUALDAD DE TRATO Y LA NO DISCRIMINACIÓN. *https://www.boe.es/buscar/act.php?id=BOE-A-2022-11589*

- LEY 16/2011, DE 24 DE JUNIO, DE CONTRATOS DE CRÉDITO AL CONSUMO. *https://www.boe.es/buscar/act.php?id=BOE-A-2011-10970*

- LEY 2/2009, DE 31 DE MARZO, POR LA QUE SE REGULA LA CONTRATACIÓN CON LOS CONSUMIDORES DE PRÉSTAMOS O CRÉDITOS HIPOTECARIOS Y DE SERVICIOS DE INTERMEDIACIÓN PARA LA CELEBRACIÓN DE CONTRATOS DE PRÉSTAMO O CRÉDITO. *https://www.boe.es/buscar/act.php?id=BOE-A-2009-5391*

- LEY 22/2007, DE 11 DE JULIO, SOBRE COMERCIALIZACIÓN A DISTANCIA DE SERVICIOS FINANCIEROS DESTINADOS A LOS CONSUMIDORES. *https://www.boe.es/buscar/doc.php?id=BOE-A-2007-13411*

- LEY 34/2002, DE 11 DE JULIO, DE SERVICIOS DE LA SOCIEDAD DE LA INFORMACIÓN Y DE COMERCIO ELECTRÓNICO. *https://www.boe.es/buscar/act.php?id=BOE-A-2002-13758*

- LEY ORGÁNICA 10/1995, DE 23 DE NOVIEMBRE, DEL CÓDIGO PENAL. *https://www.boe.es/buscar/act.php?id=BOE-A-1995-25444*

- LEY ORGÁNICA 3/2018, DE 5 DE DICIEMBRE, DE PROTECCIÓN DE DATOS PERSONALES Y GARANTÍA DE LOS DERECHOS DIGITALES. *https://www.boe.es/buscar/act.php?id=BOE-A-2018-16673*

- LEY ORGÁNICA 5/1985, DE 19 DE JUNIO, DEL RÉGIMEN ELECTORAL GENERAL. *https://www.boe.es/buscar/act.php?id=BOE-A-1985-11672*

- ORDEN EHA/2899/2011, DE 28 DE OCTUBRE, DE TRANSPARENCIA Y PROTECCIÓN DEL CLIENTE DE SERVICIOS BANCARIOS. *https://www.boe.es/buscar/act.php?id=BOE-A-2011-17015*

- REAL DECRETO 309/2020 REGULA EL RÉGIMEN JURÍDICO DE LOS ESTABLECIMIENTOS FINANCIEROS DE CRÉDITO: *https://www.boe.es/buscar/doc.php?id=BOE-A-2020-2613*

- REAL DECRETO 729/2023, DE 22 DE AGOSTO, POR EL QUE SE APRUEBA EL ESTATUTO DE LA AGENCIA ESPAÑOLA DE SUPERVISIÓN DE INTELIGENCIA ARTIFICIAL. *https://www.boe.es/diario_boe/txt.php?id=BOE-A-2023-18911*

- REAL DECRETO LEGISLATIVO 1/1996, DE 12 DE ABRIL, POR EL QUE SE APRUEBA EL TEXTO REFUNDIDO DE LA LEY DE PROPIEDAD INTELECTUAL, REGULARIZANDO, ACLARANDO Y ARMONIZANDO LAS DISPOSICIONES LEGALES VIGENTES SOBRE LA MATERIA. *https://www.boe.es/buscar/act.php?id=BOE-A-1996-8930*

- REAL DECRETO LEGISLATIVO 1/2007, DE 16 DE NOVIEMBRE, POR EL QUE SE APRUEBA EL TEXTO REFUNDIDO DE LA LEY GENERAL PARA LA DEFENSA DE LOS CONSUMIDORES Y USUARIOS Y OTRAS LEYES COMPLEMENTARIAS: *https://www.boe.es/buscar/act.php?id=BOE-A-2007-20555*

Legislación brasileña

- PROJETO DE LEI, DE 2023 DISPÕE SOBRE O USO DA INTELIGÊNCIA ARTIFICIAL.

Legislación chilena

- PROYECTO DE LEY QUE REGULA LOS SISTEMAS DE INTELIGENCIA ARTIFICIAL, LA ROBÓTICA Y LAS TECNOLOGÍAS CONEXAS EN SUS DISTINTOS ÁMBITOS DE APLICACIÓN; CÁMARA DE DIPUTADAS Y DIPUTADOS DE CHILE.

Legislación mexicana

- ACUERDO SO/IV-20/07,S del Comité Técnico del Consejo Nacional de Normalización y Certificación de Competencias Laborales, mediante el cual se aprobaron los Estándares de Competencia que se indican. *https://www.dof.gob.mx/nota_detalle_popup.php?codigo=5608949*

- INICIATIVA QUE EXPIDE LA LEY PARA LA REGULACIÓN ÉTICA DE LA INTELIGENCIA ARTIFICIAL PARA LOS ESTADOS UNIDOS MEXICANOS, SUSCRITA POR EL DIPUTADO IGNACIO LOYOLA VERA Y LEGISLADORES INTEGRANTES DEL GRUPO PARLAMENTARIO DEL PAN. *https://www.senado.gob.mx/65/gaceta_comision_permanente/documento/135000*

- LA COMISIÓN DE CIENCIA, TECNOLOGÍA E INNOVACIÓN REALIZA EL FORO "HACIA UNA REGULACIÓN DE LA INTELIGENCIA ARTIFICIAL" *https://comunicacionsocial.diputados.gob.mx/index.php/boletines/la-comision-de-ciencia-tecnologia-e-innovacion-realiza-el-foro-hacia-una-regulacion-de-la-inteligencia-artificial-*

- PRESENTAN PROPUESTA DE LEY PARA REGULAR LA IA EN MÉXICO. *https://es.wired.com/articulos/diputado-presenta-propuesta-de-ley-para-regula-la-ia-en-mexico*

Legislación peruana

- LEY N.º 31814 QUE PROMUEVE EL USO DE LA INTELIGENCIA ARTIFICIAL EN FAVOR DEL DESARROLLO ECONÓMICO Y SOCIAL DEL PAÍS. Miércoles 5 de julio de 2023. El Peruano.

- PERÚ: PUBLICAN LEY QUE IMPULSA USO DE INTELIGENCIA ARTIFICIAL EN FAVOR DEL DESARROLLO ECONÓMICO Y SOCIAL DEL PAÍS. *https://larepublica.pe/economia/2023/07/05/publican-ley-que-impulsa-el-uso-de-la-inteligencia-artificial-en-favor-del-desarrollo-economico-y-social-del-pais-atmp-223770#google_vignette*

Legislación Norteamericana

- ¿POR QUÉ BIDEN INSISTE EN REGULAR LA INTELIGENCIA ARTIFICIAL? INDEPENDENT EN ESPAÑOL: *https://www.independentespanol.com/politica/ee-uu/biden-orden-ejecutiva-inteligencia-artificial-b2438671.html*

- BIDEN FIRMA "HISTÓRICA" ORDEN PARA REGULAR USO DE LA IA EN EE. UU. LA VOZ DE AMÉRICA: *https://www.vozdeamerica.com/a/biden-firma-historica-orden-para-regular-uso-de-la-ia/7333324.html*

- FACT SHEET: PRESIDENT BIDEN ISSUES EXECUTIVE ORDER ON SAFE, SECURE, AND TRUSTWORTHY ARTIFICIAL INTELLIGENCE; THE WHITE HOUSE: *https://www.whitehouse.gov/briefing-room/statements-releases/2023/10/30/fact-sheet-president-biden-issues-executive-order-on-safe-secure-and-trustworthy-artificial-intelligence/*

- THREE THINGS TO KNOW ABOUT THE WHITE HOUSE'S EXECUTIVE ORDER ON AI. MIT TECHNOLOGY REVIEW *https://www.technologyreview.com/2023/10/30/1082678/three-things-to-know-about-the-white-houses-executive-order-on-ai/*

- UNPACKING PRESIDENT BIDEN'S EXECUTIVE ORDER ON ARTIFICIAL INTELLIGENCE. BROOKINGS: *https://www.brookings.edu/articles/unpacking-president-bidens-executive-order-on-artificial-intelligence/*

- WHAT'S IN BIDEN'S EXECUTIVE ORDER ON ARTIFICIAL INTELLIGENCE? LAWFARE: *https://www.lawfaremedia.org/article/what-s-in-biden-s-executive-order-on-artificial-intelligence*

Iniciativas legislativas en Rusia

- AVANCES DE RUSIA EN EL CAMPO DE LA INTELIGENCIA ARTIFICIAL: ALAR: *https://www.blog.universidades-rusia.com/2023/07/05/avances-de-rusia-en-el-campo-de-la-inteligencia-artificial-ai/*

- RUSIA CONTEMPLA NUEVA ESTRATEGIA DE INTELIGENCIA ARTIFICIAL PARA RIVALIZAR CON EL "PELIGROSO E INADMISIBLE" MONOPOLIO DE OCCIDENTE; LATINUS: *https://latinus.us/2023/11/24/rusia-contempla-nueva-estrategia-de-inteligencia-artificial-para-rivalizar-con-el-peligroso-e-inadmisible-monopolio-de-occidente-putin/*

Legislación china

- COMPRENDER LAS NUEVAS REGULACIONES DE CHINA SOBRE IA GENERATIVA. CHINA BRIEFING. *https://www.china-briefing.com/news/comprender-las-nuevas-regulaciones-de-china-sobre-ia-generativa/*

- LA LEY: CHINA APRUEBA UNA REGULACIÓN DE LA INTELIGENCIA ARTIFICIAL Y DE LA INTELIGENCIA ARTIFICIAL GENERATIVA. *https://diariolaley. laleynext.es/Content/DocumentoRelacionado.aspx?params=H4sIAAAAA AAEAC2NwW7CMBBEv6Z7qVSZVA3NYS-B3hCqIOp9Y68SS4kN3nVK_ h4LOIxWo30zc82c1o5vijYGybN3Mb3zfEksBLKGGNYZu5QZlHpB 87a1m6IKyGqmaR8tfj6MX7ijHiuIyXFqVzSgUWk6sWD9_QUyxv8jLX4g9TG0l J6t3jk8_hhjqk1T100DCycpAP75gYMyjH4YD0X65IUp2fGXBsaynefCxA-Sy-31abNqSfcazg8Pdip3T8o7mji41-4dZvMF_vcAAAA=WKE*

Otras iniciativas y opiniones

- ¿PUEDE LA INTELIGENCIA ARTIFICIAL ESCRIBIR BUENAS PRÉDICAS? *https://www1.cbn.com/mundocristiano/el-mundo/2023/february/iquest-puede-la-inteligencia-artificial-escribir-buenas-predicas-pastores-le-han-pedido-a-chatgpt-que-redacten-predicas-y-esta-es-su-opinion*

- EL PAPA: UNA INTELIGENCIA ARTIFICIAL QUE SEA CAMINO DE PAZ: *https://www.vaticannews.va/es/papa/news/2023-12/papa-mensaje-jornada-paz-2024-inteligencia-artificial.html*

- INFORME CON RECOMENDACIONES DESTINADAS A LA COMISIÓN SOBRE UN MARCO DE LOS ASPECTOS ÉTICOS DE LA INTELIGENCIA ARTIFICIAL, LA ROBÓTICA Y LAS TECNOLOGÍAS CONEXAS *https://www.europarl.europa.eu/doceo/document/A-9-2020-0186_ES.html*

- LA INTELIGENCIA ARTIFICIAL Y SU USO EN EL SECTOR PÚBLICO; OCDE: *https://oecd-opsi.org/wp-content/uploads/2020/11/OPSI-AI-Primer-Spanish.pdf*

- LOS EAU (EMIRATOS ÁRABES UNIDOS) EXHORTAN A UN CONSENSO MUNDIAL SOBRE LA REGULACIÓN DE LA IA: *https://www.businesswire.com/news/home/20231013890611/es/*

- LOS PRINCIPIOS DE INTELIGENCIA ARTIFICIAL DE LA OCDE: *https://datos.gob.es/es/blog/los-principios-de-inteligencia-artificial-de-la-ocde*

- UNESCO: INTELIGENCIA ARTIFICIAL: *https://www.unesco.org/es/artificial-intelligence*

Estudios, informes y ensayos

- ALGORITMOS DE INTELIGENCIA ARTIFICIAL EN LOS LUGARES DE TRABAJO. FERNANDO ROCHA SÁNCHEZ. ESCUELA DEL TRABAJO DE COMISIONES OBRERAS. ENERO 2024.

- ANÁLISIS LEGAL DEL USO DE LOS ROBOTS EN LA MEDICINA. MARINA GALVÍN GORDILLO. UNIVERSIDAD DE SEVILLA, JUNIO. 2023.

- ANIL SETH. LA CREACIÓN DEL YO. UNA NUEVA CIENCIA DE LA CONCIENCIA. TRADUCCIÓN DE ALBINO SANTOS MOSQUERA. EDITORIAL SEXTO PISO. 2022.

- BEWARE THE ARTIFICIAL IMPOSTOR. A MCAFEE CYBERSECURITY ARTIFICIAL INTELLIGENCE REPORT. MAYO 2023.

- CEN/CLC/JTC 21 N 288. ARTIFICIAL INTELLIGENCE, AHG8 PROPOSAL FOR NWI TR AI RISKS MANAGEMENT. 2022.

- CEN/CLC/JTC 21 N 380. ARTIFICIAL INTELLIGENCE, WG2 PROPOSAL FOR NWIP RISK MANAGEMENT. 2023.

- EL USO DE LA INTELIGENCIA ARTIFICIAL EN EL SECTOR BANCARIO. AEB.

- ETHICAL IMPACT ASSESSMENT. A TOOL OF THE RECOMMENDATION ON THE ETHICS OF ARTIFICIAL INTELLIGENCE. UNESCO. 2023.

- GRUPO INDEPENDIENTE DE EXPERTOS DE ALTO NIVEL SOBRE INTELIGENCIA ARTIFICIAL CREADO POR LA COMISIÓN EUROPEA EN JUNIO DE 2018. DIRECTRICES ÉTICAS PARA UNA IA FIABLE. JUNIO. 2018.

- GUÍA SOBRE EL USO DE LAS COOKIES. AGENCIA ESPAÑOLA DE PROTECCIÓN DE DATOS.

- IA Y MERCADO DE TRABAJO EN ESPAÑA. RANDSTAD RESEARCH. FEBRERO 2024.

- INFORMACIÓN ALGORÍTMICA EN EL ÁMBITO LABORAL. GUÍA PRÁCTICA Y HERRAMIENTA SOBRE LA OBLIGACIÓN EMPRESARIAL DE INFORMACIÓN SOBRE EL USO DE ALGORITMOS EN EL ÁMBITO LABORAL. MINISTERIO DE TRABAJO Y ECONOMÍA SOCIAL. MAYO 2022.

- ISO/IEC DIS 42001. INFORMATION TECHNOLOGY – ARTIFICIAL INTELLIGENCE – MANAGEMENT SYSTEM. 2022.

- ISO/IEC FDIS 23894. INFORMATION TECHNOLOGY – ARTIFICIAL INTELLIGENCE – GUIDANCE ON RISK MANAGEMENT. 2022.

- LA TRANSFORMACIÓN DEL TRABAJO Y EL EMPLEO EN LA ERA DE LA INTELIGENCIA ARTIFICIAL. SALIMA BENHAMOU. CEPAL, MINISTERIO DE ASUNTOS EXTERIORES DE NORUEGA. NACIONES UNIDAS. 2022.

- LIBRO BLANCO SOBRE LA INTELIGENCIA ARTIFICIAL–UN ENFOQUE EUROPEO ORIENTADO A LA EXCELENCIA Y LA CONFIANZA. COMISIÓN EUROPEA. BRUSELAS. 19/02/2020.

- MANUAL DEL COMPLIANCE OFFICER. SYLVIA ENSEÑAT DE CARLOS. THOMSON REUTERS ARANZADI. 2016.

- METODOLOGÍA DE EVALUACIÓN DEL ESTADIO DE PREPARACIÓN. UNA HERRAMIENTA DE LA RECOMENDACIÓN SOBRE LA ÉTICA DE LA INTELIGENCIA ARTIFICIAL (versión española del informe anterior). UNESCO. 2023.

- RECOMENDACIÓN SOBRE LA ÉTICA DE LA INTELIGENCIA ARTIFICIAL. UNESCO. 2021.

- SISTEMAS DE INTELIGENCIA ARTIFICIAL EN LA ASISTENCIA SANITARIA: CÓMO GARANTIZAR LA SUPERVISIÓN HUMANA DESDE LA NORMATIVA DE PROTECCIÓN DE DATOS. GUILLERMO LAZCOZ MORATINOS. CENTRO DE INVESTIGACIÓN BIOMÉDICA EN RED (CIBERER–ISCIII). INSTITUTO DE INVESTIGACIÓN SANITARIA FUNDACIÓN JIMÉNEZ DÍAZ (IIS-FJD). 2021.

- THE FOUNDATIONAL STANDARDS FOR AI. ISO/IEC 22989 AND ISO/IEC 23053. PAUL COTTON, MILAN PATEI, WEI WEI. ISO7IEC/JC1. MAYO 2022.

Otras fuentes utilizadas

A) ARTÍCULOS PROPIOS SOBRE LA MATERIA

Desde 2023 he ido publicando una serie de artículos en LinkedIn sobre los temas del uso de la Inteligencia Artificial. Parcialmente aparecen reflejados en el libro:

- EL CONCEPTO LEGAL DE INTELIGENCIA ARTIFICIAL. 2023. *https://www.linkedin. com/pulse/el-concepto-legal-de-inteligencia-artificial-alvaro-l%C3%B3pez-amo-sainz/?trackingId=wj8QUml2UtpR6nZXU6aYQQ%3D%3D*

- INTELIGENCIA ARTIFICIAL, GESTIÓN DE LA CALIDAD Y CUMPLIMIENTO NORMATIVO. 2023. *https://www.linkedin.com/pulse/inteligencia-artificial-gesti%C3%B3n-de-la-calidad-y-l%C3%B3pez-amo-sainz/?trackingId=t66mjSQ CpqowMLOiyLuJVw%3D%3D*

■ SÍNTESIS DE VOZ Y ULTRAFALSIFICACIONES. UN MAPA DE RIESGOS. 2023. *https://www.linkedin.com/pulse/s%C3%ADntesis-de-voz-y-ultrafalsificaciones-un-mapa-parte-l%C3%B3pez-amo-sainz/?trackingId=pBxEYVqBvFfXyxDxfDpz CQ%3D%3D*

B) OTRAS FUENTES DE INTERNET

■ CLAVES PARA IDENTIFICAR Y NO SER VÍCTIMA (POR AHORA) DE LOS DEEPFAKES, PABLO F IGLESIAS. *https://www.cyberbrainers.com/como-identificar-deepfakes/*

■ INTELIGENCIA ARTIFICIAL (IA): ASÍ ES LA PROPUESTA DE DIRECTIVA PARA ADAPTAR LAS NORMAS DE RESPONSABILIDAD EXTRACONTRACTUAL, CARRIGUES DIGITAL. CAROLINA PINA. 5/10/2022. *https://www.garrigues.com/es_ES/garrigues-digital/inteligencia-artificial-ia-asi-es-propuesta-directiva-adaptar-normas*

■ NUEVO REGLAMENTO UE 2023/1230 DE SEGURIDAD DE MÁQUINAS APLICABLE DESDE EL 20 DE ENERO DE 2027. IBERLEY. *https://www.iberley.es/noticias/nuevo-reglamento-europeo-ue-2023-1230-seguridad-maquinas-32623*

ÍNDICE DE LA PARTE II
(EN PREPARACIÓN)

▶ **CAPÍTULO 2**

La Inteligencia Artificial Generativa y la vulneración de los derechos de autor.

- ¿Qué es la IA Generativa?, ¿cómo funciona?, ¿a qué datos recurre?

- Limitaciones al uso de datos y fuentes de información. La defensa de los derechos de ciudadanos y creadores frente al uso indiscriminado.

- El uso de obras literarias, artísticas, científicas y técnicas usando estas tecnologías. ¿Cuál es nuestra obligación como autor que usa la IA generativa para crear estos contenidos?

- Caso 1: Me presento a un concurso de ilustración y cómic y uso tecnologías de IA para crear mi obra. ¿Debo informar al jurado?

- Caso 2: Publico un libro y he usado estas tecnologías para redactar el manuscrito. ¿Debo informar al editor?, ¿debo informar al distribuidor?

- Caso 3: He utilizado la IA para redactar mi trabajo fin de grado de la carrera. ¿Tengo la obligación de indicarlo?, ¿cómo lo tendría que hacer?

- Los riesgos del uso de la IA en la generación de documentos técnicos en el ámbito empresarial.

- Los riesgos del uso de la IA en la generación de documentos técnicos en el ámbito de la Función Pública.

▶ **CAPÍTULO 3**

Inteligencia Artificial, redes sociales y menores. Cómo debemos actuar.

- ¿Cómo funcionan los algoritmos en el caso de las redes sociales? Los defectos de no discriminar contenidos en función de la edad del usuario.

- El problema de la capacidad real de los padres para limitar el acceso a contenidos no deseados por parte de menores.

- Caso 1: Mi hijo ha seguido un reto en una red social y como consecuencia ha sufrido un accidente. ¿Cómo debo actuar?, ¿a quién pido responsabilidades?

▶ **CAPÍTULO 4**

Inteligencia Artificial, estafas digitales y ciberdelincuencia. Cómo actuar si somos víctimas.

- Tipos de estafas digitales.

- Estafas digitales y uso de la IA.
- En qué casos nos protegen las leyes.
- Cómo debemos actuar. Pasos a seguir.
- ¿Y si no hacen caso a mi reclamación?, ¿a quién recurro?

CAPÍTULO 5

La Inteligencia Artificial y el bombardeo publicitario. ¿Cómo lo evito?

- El problema del consentimiento para acceder a contenidos digitales "gratuitos". ¿Cómo nos lo deben pedir? Nada sale gratis en Internet.
- La configuración de las Cookies. ¿Qué requisitos deben cumplir las plataformas a la hora de pedir el consentimiento?
- Caso 1: ¿pueden denegarme el acceso a una web si no cedo mis datos personales?
- Caso 2: ¿puede exigirme el uso de mis datos personales para fines publicitarios una empresa que me está prestando un servicio por el que la pago?
- Caso 3: mi robot de limpieza ha captado datos de mi casa y los ha transmitido sin mi consentimiento. ¿Cómo actúo?
- Caso 4: acabo de hablar por teléfono de un tema y acto seguido me aparece publicidad en el navegador del móvil sobre ese mismo tema. ¿Qué está pasando?, ¿cómo puedo actuar?
- La gestión de nuestra huella digital. Vivimos dentro de una nube de datos.
- La eficacia real de los ficheros de exclusión (listas Robinson).

CAPÍTULO 6

El uso indebido de mi imagen personal y su manipulación utilizando tecnologías de Inteligencia Artificial. ¿Cómo me defiendo?

- Caso 1: usan una imagen mía sin mi consentimiento y usando tecnología de IA me desnudan. ¿Cómo debo actuar?, ¿quiénes serían responsables legales?, ¿qué puedo reclamar?
- Caso 2: usan una imagen mía y crean un vídeo en donde aparezco hablando (incluso en varios idiomas) divulgando un mensaje no conocido y no autorizado por mí. ¿Cómo debo actuar?, ¿contra quienes?

- Caso 3: usan mi imagen y mi voz y la utilizan para cometer una estafa contra una tercera persona, ¿cómo me protejo de las consecuencias legales de ese delito?

- Caso 4: me dedico a la política y utilizan la IA para generar un vídeo falso en donde hago unas supuestas declaraciones que perjudican mi carrera política. ¿Cómo actúo?, ¿y si esta situación se da en plena campaña electoral?

▶ CAPÍTULO 7

Han usado un robot médico para operarme y la cosa no ha salido bien. ¿Quién responde?

- La regulación de la IA en el sector médico y farmacéutico. Ejemplos prácticos.

- El derecho del paciente a conocer si se usan sistemas de IA en el proceso de atención clínica o asistencial en el ámbito de la salud.

- Caso 1: el uso de sistemas de IA en el triaje de pacientes en los servicios de urgencia hospitalaria. La calificación de pacientes utilizando técnicas de Big data no autorizadas.

- Caso 2: han usado un sistema de IA para determinar el nivel de asistencia que deben dar a los enfermos en cuidados paliativos. ¿Es legal?

- Caso 3: ¿puede una aseguradora usar los datos de mi actividad física o datos biométricos obtenidos a través de dispositivos móviles y pulseras inteligentes?, ¿pueden utilizarlos para evaluar mi riesgo y establecer el precio de mi seguro?

- Caso 4: si utilizan un sistema de IA en las pruebas hospitalarias de un medicamento experimental. ¿Quién asume las consecuencias no deseadas del uso de dicho medicamento?, ¿ante quién se reclamaría?

- Caso 5: un profesional de la salud ha usado un software de IA que, en función de unos síntomas previos introducidos por el sanitario, ofrece un diagnóstico y una recomendación terapéutica. El sanitario la sigue y el resultado es negativo para el paciente. ¿Quiénes son responsables?

- Caso 6: hacen una cirugía de precisión utilizando un robot y se producen daños no deseados en el paciente. ¿Cómo actuamos?

▶ CAPÍTULO 8

Inteligencia Artificial, coches autónomos y otras máquinas.

- La responsabilidad en caso de accidente de un coche autónomo.

- La responsabilidad en caso de un mal funcionamiento de los sistemas de asistencia a la conducción de nuestro vehículo.

- Mi frigorífico inteligente ha regulado mal la temperatura interna y ha estropeado toda la fruta fresca.

- Mi termostato inteligente se ha vuelto loco y cuando llegué a casa tras una semana de vacaciones tenía la temperatura al máximo.

⬤ CAPÍTULO 9

El "Revenue Management" y la vulneración de la igualdad de trato a los clientes en los procesos de compra online.

- ¿Qué es el "revenue management"?, ¿cómo interviene la IA en la fijación de precios dinámica?

- ¿Qué tecnologías de Big data e Inteligencia Artificial intervienen en la fijación de precios dinámica?, ¿cómo lo hacen?

- ¿Los precios cambian solamente por el juego de la oferta o la demanda? La realidad sobre qué datos utilizan para fijar los precios.

- ¿Un mismo billete para un viaje a un mismo destino el mismo día y hora puede tener precios diferentes en función de cada usuario de la plataforma de compra online?

- ¿Qué derechos se están vulnerando?, ¿cómo puedo actuar?

⬤ CAPÍTULO 10

La sostenibilidad de la Inteligencia Artificial

- ¿Cuánta energía consumen los modelos de IA?, ¿por qué?

- El consumo energético de un supercomputador.

- El consumo energético de un centro de datos.

- ¿Qué otros elementos necesita para su funcionamiento?

- El impacto medioambiental de la infraestructura física de soporte de la IA.

- La necesidad de hacer sostenibles estos centros de datos. ¿Cómo afecta la legislación medioambiental?, ¿qué normas deben cumplir?

CONCLUSIONES A LA PARTE II

- Conclusiones.
- Resumen de leyes que nos protegen ahora y las que van a entran en vigor en un futuro próximo.
- Resumen de los organismos a los que debemos acudir a denunciar o pedir ayuda en cada caso.

ANEXO 1

Reglamento europeo de IA. ¿Qué medidas deben cumplir los sistemas de IA que no son de alto riesgo?

SÍGUENOS EN INSTAGRAM Y ACCEDE GRATIS A NUESTRA BIBLIOTECA DIGITAL DURANTE 30 DÍAS.

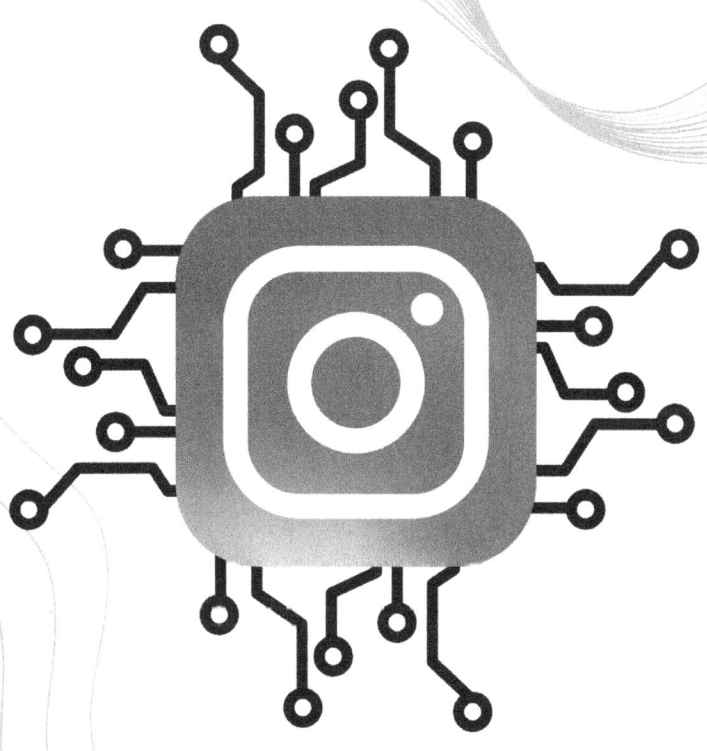

@grupoeditorialrama

¡ENVIANOS TU MAIL POR PRIVADO!

Grupo Editorial
ra-ma

40 ANIVERSARIO